Alexandra Bleyer

Auf gegen Napoleon!

ALEXANDRA BLEYER

Auf gegen Napoleon!

Mythos Volkskriege

Königreich Frankreich 1789
Erwerbungen 1792–1798
Kaiserreich Frankreich 1812
von Familienmitgliedern regierte Länder
französische Verbündete/abhängige Staaten
besetztes Gebiet
Kgr. Norwegen (zu Dänemark)
Kgr. Schottland
Nordsee
Edinburgh
KGR. GROSSBRITANNIEN UND IRLAND
KGR. DÄNEMARK
Dublin
Kgr. Irland
Hamburg
Wales
Kgr. England
Amsterdam
Kgr. Westfalen
London
Berg
Erfurt
Dover
Köln
Brüssel
RHEIN-BUND
Frankfurt
Atlantischer Ozean
Paris
Straßburg
Kgr. Württemberg
Nantes
Orléans
Baden
KAISERREICH FRANKREICH
SCHWEIZ
Tirol
Lyon
Bordeaux
Genua
La Coruña
Bayonne
Toulouse
F. Lucca
Marseille
Fstm. Piombino
Rep. Andorra
Katalonien
Korsika
KGR. PORTUGAL
franz. bes. 1807
Barcelona
1808–1813 franz.
Madrid
Lissabon
KGR. SPANIEN
KGR. SARDINIEN
Balearen
Mittelmeer
Cadiz
Gibraltar (engl.)
Ceuta (span.)
Oran
Algier
Bona
osman. Vasall
Tunis
ALGIER

Gfsm.
Finnland
1809 russ.
Karelien
Wiborg
Helsingfors
St. Petersburg
KGR.
HWEDEN
Reval
Stockholm
Ostsee
Moskau
Riga
Kurland
Smolensk
Memel
Tilsit
Wilna
Rep.
Danzig
Königsberg
Minsk
Litauen
PREUSSEN
GR.
Bialystok
1807 russ.
KAISERREICH RUSSLAND
GHZM.
WARSCHAU
Warschau
Kiew
Breslau
Galizien
Ternopol
Krakau
KAISERTUM
ÖSTERREICH
ien
Moldau
Bessarabien
Buda
Pest
Ungarn
Schwarzes Meer
Walachei
che
zen
Bukarest
Belgrad
Sarajewo
ino
Sofia
Fstm.
Montenegro
Konstantinopel
Adria
Pontecorvo
F. Benevent
Neapel
KGR.
NEAPEL
OSMANISCHES REICH
Korfu
1807–1814 franz.
Ionische Inseln
(Rep. unter
engl. Schutz)
Athen
KGR.
ILIEN
alta
nach 1800 engl.
0
200
400
600 km

Inhalt

Vorwort

Der Krieg des revolutionären bzw. napoleonischen Frankreichs gegen die europäischen Mächte gilt als „erste[r] wirkliche[r] Weltkrieg der Geschichte".[1] Innerhalb weniger Jahre konnte Napoleon auf dem Kontinent eine absolute Vormachtstellung erreichen. Egal, in welchen Koalitionen sich die Großmächte zusammenfanden, Frankreich war mit den üblichen Mitteln nicht zu bezwingen. Man musste den übermächtigen Gegner mit seinen eigenen Waffen schlagen: Nationalkrieg und Propaganda. Die antinapoleonischen Kriege der Jahre 1808 bis 1814 wurden als „Volks- und Meinungskriege"[2] geplant und geführt.

Ziel dieses Buches ist es, den spanischen Unabhängigkeitskrieg, den österreichischen Nationalkrieg, den Vaterländischen Krieg Russlands sowie die deutschen Befreiungskriege vergleichend in den Blick zu nehmen. Welche Parallelen bestanden, was unterschied den einen Volkskrieg vom anderen? Welche Wechselwirkungen lassen sich feststellen?

Nach einem einführenden Kapitel über den Aufstieg von Napoleon Superstar geht es daher in den folgenden Kapiteln um die einzelnen Kriege, wobei besonders auf die Initiatoren und ihre Motive eingegangen und der gesamteuropäische Kontext aufgezogen wird. Das fünfte Kapitel legt schließlich den Fokus auf die Propaganda und insbesondere die staatliche Pressepolitik: Die öffentliche Meinung, als Machtfaktor erkannt, sollte kontrolliert und gelenkt werden. Die beiden letzten Kapitel widmen sich den vielschichtigen Erfahrungen und Verhaltensweisen der Zeitgenossen in den Nationalkriegen. Jenseits späterer Mythisierung und Legendenbildung geht es hier darum, herauszufinden, was die Menschen bewegte und wie weit die Propaganda mit ihren Parolen wirksam war. Warum, in welchem Ausmaß und in welchen organisatorischen Formen beteiligte sich die Bevölkerung auf der Iberischen Halbinsel, in Mitteleuropa oder Russland an den antinapoleonischen Kriegen? Provokant gefragt: Wie viel Volk steckte in den Volkskriegen?

1 Superheld und Weltbeherrscher: Napoleon und Europa

Die Französische Revolution 1789 schuf die Voraussetzungen für seinen Aufstieg: der Sturz des Königs, innenpolitische Wirren und ein Krieg mit Europa, in dem sich ein junger General beweisen konnte. Nach einem kometenhaften Aufstieg währte seine Herrschaft keine zwanzig Jahre. Doch in dieser Zeit gelang es ihm, den Großteil des Kontinents zu beherrschen und einer ganzen Epoche seinen Namensstempel aufzudrücken: Napoleon Bonaparte.

Sohn und Überwinder der Revolution

Dem berüchtigten Wendehals Charles Maurice de Talleyrand – Bischof, Revolutionär, Außenminister des Direktoriums, Napoleons und der Bourbonen – konnte so schnell keiner das Wasser reichen. Doch auch Napoleon Buonaparte zeigte sich erstaunlich anpassungsfähig, suchte und fand den Kontakt zu den jeweils Mächtigen. Dass er in naher Zukunft alle überflügeln sollte, war nicht abzusehen. Seine Karriere begann er als Offizier in der königlichen Armee Ludwigs XVI. Er entwickelte sich zunehmend zum Republikaner und engagierte sich im Freiheitskampf Korsikas, von wo die Familie Buonaparte aufgrund eines Konfliktes mit dem korsischen Unabhängigkeitskämpfer Pasquale Paoli im Juni 1793 überstürzt auf das Festland fliehen musste. Dort befand sich die Revolution in ihrer radikalsten Phase, der Schreckensherrschaft. Obwohl bis dato kein erkennbarer Jakobiner, näherte sich Napoleon Maximilien und Augustin de Robespierre an. Er bewährte sich im Einsatz gegen die rebellierende Stadt Toulon, wurde zum Brigadegeneral ernannt und sollte das Kommando über die Artillerie der Italienarmee übernehmen. Doch die politische Entwicklung in Paris machte ihm einen Strich durch die Rechnung. Am 9. Thermidor

(27. Juli) 1794 wurden die Brüder Robespierre sowie weitere Jakobiner hingerichtet; Napoleon wurde verhaftet, aber kurz darauf wieder freigelassen, da man ihm nichts Schwerwiegendes vorwerfen konnte. Die Bekanntschaft mit Paul Vicomte de Barras, Mitglied der neuen fünfköpfigen Regierung, dem Direktorium, erwies sich als ebenso förderlich wie die Heirat mit dessen ehemaliger Geliebten, Joséphine de Beauharnais. Zwei Tage nach der Hochzeit im März 1796 trat Napoleon Bonaparte sein neues Kommando als Befehlshaber der Italienarmee an.

26 Jahre jung und ein Schützling des Direktoriums: Bei der Italienarmee wurde Napoleon keineswegs mit offenen Armen empfangen. Doch *le petit caporal* (der kleine Korporal) verstand es, mit Können und persönlichem Mut die Achtung und Zuneigung der Soldaten zu gewinnen. Die Erfolge gaben ihm recht. Hier in Italien kam ihm angeblich erstmals der Gedanke, dass er „wohl auf der politischen Bühne eine ausschlaggebende Rolle spielen könnte".[3] Den Frieden von Campo Formio im Oktober 1797 zwischen Frankreich und der Habsburgermonarchie (Koalitionspartner wie Spanien oder Preußen waren bereits im Separatfrieden 1795 ausgeschieden) schloss Napoleon eigenmächtig, die Vorgaben des irritierten Direktoriums ignorierte er. Es war der Regierung ganz recht, dass sich Napoleon bald darauf nach Ägypten aufmachte, nachdem er die Pläne zu einer Englandinvasion als undurchführbar verworfen hatte.

Ab 1799 stand Frankreich im Zweiten Koalitionskrieg den Großmächten England, Österreich und nun auch dem zuvor neutralen Russland gegenüber. Das Direktorium erschien unfähig, die innenpolitischen Krisen zu bewältigen und den Krieg zu gewinnen. Napoleon kam gerade rechtzeitig aus Ägypten nach Hause, ohne seine Armee, die er in hoffnungsloser Lage zurückließ. 1799 war Emmanuel Joseph Sieyès, der berühmte Autor der revolutionären Streitschrift *Was ist der Dritte Stand?*, ins Direktorium gewählt worden. Die Verfassung von 1795 hatte sich in seinen Augen nicht bewährt, etwas Neues, Besseres, eine stärkere Exekutive musste her. Bei einem Putsch tat man gut daran, eine Armee im Rücken zu haben. Napoleon war nicht die erste Wahl der Verschwörer, jedoch berühmt und damit gut geeignet. Am 18./19. Brumaire 1799 (9./10. November) stürzten sie das Direktorium. Sieyès hatte sich jedoch verrechnet. Der eigentliche Gewinner war Napoleon, und nur Napoleon. Dieser verkündete anlässlich der neuen Verfassung: „Bürger! Die Revolution ist zu den Grundsätzen zurückgekehrt, von denen sie ausging; sie ist zu Ende."[4]

Ein Großteil der Franzosen, vor allem das Bürgertum, begrüßte die Rückkehr zu stabilen Verhältnissen. Durch Plebiszite ließ sich Napoleon die Zustimmung zu seiner Politik offiziell bestätigen. Dass diese Volksabstimmungen ähnlich manipuliert wurden wie Wahlen in pseudodemokratischen Staaten heutiger Tage, ist wenig überraschend. Die erwünschten Ja-Stimmen bei der Abstimmung über die neue Verfassung wurden gleich um mehrere 100 000 Stimmen aufgerundet, zumal Napoleons Bruder Lucien als Innenminister an den entsprechenden Schalthebeln saß.

Napoleon verfolgte eine Politik des Ausgleichs und der Aussöhnung sowohl mit radikalen Anhängern der Revolution wie auch mit ihren Gegnern. Zahlreiche Emigranten kehrten nach Frankreich zurück. Das Konkordat des Jahres 1801 entschärfte vorerst den Konflikt mit der Kirche und den Gläubigen, war aber lediglich als kurzer Waffenstillstand mit dem Papst zu werten. Napoleon scheute aber nicht davor zurück, gegenüber der Opposition hart durchzugreifen. Als am 24. Dezember 1800 Royalisten ein Attentat auf ihn verübten, schrieb er die Verantwortung dafür den eingefleischten Jakobinern zu, die seine Politik als Verrat an der Revolution empfanden, und nützte die günstige Gelegenheit zu Hinrichtungen und Deportationen.

Was die Franzosen mehr als alles andere wünschten, war ein Ende des Krieges. Nach französischen Siegen wurde am 9. Februar 1801 der Friede von Lunéville geschlossen. So wie auf dem Kontinent waren auch die Bewohner Englands kriegsmüde: Der englisch-französische Friede von Amiens 1802 wurde in ganz Europa begrüßt.

Wie sollte man Napoleon dafür danken? Im Mai 1802 schlug der Senat vor, die Amtszeit des Ersten Konsuls zu verlängern; Napoleon wollte diese Frage aber einer Volksabstimmung überlassen. Nur wurde sie umformuliert: Statt einer Verlängerung um zehn Jahre ging es darum, ob er auf Lebenszeit Konsul sein sollte. Die Antwort stand schon vorher fest. Napoleon durfte sogar seinen Nachfolger selbst bestimmen und die Verfassung nach eigenem Ermessen verändern. Damit herrschten in Frankreich de facto wieder monarchische Zustände.

Zwei Jahre später wurde es offiziell. Nachdem eine royalistische Verschwörung aufgedeckt worden war, sollte Frankreich mehr Stabilität verliehen werden. Der Senat beschloss im Mai 1804: „Die Regierung der Republik wird einem Kaiser übertragen, der den Titel Kaiser der Franzosen trägt."[5] Ein Plebiszit folgte. Bei der Krönung in Anwesenheit des Papstes am 2. Dezember 1804 setzte sich Napoleon, so war es nach umfangreichen Beratungen beschlossen worden, selbst die Krone auf. Deutlicher konnte die Abkehr von der Revolution nicht zum Ausdruck kommen. 1793 war der letzte König durch die Guillotine hingerichtet worden, nun wurde Frankreich unter einem Kaiser zum *Empire*.

Im *Code Civil*, dem zivilrechtlichen Gesetzbuch, wurden wesentliche revolutionäre Errungenschaften wie Gleichheit vor dem Gesetz, Abschaffung feudaler Privilegien oder Trennung von Staat und Kirche festgehalten. In vielen Bereichen wurde jedoch die Rückkehr zur Monarchie deutlich. In den Tuilerien herrschte höfische Etikette; per Gesetz vom 1. März 1808 wurden die alten Adelstitel wie Baron, Herzog oder Graf wieder eingeführt, die allerdings nicht mehr mit ihren einstigen Privilegien wie Steuer- und Abgabenfreiheit verknüpft wurden. Ebenso wandelte Napoleon die italienische Republik 1805 in ein Königreich um und nahm selbst den Titel *Rex totius Italiae* an, der buchstäblich den Anspruch auf ganz Italien implizierte.

Meister der Propaganda Napoleon besaß eine überdurchschnittliche politische und militärische Begabung; wie kaum ein anderer verstand er es, günstige Gelegenheiten beim Schopf zu packen. Doch er wusste auch, dass ihm all seine Fähigkeiten und seine Glanzleistungen auf dem Schlachtfeld wenig nützten, wenn Paris und die Welt davon nichts erfuhren. In den stürmischen Jahren der Französischen Revolution hatte Napoleon erlebt, wie sich mit Stimmungen Politik machen ließ. Die Pressefreiheit, in die Erklärung der Menschenrechte und 1791 in die Verfassung aufgenommen, öffnete Diskussionen in der sogenannten Meinungspresse die Tür. So ziemlich jeder Pariser Politiker gründete eine eigene Zeitung als Sprachrohr seiner Ideen.

Ausgerüstet mit diesen Erfahrungen und seinem Gespür für die Macht der öffentlichen Meinung startete Napoleon einen PR-Feldzug in eigener Sache. In Italien wie auch in Ägypten wandte er sich in Reden,

Proklamationen und Armeeberichten an die Truppen; er gab Armeezeitungen heraus, die gratis an die Soldaten verteilt wurden. Doch das Heer bildete nur einen Teil des Zielpublikums. Gleich, auf welchem Kontinent sich Napoleon auch aufhielt, seine Aufmerksamkeit blieb stets auf einen Ort gerichtet: Paris. Das Zentrum der Macht. Doch von diesem war Napoleon weit entfernt. Ein Nachteil? Nein. Denn das Direktorium galt als dekadent, korrupt, unfähig. Die Distanz zur Regierung in Paris war für Napoleon ein Vorteil. Sein Name blieb sauber und wurde nicht mit den Missständen in Verbindung gebracht; in der Ferne konnte er an seinem Image feilen: ehrlich, anständig, ein fähiger General und Friedensstifter. Der Hoffnungsträger der Nation.

Veni, vidi, vici. Ganz im Stile Caesars stellte er seine Person und seine Leistung in den Mittelpunkt. Nur keine Bescheidenheit! „Er fliegt wie der Blitz und schlägt zu wie der Donner. Er ist überall und sieht alles"[6], konnte man in seiner Armeezeitung *Le Courrier de l'armée d'Italie* 1796 lesen. Selbst kleine Erfolge wurden zu großartigen Siegen aufgebauscht – und immer sollten sie in einem Atemzug mit seinem Namen genannt werden. Wichtig war eine stete Medienpräsenz, denn aus der Presse ist aus dem Sinn. Seit April 1796 dominierten in den französischen Zeitungen die Berichte von der italienischen Front. Im Spiegel der Medien hatte es den Anschein, als habe in den Jahren 1796 und 1797 im Vergleich mit den französischen Hauptarmeen nur Napoleons Italienarmee triumphale Siege errungen. So stieg der junge Kommandant einer zweitrangigen Armee auf einem Nebenkriegsschauplatz zum Idol auf.

Was nicht ins Bild passte, wurde retuschiert. Die Schuld an Misserfolgen und Fehlern schob Napoleon konsequent anderen zu. Das galt für die gescheiterte Englandinvasion 1804/05 genauso wie zuvor für das Desaster in Ägypten, das er – so stand es im Bericht an das Direktorium im Oktober 1799 – „wohl geordnet und unter dem Befehl von General Kléber verlassen"[7] hätte. Die ein Jahr darauf unvermeidliche Kapitulation der französischen Truppen fiel dieser Interpretation nach nicht mehr in seinen Verantwortungsbereich. Auch optisch musste das Bild stimmen. Bei der Alpenüberquerung 1800 ritt Napoleon wie die meisten auf einem trittsicheren Maultier, ging zu Fuß oder rutschte wenig feldherrlich auf dem Hosenboden einen eisigen Abhang hinunter. Das berühmte Gemälde von Jacques-Louis David, *Bonaparte passant les Alpes au Grand-Saint-Bernard*, zeigt Napoleon hingegen in stolzer Pose auf edlem Ross. Authentisch waren lediglich Mantel und Uniform, denn diese hatte der Kammerdiener ins Maleratelier gebracht.

Napoleons Verhältnis zu den Medien blieb zeit seines Lebens zwiespältig; er nützte sie exzessiv als Instrument seiner Politik, fürchtete sie aber als gefährliche Waffe in den Händen seiner Gegner. Vor allem von der revolutionären Pressefreiheit wollte er, sobald er an die Macht gekommen war, nichts mehr wissen und demontierte sie Schritt für Schritt. Die Zensur wurde im Februar 1810 offiziell wieder eingeführt und von den mehr als 70 in Paris existierenden Zeitungen bis auf 13 alle verboten. Der von ihm strikt kontrollierte *Moniteur* stieg zur Staatszeitung auf, an der sich alle anderen Medien in seinem Machtbereich orientieren mussten. Napoleon war überzeugt, dass er nur so seine Herrschaft sichern könne: „Wenn ich der Presse die Zügel locker ließe, würde ich keine drei Monate im Besitz der Macht bleiben.“[8]

Nichts sollte gegen ihn, aber viel für ihn gesagt werden. Gute Presse kommt aber nicht immer von allein. Hier hieß es eifrig schreiben und schreiben lassen. Napoleon griff selbst zur Feder und verfasste Bulletins, Aufrufe und Zeitungsartikel; ebenso beauftragte er Untergebene damit. Die Beiträge erschienen teils mit Unterschrift, weit häufiger aber anonym. Das Publikum sollte nicht erkennen, woher der Wind wehte, sondern von unabhängigen und damit glaubwürdigen Stimmen ausgehen.

Napoleon und das Alte Reich

Der frischgebackene Kaiser der Franzosen musste sich auf dem internationalen Parkett um die diplomatische Anerkennung seiner Würde bemühen, wobei es dabei auf die Stimmen der Großmächte ankam. Der Friede mit England hatte sich nur als kurze Waffenruhe erwiesen, seit 1803 befand sich Frankreich mit dem Erzfeind wieder im Krieg. Seit dem Sommer 1804 verhandelte London mit Sankt Petersburg über ein neues Bündnis, das schließlich die Basis für den Dritten Koalitionskrieg bilden sollte. Von Frankreich und Russland hatte Napoleon daher kein Entgegenkommen zu erwarten. Preußen und Österreich schlug er im Gegenzug für seine Anerkennung ebenfalls eine Rangerhöhung vor. In

Berlin erkannte man Napoleons Würde an, lehnte aber eine preußische Kaiserkrone ab; in Wien stellte sich die Lage anders dar.

Von Napoleons Kaisertum war ein Herrscher mehr als alle anderen direkt betroffen: der Habsburger Franz II., Kaiser des Heiligen Römischen Reichs. Wenn es um seinen Titel und damit seine exklusive Stellung im europäischen Fürstenreigen ging, verstand Franz keinen Spaß. Er lebte zwar bürgerlich und häuslich, biedermeierlich eben, wie nach 1815 eine ganze Epoche genannt werden sollte. In seinem Selbstverständnis war er aber ganz und gar der Kaiser. Schlagartig gab es in der Mitte Europas zwei davon. Der Zar fiel als möglicher Konkurrent aus, denn er stand mit seinem Kaisertum in oströmisch-byzantinischer Tradition, während sich sowohl Franz wie auch Napoleon auf die Nachfolge Karls des Großen beriefen. Das war auf weltlicher Ebene vergleichbar mit jenen Zeiten, in denen es zwei oder zeitweise sogar drei Päpste gegeben hatte. Ein Affront! Napoleon, der korsische Emporkömmling, beanspruchte für sich den gleichen Titel, wie ihn eine der ältesten und ehrwürdigsten Dynastien Europas besaß.

Die von Napoleon geforderte Anerkennung seiner neuen Würde konnte man ihm nicht versagen, ohne einen neuen Krieg zu riskieren. Auf sein Ultimatum hin nahm man gern das Angebot an, selbst ein Erbkaisertum zu etablieren, zumal der Titel des römisch-deutschen Kaisers in Zukunft nicht mehr sicher erschien. Das Alte Reich war und blieb – auch wenn die Kurfürsten in den letzten Jahrhunderten nahezu immer einen Habsburger gewählt hatten – nur ein Wahlreich.

Es stellte sich allerdings die Frage: ein erblicher Kaiser von welchem Land? Kurz dachte man an eine Umwandlung des Alten Reichs in ein Erbkaisertum. Aber die Machtverhältnisse im Reich und Napoleon, der Mitteleuropa als seine Einflusssphäre sah, hätten dies nie gestattet. Sollte eines der Königreiche wie Ungarn oder Böhmen zum Kaisertum erhoben werden? Nein. Man fasste sämtliche Königreiche, Fürstentümer und Provinzen im Besitz des Habsburgerherrschers unter Beibehaltung ihrer jeweiligen Titel, Verfassungen und Rechte in einem neuen Kaiserstaat Österreich zusammen. Franz war nun Kaiser von Österreich. Ein klarer Bruch der alten Reichsverfassung: „Ein ‚Kaiser von Österreich' ist an und für sich ein wahrer politischer Solözismus [grober Sprachfehler], denn Österreich ist eine dem Reich durch Lehensnexus

[Lehensverbindung] untergebene Provinz und man könnte ebensogut ein Kaiser von Salzburg, von Frankfurt oder von Passau als ein Kaiser von Österreich sein“[9], urteilte Friedrich von Gentz im August 1804 in einem Brief an Metternich.

Für die nächsten zwei Jahre gab es ein habsburgisches Doppelkaisertum: Franz II. war römisch-deutscher Kaiser – und als Franz I. Kaiser von Österreich. Als Franz II./I. wird er in den Geschichtsbüchern geführt und sorgt seitdem nicht nur bei Prüfungen für Verwirrung. Danke, Napoleon!

Rheinbund England und Russland stellten 1805 eine neue antifranzösische Allianz auf die Beine, der sich Österreich, Schweden und Neapel-Sizilien anschlossen; Preußen blieb trotz zäher Verhandlungen neutral. Zwischen den Großmächten lagen die deutschen Mittel- und Kleinstaaten des Alten Reichs. Sie waren in den vorangegangenen Koalitionskriegen bereits zum Kriegsschauplatz geworden und würden diesem Schicksal auch jetzt nicht entgehen können. Für die weitere, nur mehr recht kurze Geschichte des Alten Reichs entscheidend wurde die politische Dreiteilung desselben: Im Dritten Koalitionskrieg kämpften die Österreicher gegen Napoleon; Preußen und unter seiner Führung ganz Norddeutschland hielten seit dem Frieden von Basel 1795 an ihrer Neutralitätspolitik fest. Auf die süddeutschen Fürsten übten sowohl Frankreich wie Österreich größten Druck aus, um sie ins jeweils eigene Lager zu ziehen. Die Entscheidung fiel auf jene Macht, der man den Sieg zutraute – oder vor deren Vergeltungsmaßnahmen man sich mehr fürchtete: Die Herrscher der Mittelstaaten wie Bayern, Württemberg und Baden schlossen sich an Frankreich an. Als Mitglieder des Heiligen Römischen Reichs stellten sie sich damit gegen dessen Oberhaupt Franz II.

In den Schlachten selbst spielten ihre Truppen keine Rolle. Wichtig war Napoleon, ein sicheres Aufmarschgebiet und beim weiteren Vorstoß in Richtung Habsburgermonarchie Ruhe im Rücken zu haben. Sieg und Niederlage fielen im Oktober 1805 beinahe zusammen: Die österreichische Armee kapitulierte in Ulm, nachdem sie von Napoleons Truppen überrascht und eingeschlossen worden war; die russischen Truppen zogen sich daraufhin nach Mähren zurück. Die Engländer siegten bei Trafalgar über die spanisch-französische Flotte und besiegelten einmal mehr ihre Seeherrschaft. Die Entscheidung fiel am 2. Dezember 1805 in der Dreikaiserschlacht (Napoleon, Franz und Zar Alexander I.) bei Austerlitz. Im Frieden von Pressburg vom 26. Dezember musste der Verlierer Franz der Rangerhöhung der Kurfürsten von Bayern und Württemberg zu Königen zustimmen, die Fürsten von Baden und Hessen-Darmstadt erhielten den Titel Großherzog. Dazu kamen territoriale Verluste auf Kosten der Habsburgermonarchie, die beispielsweise Tirol an Bayern abtreten musste. Österreich war geschlagen, die süddeutschen Staaten standen auf Napoleons Seite – und Preußen sah sich trotz seiner Neutralität zum Abschluss eines Schutz- und Trutzbündnisses mit Frankreich, dem Vertrag von Schönbrunn vom 12. Dezember 1805, gezwungen.

Unmittelbar nach dem Frieden von Pressburg begann Napoleon mit den süd- und westdeutschen Regenten über einen Bund unter seiner Führung zu verhandeln. Die Fürsten der großen Staaten Bayern, Baden und vor allem Württemberg hätten lieber ihren bisherigen Status beibehalten und individuelle Verträge mit Napoleon abgeschlossen, hielten es jedoch für unklug, sich ihm zu widersetzen, zumal von Österreich und Preußen keine Rückendeckung zu erwarten war. Ihnen drohte eine gefährliche politische Isolation zwischen den Großmächten Europas. In dieser Lage schlossen sich am 12. Juli 1806 sechzehn deutsche Fürsten zur Konföderation der „Rheinischen Bundesstaaten" unter dem Protektorat Napoleons zusammen. Laut Rheinbundakte erhielten die Fürsten volle Souveränität, mussten aber mit Napoleon ein dauerhaftes Militärbündnis schließen und ihm Truppenkontingente stellen. Im Alten Reich hatten die Kurfürsten seit dem Westfälischen Frieden 1648 das Recht besessen, selbstständig Krieg zu erklären und Bündnisse und Frieden zu schließen, sofern sich ihre Aktionen nicht gegen das Reich richteten. So viel Freiheit gestand Napoleon seinen neuen Verbündeten nicht zu, da es ihm darauf ankam, aktive Partner für seine Kriege zu gewinnen. „Die deutschen Fürsten und Staaten sollen Stellvertreter sein, d. h. die Festlandskolonien des Empire"[10], teilte Napoleon am Tag der Unterzeichnung der Rheinbundakte einem Vertrauten mit.

Bis 1810 traten, einhergehend mit der Ausweitung des französischen Machtbereichs, außer Preußen, Österreich, Dänisch-Holstein und Schwedisch-Vorpommern sukzessive weitere deutsche Fürsten bei. Der

Rheinbund umfasste die Länder des sogenannten Dritten Deutschlands, die sich bereits im 18. Jahrhundert politisch mehr oder weniger eng zusammengeschlossen hatten: nämlich zum Schutz gegen die expansionshungrigen deutschen Großmächte Österreich und Preußen. Bis zu Beginn der 1790er-Jahre, als die Höfe in Berlin und Wien ein gemeinsames Vorgehen gegen das revolutionäre Frankreich vereinbarten, hatte der Gegensatz zwischen Preußen und Österreich für ein Mächtegleichgewicht im Alten Reich wie auch auf europäischer Ebene gesorgt. Gefährlich für kleinere Staaten wurde es, wenn sich die Großen auf ihre Kosten einigten. Das Paradebeispiel dafür stellten die drei polnischen Teilungen dar, bei denen Preußen, Russland und Österreich einen ganzen Staat von der Landkarte tilgten. Man wusste, dass der Wiener Hof mehr als einmal Pläne wälzte, zur territorialen Abrundung der Habsburgermonarchie Bayern gegen die Österreichischen Niederlande einzutauschen. Preußen hingegen betrachtete Norddeutschland als sein natürliches Einflussgebiet und strebte hier, zuletzt auch als Gegengewicht zum Rheinbund, die Gründung einer norddeutschen Föderation an. Von dieser Warte aus konnte man an den Höfen der kleineren deutschen Staaten Napoleon durchaus als Protektor betrachten.

In der älteren deutschen Geschichtsschreibung oft als „undeutsches Werkzeug napoleonischer Machtpolitik“ verdammt, wird in der neueren Forschung die „wichtige Brückenfunktion des Rheinbundes in der deutschen Geschichte zwischen Altem Reich und Deutschem Bund“[11] anerkannt. Der Rheinbund stellte eine Möglichkeit zur staatlichen Einigung Deutschlands in föderalistischen Bahnen dar; ein deutscher Bund, wie er auch auf dem Wiener Kongress 1815 etabliert wurde, ohne Österreich und Preußen, quasi als kleinstdeutsche Lösung. Napoleon erhob Frankfurt, dessen Staatsgebiet zum Großherzogtum wurde, zur Hauptstadt des Rheinbundes. Ansätze zum weiteren Ausbau des Bundes nach dem Vorbild des Alten Reichs mit Reichstag und Reichsgerichten wurden nicht umgesetzt, zumal die Zeitumstände andere Bedürfnisse in den Vordergrund rückten. Der Rheinbund war bei seinen Bewohnern, vor allem bei den Befürwortern einer Reformpolitik, durchaus beliebt und wurde als Chance auf eine deutsche Wiedergeburt wahrgenommen – zumindest so lange, bis die Belastungen im Zuge der unaufhörlichen Kriege Napoleons zu stark anwuchsen. Zu Friedenszeiten wären dem Rheinbund vielleicht längere Dauer und mehr Erfolg beschieden gewesen.

Auflösung des Alten Reichs Im Bundesvertrag verpflichteten sich die Rheinbundfürsten zur Loslösung vom Reich. Napoleon kam ihnen zuvor und informierte den Reichstag darüber. Zudem richtete er am 22. Juli ein Ultimatum an Franz, in dem er von ihm die Niederlegung des römisch-deutschen Kaisertitels bis zum 10. August 1806 verlangte. Wieder diskutierte man angesichts der Alternative Krieg in Wien nicht darüber, ob, sondern nur wie man diese Forderung erfüllen sollte: Franz hoffte, sich die Niederlegung der Reichskrone „mit den größtmöglichen Vortheilen“[12] für seine Monarchie von Frankreich erkaufen zu können. Dabei dachte er daran, die für Österreich harten Friedensbestimmungen von Pressburg zu mildern. Das war illusorisch. Napoleon wollte und musste nicht verhandeln.

Anzumerken ist, dass sich weder Franz noch seine Minister an den römisch-deutschen Kaisertitel als solchen klammerten. Noch in der zweiten Hälfte des 18. Jahrhunderts hatte ein Gutachten für Joseph II. die Bedeutung der Kaiserkrone für das Haus Habsburg hervorgehoben: Sie war Garant seiner Macht und seines Ansehens und daher unentbehrlich. Als Franz im Mai 1806 die Frage nach dem Wert der Krone stellte, lauteten die Antworten anders. Seit dem Pressburger Frieden würde die Kaiserwürde keinen Vorteil mehr bringen, sondern nur noch Demütigungen und Konflikte mit Napoleon. Die Gutachten wiesen aber auf die Problematik einer Abdankung hin: Solange das Reich als solches Bestand hatte, könnte Napoleon für sich oder einen von ihm abhängigen Fürsten die Krone erlangen. „Ich will nicht Kaiser von Deutschland sein“[13], versicherte Napoleon Metternich 1806, und auch spätere Aussagen deuten darauf hin, dass er keineswegs nach der römisch-deutschen Krone greifen wollte. Doch genau das befürchteten viele Zeitgenossen, nicht nur am Wiener Hof. Schon 1804 hatte man vorsorglich die Reichsinsignien von Nürnberg nach Wien geschafft, um sie Napoleons Zugriff zu entziehen. Wenn Napoleon zum Kaiser aufstieg, würde Franz zu seinem Vasallen absinken, da Teile der Habsburgermonarchie lehensrechtlich zum Alten Reich gehörten.

Außenminister und Staatskanzler Johann Philipp Graf Stadion fand die Lösung für das Problem. In der von ihm verfassten Abdicationsurkunde vom 6. August 1806 griff er die Argumente der Rheinbundfürsten auf. Laut ihrer Austrittserklärung aus dem Reich hätten die letzten drei Koalitionskriege bewiesen, „dass das Band, welches bisher die verschiedenen Glieder des deutschen Staatskörpers miteinander vereinigen sollte, für diesen Zweck nicht mehr hinreiche, oder vielmehr, dass es in der That schon aufgelöst sei".[14] Nun löste Franz als Kaiser seinerseits „das Band, welches Uns bis jetzt an den Staatskörper des deutschen Reichs gebunden hat"[15], und trennte seinen Hausbesitz klar vom Alten Reich. Mit der Gründung des Rheinbundes und dem Austritt dieser Länder aus dem Reich sowie dem letzten Akt am Wiener Hof ist das Heilige Römische Reich - unter völliger Missachtung der Reichsverfassung - erloschen.

Französische Hegemonie statt europäischem Gleichgewicht

Im Europa des 18. Jahrhunderts bildeten England, Russland, Frankreich, die Habsburgermonarchie und Preußen die sogenannte Pentarchie als „multipolares Ordnungssystem"[16], in dem sich die Großmächte dem Idealbild nach gegenseitig die Waage halten sollten. Von einem Gleichgewicht war am Vorabend der antinapoleonischen Volkskriege nicht mehr viel übrig. Die anfangs verkündete brüderliche Befreiung der europäischen Völker war bereits vom revolutionären Frankreich rasch zugunsten eines Expansionskrieges aufgegeben worden. Es dominierte das Konzept der natürlichen Grenzen wie den Pyrenäen, den Alpen und dem Rhein, über die hinaus Pufferstaaten errichtet werden sollten. Daran konnte Napoleon anschließen. Die Frage war: Wo sah er seine Grenzen?

Mit seinem Sieg über Preußen und Russland im Vierten Koalitionskrieg stand Napoleon am Höhepunkt seiner Macht. Preußenkönig Friedrich Wilhelm III. hielt 1806, bestärkt von dem Gerücht, dass Napoleon Hannover an England zurückgeben wolle, eine aufrichtige Allianz mit Frankreich nicht länger für möglich. Er verließ sich auf den Ruf der preußischen Armee und stellte dem Gegner ein Ultimatum. Doch den erschütternden Niederlagen bei Jena und Auerstedt am 14. Oktober folgten Auflösungstendenzen im Heer und die als schmählich empfundenen Kapitulationen zahlreicher Festungen. Im Verein mit Russland setzte Friedrich Wilhelm den Krieg 1807 fort. Österreich verweigerte sich einer Allianz, dort musste man sich noch von den letzten Niederlagen erholen.

Nach weiteren französischen Siegen schlossen Napoleon und Zar Alexander I. 1807 in Tilsit Frieden. Bezeichnenderweise wurde Friedrich Wilhelm von den Verhandlungen ausgeschlossen. Eine Demütigung, die klarstellte: Preußen war nicht länger Großmacht. Geschlagen, halbiert, besetzt und mit hohen Kontributionszahlungen belastet – von diesem Staat hatte Napoleon vorerst nichts mehr zu befürchten. Noch günstiger stellte sich die Situation mit Russland dar, das aufgrund seiner expansiven Außenpolitik neben England zu den größten Rivalen Frankreichs zählte. Mit dem Vorstoß Napoleons ins östliche Mittelmeer und durch die Expedition nach Ägypten sah man in Sankt Petersburg die eigenen Interessen bedroht: Russland, das sich dem Ersten Koalitionskrieg ferngehalten hatte, schloss sich daher der zweiten und dritten Koalition an. Nach der Schlacht von Austerlitz im Dezember 1805 zogen sich die russischen Truppen zwar zurück, doch der Krieg mit Frankreich wurde offiziell nicht beendet und im Oktober 1806 an der Seite Preußens weitergeführt. In Tilsit fanden Napoleon und Alexander überraschend von ihrer Feindschaft zur Allianz. Damit fiel das Zarenreich als starker Gegner weg. Mehr noch, Alexander versprach, sich der Kontinentalsperre gegen England anzuschließen, sollte die Londoner Regierung nicht bis Jahresende in einen Frieden mit Frankreich einwilligen. Durch die Verständigung mit Russland erhielt Napoleon vor allem eines: freie Hand auf dem Kontinent.

Sachsen, das den Krieg an der Seite Preußens begonnen hatte, schloss bereits im Dezember 1806 mit Frankreich den Frieden von Posen und trat in den Rheinbund ein. Aus dem Kurfürsten Friedrich August III. wurde „gleichsam von Napoleons Gnaden"[17] König Friedrich August I. von Sachsen, ein treuer Verbündeter Napoleons. Zur Belohnung erhielt er in Personalunion das aus vormals preußischen Gebieten neu geschaffene Großherzogtum Warschau.

Friedrich Wilhelm von Preußen war dank der Fürsprache des Zaren in Tilsit mit einem blauen Auge davongekommen. Anderen erging es weniger gut. Am 27. Dezember 1805 zeigte sich Napoleon erzürnt darüber, dass Neapel sich im Dritten Koalitionskrieg erneut einer antifranzösischen Allianz angeschlossen hatte: „Soldaten, die Dynastie von Neapel hat aufgehört zu regieren. Ihre Existenz ist unvereinbar mit der Ruhe Europas und der Ehre meiner Krone."[18] Dem Königspaar von Neapel und Sizilien, Ferdinand IV. und seiner habsburgischen Frau Maria Carolina, blieb nur die Flucht nach Sizilien. Diese Vorgehensweise behielt Napoleon 1806/07 bei. Kurfürst Wilhelm I. von Hessen hatte sich an die bewährte Neutralität geklammert, sich dem Rheinbund verweigert und mit dem von Preußen angestrebten norddeutschen Bund geliebäugelt. Herzog Karl Wilhelm Ferdinand von Braunschweig-Lüneburg-Oels hatte zwar sein Land aus dem Konflikt zwischen Frankreich und Preußen herausgehalten, allerdings selbst als preußischer Generalfeldmarschall am Krieg teilgenommen, wobei er in der Schlacht von Auerstedt schwer verwundet wurde und kurz darauf verstarb. Sein Sohn, Friedrich Wilhelm, konnte die Nachfolge gar nicht erst antreten: Beide Herrscherhäuser wurden von Napoleon im Zuge seines Sieges über Preußen abgesetzt, die solcherart gewonnene Landmasse diente als Basis für das Königreich Westphalen.

Noch im ausgehenden 18. Jahrhundert stand die Expansionspolitik europäischer Großmächte im Zeichen des Gleichgewichtsgedankens. Der Vergrößerung eines Einzelnen schoben die anderen einen Riegel vor. Das heißt nicht, dass man auf Expansion verzichtete, sondern man verständigte sich innerhalb der Pentarchie über Gebietserweiterungen, teilte die Beute und arrangierte sich mittels Kompensationen, sodass jeder profitierte und die Balance unter den Großen erhalten blieb. Je mächtiger Napoleon wurde, desto weniger musste er den Willen anderer berücksichtigen. Wer sollte ihn aufhalten? Es schien den Zeitgenossen, als ob Napoleon die Universalmonarchie, die „allgemeine Herrschafft über die gantze Welt oder wenigstens über ein gantzes Theil der Welt, als z. E. Europa"[19], wie sie Zedlers Universallexikon in der Mitte des 18. Jahrhunderts definierte, anstrebte – und erreichen würde.

Nur einen Feind konnte Napoleon nie bezwingen: Großbritannien, geschützt durch die Insellage und die *Royal Navy*, seit Jahrhunderten der große Rivale und die einzige europäische Großmacht, die nie eine Allianz mit Napoleon eingegangen war. Der Dauerkonflikt zwischen den beiden Mächten war nicht nur politischer Art, sondern basierte auch auf einer langjährigen Wirtschafts- und Industrierivalität. Dazu gehörten der Wettlauf um Kolonien, der Kampf um den lukrativen Transatlantikhandel und um Handels- und Absatzmärkte in Europa und Übersee. Entsprechend wurde der Krieg von Anbeginn zugleich als Wirtschaftskrieg geführt, ein nicht unübliches Vorgehen. Die berühmte Kontinentalsperre bildete einen Höhepunkt. In seinem Berliner Dekret vom 21. November 1806 verbot Napoleon quasi als Antwort auf die britische Seeblockade vom Mai 1806 die Kommunikation und den Handel mit britischen Waren in Frankreich und seinen Satellitenstaaten. Weitere Bestimmungen dehnten die Blockade und Gegenblockade in den nächsten Jahren auf neutrale Schiffe aus. Doch Großbritannien ließ sich weder erobern noch wirtschaftlich völlig vom europäischen Kontinent ausschließen.

Napoleons Expansionspolitik und der Versuch, sich direkte Kontrolle vor allem über die europäischen Küstenregionen zu verschaffen, hing mit seinem Wirtschaftskrieg gegen England und mit der Durchsetzung der Kontinentalsperre eng zusammen. Das betraf die Besetzung der Hansestädte Hamburg, Lübeck und Bremen 1806. Mecklenburg-Schwerin wurde trotz seiner Neutralität okkupiert und die Toskana, Parma und Piacenza ins *Empire* eingegliedert; Papst Pius VII., der die Kontinentalsperre nicht anerkennen wollte, erklärte Napoleon: „Eure Heiligkeit ist Herrscher von Rom, ich aber bin der Kaiser: Alle meine Feinde sind auch seine Feinde.“[20] Der Papst wurde inhaftiert, der Kirchenstaat annektiert.

1807 wollte Napoleon auch Portugal in sein Kontinentalsystem einbinden. Er verlangte von der Regierung, den Engländern die Häfen zu versperren, britische Ware zu konfiszieren und zudem alle britischen Untertanen zu verhaften. Einen Krieg mit Frankreich konnte sich das Land nicht leisten, ebenso wenig aber einen Bruch mit Großbritannien, das die überseeischen Verbindungen zu den Kolonien kontrollierte und ein wichtiger Handelspartner war. In Lissabon spielte man auf Zeit. Als sich aber Frankreich mit Spanien auf ein gemeinsames Vorgehen gegen Portugal einigte und General Jean-Andoche Junot mit einer französischen Armee anmarschierte, floh das Königshaus Braganza samt seinen Schätzen, einem Großteil des Adels und reichen Bewohnern Lissabons auf britischen Schiffen nach Brasilien. Am 1.1.1808 erklärte Napoleon die portugiesische Dynastie für abgesetzt. Was er als Maßnahme gegen England geplant hatte, erwies sich aber als Bumerang: Der Prinzregent Johann VI. öffnete den Engländern den wirtschaftlich bedeutsamen Zugang zu seinen reichen Kolonien. Portugal selbst konnte Junot von Ende 1807 bis Mitte 1808 ohne größeren Widerstand beherrschen, bevor sich die Rebellion in Spanien als ansteckend erwies.

Kaiserliche Familienpolitik Im Windschatten Napoleons stiegen seine Verwandten zu kaiserlichen Prinzen und Prinzessinnen auf. Klar, dass Napoleon bei der Besetzung frei gewordener oder neu errichteter Throne auf die personellen Ressourcen seiner Familie zurückgriff. Ob dieses Vorgehen einem korsischen Clanbewusstsein entsprang oder auf der Notwendigkeit basierte, wichtige Positionen mit von ihm allein abhängigen Vertrauensleuten zu besetzen, sei dahingestellt. Napoleons System unterschied sich jedenfalls kaum von der traditionellen Familienpolitik europäischer Fürstenhäuser oder dem Postenschacher gegenwärtiger Führungsriegen. Die Krone des neuen Königreichs Italien behielt zwar Napoleon selbst, aber sein Stiefsohn Eugène de Beauharnais wurde als Vizekönig eingesetzt. Dem Namen nach eigenständige Könige wurden drei Brüder Napoleons: Der Älteste, Joseph, bestieg nach der Vertreibung der bourbonischen Dynastie 1806 den Thron von Neapel. Im selben Jahr wurde die batavische Republik in das Königreich Holland umgewandelt, hier gelangte Louis zur Herrschaft. Jérôme regierte als „König Lustick" ab 1807 das Königreich Westphalen. Auch Napoleons Schwestern bekamen ein Stück vom Kuchen, das aber bescheidener ausfiel. Caroline (Marie-Annonciade), mit Napoleons General Joachim Murat verheiratet, wurde Großherzogin von Berg, das Anfang 1806 aus abgetretenen preußischen und bayerischen Gebieten entstand. Als kompetent und engagiert erwies sich Elisa (Marie-Anne) als Fürstin von Piombino und Lucca, später kam noch die Toskana hinzu. Pauline erhielt das winzige Fürstentum Guastalla. Je nach politischer Konstellation konnte es zu einem regen (Thron-)Sesselrücken kommen wie im Jahr 1808, als Joseph als König nach Madrid wechselte und Murat seinen Platz in Neapel einnahm. Napoleon übertrug die Großherzogswürde von Berg an seinen vierjährigen Neffen Louis Napoléon, übte aber selbst während dessen Minderjährigkeit die Regentschaft aus.

In traditionellen Bahnen bewegte sich Napoleon auch mit seiner Heiratspolitik, die das durch Krieg Erreichte absichern und die Legitimität seiner eigenen Dynastie erhöhen sollte. Gerade die Fürsten der großen Rheinbundstaaten Bayern, Baden und Württemberg sollten durch mehr als Verträge an ihren Protektor gebunden werden. Da Napoleon keine eigenen Kinder im passenden Alter hatte, musste er zum Teil auf die Familie Joséphines zurückgreifen. Ihr Sohn Eugène de Beauharnais heiratete Anfang 1806 Auguste, die Tochter des bayerischen Königs Max(imilian) I. Joseph; zuvor wurde Eugène noch von Napoleon adoptiert, um standesgemäß genug zu sein. Stéphanie de Beauharnais, eine Cousine der französischen Kaiserin, wurde ebenfalls per Adoption zur *Princesse de l'Empire français* aufgewertet und im April 1806 mit dem badischen Erbprinzen Karl vermählt. Die Einheirat in die Familie der Zähringer sollte dem Emporkömmling Napoleon einiges wert sein, fand man am badischen Hof in Karlsruhe, und forderte (vergeblich) eine bedeutende Gebietserweiterung – beispielsweise die Schweiz. Jérôme konnte nach seiner Scheidung von der Amerikanerin Elisa Patterson 1807 mit Katharina, der Tochter König Friedrichs von Württemberg, verheiratet werden. Wie sich noch zeigen sollte, beugte sich auch Napoleon der selbst auferlegten Pflicht, indem er sich im Dezember 1809 von Joséphine scheiden ließ und eine seinem neuen Rang ebenbürtige Gemahlin suchte.

Die Stellung seiner Verwandtschaft sah Napoleon pragmatisch: „Ich kenne nur solche Verwandten, die mir nützen. Diejenigen, die nicht zusammen mit mir aufsteigen, gehören nicht mehr zu meiner Familie.“[21] Mochten seine Verwandten dem Namen nach Regenten unabhängiger Reiche sein, sie blieben rechtlich französische Prinzen und damit den kaiserlichen Hausgesetzen unterworfen. Ihr politischer Handlungsspielraum war nur so groß, wie Napoleon ihn gewährte. Und in dieser Hinsicht erwies er sich als äußerst kleinlich; bestimmend griff er in die inneren Verhältnisse ihrer Reiche ein. Die untergeordnete Stellung des italienischen Vizekönigs Eugène de Beauharnais brachte Marschall Géraud Duroc Ende Juli 1805 deutlich zum Ausdruck: „Wenn Sie die Befehle oder die Ansicht Seiner Majestät [Napoleon] erbitten, um die

Decke Ihres Zimmers zu verändern, so müssen Sie diese Weisungen abwarten. Wenn Mailand in Flammen steht, so werden Sie Seine Majestät um Befehle bitten, um das Feuer zu löschen. Sie haben auf diese Befehle zu warten, selbst wenn Mailand niederbrennt.“[22]

Jérôme beklagte, dass nicht beides zusammen möglich war: „[I]ch kann nicht König von Westphalen und gleichzeitig französischer Untertan sein.“[23] Denn Napoleons Außen- und Wirtschaftspolitik stand oft genug in schroffem Gegensatz zu den Interessen jener Länder, die seine Geschwister regierten. Besonders deutlich wird dies am Beispiel Hollands. „Louis will nicht einsehen, daß er nur ein gekrönter Präfekt ist und den Willen des Kaisers [Napoleon] zu tun hat“[24], beklagte sich dessen Ehefrau Hortense, Joséphines Tochter, denn „Koning Lodweijk“ stellte die Bedürfnisse seines Reichs über die Vorgaben Napoleons, unterlief beispielsweise die Kontinentalsperre und geriet in unüberbrückbaren Gegensatz zu seinem mächtigen Bruder. Entsprechend kurz war die Zeit seiner Herrschaft bemessen. 1810 floh Louis ins Exil, zuerst in die Habsburgermonarchie, dann in die Schweiz. Holland wurde Frankreich einverleibt.

Als besonders widerspenstig erwies sich ausgerechnet der politisch begabte Lucien, der parallel zu Napoleons militärischer Karriere in den 1790er-Jahren in der Innenpolitik glänzte, wobei ihm ebenso die Beziehungen erst zu den Brüdern Robespierre und dann zu Barras halfen. Als Präsident des „Rates der 500“ hatte er beim Staatsstreich 1799 sein rhetorisches Geschick in die Waagschale geworfen und so Napoleon zum Aufstieg verholfen. Er wurde Innenminister, Botschafter in Madrid und schließlich noch Senator. 1803 heiratete Lucien die verwitwete Alexandrine Jouberthon, was seinem kaiserlichen Bruder gar nicht passte. Lucien weigerte sich, Napoleons Druck nachzugeben und sich zumindest pro forma scheiden zu lassen. Kein Königreich der Welt konnte ihn dazu bringen, seine Frau zu verleugnen.

Grand Empire Das *Grand Empire* reichte weit über die eigentlichen Grenzen Frankreichs hinaus und umfasste auch die Länder der Verbündeten, die zwar souverän, faktisch aber von Frankreich abhängig waren. Ein Großteil Europas stand damit unter direkter beziehungsweise indirekter Herrschaft Napoleons. So heterogen die einzelnen Regionen waren, so unterschiedlich war auch der Grad der Abhängigkeit und Einflussnahme. Für Gleichheit, Freiheit und Brüderlichkeit war im vereinten Europa Napoleons kein Platz. Das *Grand Empire* funktionierte wie ein Kolonialreich mit der Unterordnung und Ausbeutung der Kolonien zugunsten des Mutterlandes. Napoleon ging es neben politischen Aspekten vor allem um die wirtschaftliche Vormachtstellung Frankreichs. Die gegen England gerichtete Kontinentalblockade wurde auf dem Festland zu einem regelrechten Kontinentalsystem ausgeweitet, das zum Ziel hatte, durch den Ausschluss der (nicht nur englischen!) Konkurrenz die industrielle und wirtschaftliche Vorrangstellung Frankreichs zu sichern. „Mein Prinzip: Frankreich an erster Stelle. Wenn ich Königreiche erobert habe, dann damit Frankreich daraus Vorteile zieht"[25], so Napoleon.

Er drängte darauf, dass seine Geschwister und die verbündeten Fürsten in ihren Ländern Reformen durchführten und sich in Gesetzgebung, Verfassung und Verwaltung am fortschrittlichen Frankreich orientierten. Als Modellstaaten sollten das Großherzogtum Berg und das Königreich Westphalen in den deutschen Rheinbundstaaten zur Nachahmung anregen. Die innere Stärkung der verbündeten Staaten durch Modernisierung lag im Interesse Napoleons, denn nur so konnten sie effizient auf die Ressourcen des Landes zurückgreifen – die wiederum Napoleon zugutekommen sollten. Tatsächlich wurde in vielen deutschen Staaten eine Reformära eingeleitet wie in Bayern unter Minister Maximilian Joseph Baron Montgelas – allerdings nicht ohne Opposition. Ausnahmen im Rheinbund waren Sachsen und die beiden Großherzogtümer Mecklenburg (Schwerin und Strelitz), wo man auf Reformen verzichtete.

In der Habsburgermonarchie kamen die von Männern wie Erzherzog Carl, Staatskanzler Stadion oder später Metternich angestrebten Staatsreformen aufgrund des Widerstandes der Gegenkräfte kaum voran, zumal Kaiser Franz selbst alles andere als reformfreudig war.

Bei den Modernisierungsbestrebungen handelte es sich weniger um eine Kopie des napoleonischen Systems – auch wenn einige Elemente übernommen wurden – als um eine engagierte Fortsetzung des sogenannten Reformabsolutismus des 18. Jahrhunderts. Frei von den verfassungsrechtlichen Fesseln des Alten Reichs strebten die Rheinbundfürsten und ihre Minister eine Herrschaftsverdichtung in ihren Ländern an, die sich in den vorangegangenen Jahren durch Säkularisation geistlicher Gebiete, Mediatisierung zuvor reichsunmittelbarer weltlicher Reichsstände als Entschädigung für Abtretungen am linken Rheinufer und territoriale Zugewinne von Napoleons Gnaden stark vergrößert hatten. Die Aufgabe bestand nun darin, die unterschiedlichsten Rechte und Traditionen durch Reformen und moderne, staatsbürgerliche Rechte formulierende Verfassungen zu vereinheitlichen und einen homogenen Flächenstaat zu schaffen.

Preußen war ein Paradebeispiel für erfolgreiche Reformen außerhalb des Rheinbundes. Und das unter erschwerten Bedingungen: Das Land war besetzt, die Staatseinnahmen wurden für die Erhaltung des französischen Heeres benötigt oder flossen gleich direkt in die Pariser Staatskasse; zudem war unsicher, ob Napoleon Preußen nicht doch noch von der Landkarte löschen würde. Trotzdem krempelten Reformer wie der Freiherr Heinrich Friedrich Karl vom und zum Stein oder Karl August von Hardenberg die Ärmel hoch. Zum Werk der Jahre 1806 bis 1815 gehörten unter anderem eine Verwaltungsreform, eine Agrarreform, die Einführung der Gewerbefreiheit und die staatsbürgerliche Gleichstellung der Juden, eine Bildungsreform sowie die Bauernbefreiung durch die Aufhebung der Erbuntertänigkeit. Die neue Städteordnung von 1808 sollte den Bürgern Selbstverwaltung beibringen und sie, so die Überlegung Steins, fit für weitere politische Mitwirkung im Staat machen. Gegen die Reformen stemmten sich konservative Adelige wie auch Beamte, doch auch die Bevölkerungsmehrheit stand den verunsichernden Neuerungen überwiegend skeptisch bis ablehnend gegenüber, zumal deren positive Wirkungen nicht rasch ersichtlich wurden.

Absoluten Vorrang in den Reformpaketen der europäischen Staaten musste jedoch das Militärwesen erhalten: Auf diesem Gebiet spürten die Regierungen die französische Überlegenheit besonders schmerzhaft. Napoleons Gegner rüsteten sich für weitere, unausweichlich scheinende Kriege; seine Verbündeten mussten mit ihm Krieg führen und Truppenkontingente stellen.

Massenheere und Volkskrieg

Bei einem Krieg „bleibt der friedliche Bürger in seiner Behausung ruhig und ungestört und merkt gar nicht, daß sein Land Krieg führt, würde er es nicht aus den Kriegsberichten erfahren“[26], so formulierte Friedrich der Große in seinem Politischen Testament 1768 das Idealbild des absolutistischen Krieges. Außer, so fügte bereits der Alte Fritz einschränkend hinzu, es handele sich um einen Kampf gegen ganz Europa.

Im Unterschied zu den Volkskriegen sollten die sogenannten Kabinettskriege, geprägt durch das Bild der gezähmten Kriegsgöttin Bellona, durch stehende Heere und in begrenzter Form geführt werden. Sie zielten nicht auf die Vernichtung des Gegners ab, sondern darauf, das feindliche Heer auszumanövrieren und von seinen Kommunikations- und Verpflegungslinien abzuschneiden. Schlachten waren der Erfahrung nach selten kriegsentscheidend und sollten daher vermieden werden, zumal man damit nur das teure Spielzeug des Fürsten – die Armee mit ihren jahrelang gedrillten Soldaten – riskierte. Die meisten Friedensschlüsse des 18. Jahrhunderts waren auch „reine Erschöpfungsfrieden“[27], wenn Kassen und Magazine endgültig leer waren. Soweit die Theorie. Bereits im 18. Jahrhundert wurde von Militärhistorikern die Effizienz der Lineartaktik infrage gestellt; neue Strategien wie die Kolonnentaktik oder das zerstreute Gefecht der leichten Truppen setzten sich zunehmend durch. Es kam auch im 18. Jahrhundert zu Schlachten mit hohen Verlustzahlen, beispielsweise im Siebenjährigen Krieg. Die Bevölkerung litt immer.

Zu Beginn der Koalitionskriege war nicht abzusehen, dass sich hier eine neue Ära anbahnte. Preußen und Österreich brachen 1792 zu einem „Spaziergang nach Paris“[28] auf und glaubten, innerhalb weniger Wochen in Frankreich unter Ludwig XVI. wieder geordnete Verhältnisse herstellen zu können. Dass sie dabei die momentane Schwäche eines Mitglieds der Pentarchie zum eigenen Vorteil ausnützen wollten, zeigt sich unter anderem daran, dass es bei den kriegsvorbereitenden Beratungen im Juli 1792 in Mainz „oft mehr um die zu erwartenden Kriegsentschädigungen ging als um die strategischen Fragen“.[29] Doch die Revolutionstruppen hielten in der berühmten Kanonade von Valmy am 20. September 1792 stand; nach Paris kam man nicht mehr. Dafür gelangten die Franzosen in den folgenden Jahren nach Wien, Berlin, Madrid oder Moskau.

Angesichts der Übermacht der ersten Koalition – nach der Hinrichtung Ludwigs XVI. im Januar 1793 schlossen sich unter anderem England, Spanien und Portugal an – setzte Frankreich auf Masse statt Klasse. Der Aufruf zur *levée en masse* von Lazare Carnot, der im Wohlfahrtsausschuss die Leitung des Verteidigungsressorts übernommen hatte, wollte die gesamte Bevölkerung so lange verpflichten, bis der Feind aus Frankreich vertrieben war: „Die jungen Männer ziehen in den Kampf; die Verheirateten schmieden Waffen und tragen Lebensmittel herbei; die Frauen fertigen Zelte und Kleider und dienen in den Lazaretten; die Kinder zupfen altes Leinen zu *charpie*; die Greise lassen sich auf die öffentlichen Plätze tragen, um den Mut der Krieger anzuspornen, sie mit Haß gegen die Könige und Liebe zur Einheit der Republik zu erfüllen"[30], hieß es im Dekret des Nationalkonvents vom 23. August 1793. Wer sich verweigerte, sollte als Verräter an der Nation gelten. Am 5. September 1798 wurde mit dem Jourdan-Delbrel-Gesetz die Konskription eingeführt. Alle 20-jährigen Franzosen bildeten die Klasse eines Jahres, aus der dann die Auslosung zum Militärdienst erfolgte. War jedoch das Vaterland in Gefahr, waren prinzipiell alle geeigneten Männer verpflichtet.

Darauf konnte Napoleon aufbauen, obwohl er das Jourdan'sche Gesetz durch Ausnahmeregelungen, die vor allem dem Bürgertum zugutekamen und beispielsweise die Stellung von Ersatzmännern erlaubten, abschwächte. Für seine Kriege fehlte es ihm selten am notwendigen Kanonenfutter. Die Kosten wurden möglichst auf das Feindesland abgewälzt, aus dem sich das Heer durch Requisition (Beschlagnahmung) ernähren sollte; zudem füllten hohe Kontributionszahlungen der besetzten Gebiete und der Verlierer die französische Staatskasse.

Napoleons Talent als Feldherr wurde bereits von den Zeitgenossen erkannt. Als charismatischer Anführer seiner Soldaten gab er sich betont fürsorglich und väterlich und verstand es, die Loyalität seiner Truppen zu gewinnen. Seine durch Propaganda noch aufgebauschten Erfolge schufen seinen Nimbus als unbesiegbarer General. Von einem solchen Ruf ging eine starke psychologische Wirkung aus. Führte er seine Armee, so vertrauten die Soldaten und Offiziere auf sein Geschick und sein Glück, glaubten an den Sieg. Vor der Schlacht von Borodino am 7. September 1812 war der Offizier Friedrich Wilhelm von Loßberg, Stabsoffizier und Bataillonskommandant in der westphälischen Armee, überzeugt, „daß in der ganzen vereinigten Armee auch kein Mann sich befindet, welcher nur im Entferntesten annimmt, daß wir geschlagen werden könnten. Dieses Gefühl theilten auch wir Westphalen, sobald Napoleon selbst, oder auch nur einer seiner Marschälle unsere Bewegungen leitet."[31] Und noch kurz bevor sie die Beresina erreichten, hielt der französische Sergeant François Bourgogne fest: „Die Anwesenheit des Kaisers flößte Vertrauen ein; keiner zweifelte, daß er Mittel und Wege finden würde, uns noch aus aller Not zu ziehen. Blieb er doch immer der Genius. Solange er da war, vermochte nichts die Siegessicherheit zu erschüttern."[32] Die Generäle der Gegenseite zeigten sich eingeschüchtert, wenn sie Napoleon als Gegner wussten. Auf die Frage, ob Napoleons Anwesenheit auf dem Schlachtfeld tatsächlich so viel ausmache, ob er tatsächlich so viel besser sei als seine Marschälle, antwortete der Herzog von Wellington später: „Oh yes – there was nothing like him. [...] In short, I used to say of him that his presence on the field made the difference of forty thousand men."[33]

Vorbild für Europa „Welche unendlichen Kräfte schlafen im Schoße einer Nation unentwickelt und unbenutzt!", schrieb der preußische Offizier und Heeresreformer August Wilhelm Anton Neidhardt von Gneisenau im Sommer 1807. „Die Revolution hat die ganze Nationalkraft des französischen Volkes in Tätigkeit gesetzt [...] Wollten die übrigen Staaten dieses Gleichgewicht wiederherstellen, dann mußten sie sich dieselben Hilfsquellen eröffnen und sie benutzen."[34] Wer nicht unter die Räder der napoleonischen Artilleriefuhrwerke geraten wollte, musste sich den neuen Entwicklungen anpassen. Die Armeen mussten moderner, vor allem aber viel, viel größer werden und die Regierungen stärker und effizienter auf ihren Untertanenverband zugreifen. Dazu war es notwendig, den Kreis der Wehrpflichtigen zu erweitern. Ein großer Teil des Adels kam in den Offiziersrängen seiner traditionellen Wehrpflicht nach, während die einfachen Soldaten sich überwiegend aus den Reihen der Bauern sowie den ländlichen und städtischen Unterschichten rekrutierten. Mit dem Bild einer „Nation in Waffen" vor

Augen suchte man nun auch den Mittelstand, grob gefasst die Bevölkerungsgruppen zwischen Adel und Unterschichten, in die Wehrverfassung einzubinden. Die Tendenz wies in Richtung einer allgemeinen Wehrpflicht. Nach dem Vorbild Frankreichs wollte, nein, musste man die ganze Nation in die Waagschale werfen.

Dazu gehörte aber auch, das Heer zu modernisieren, denn der brutale Drill der absolutistischen Heere war für Volkskriege nicht mehr zeitge-

„Der Volkskrieg ist im kultivierten Europa eine Erscheinung des neunzehnten Jahrhunderts“, erläuterte der Militärtheoretiker Carl von Clausewitz in seiner Schrift *Vom Kriege*, und er sei, obwohl Kritiker auf dessen revolutionäres Potenzial hinwiesen und Anarchie befürchteten, „im allgemeinen als eine Folge des Durchbruches anzusehen [...] Das Requisitionssystem, die Anschwellung der Heere zu ungeheuren Massen [...], der Gebrauch der Landwehren sind Dinge, die ... in derselben Richtung liegen, und in dieser Richtung liegt nun auch der Aufruf des Landsturms oder die Volksbewaffnung.“[35] Nach der Französischen Revolution sei der Krieg „urplötzlich wieder eine Sache des Volkes geworden, und zwar eines Volkes von 30 Millionen, die sich alle als Staatsbürger betrachteten“, so Clausewitz. „Nun hatten die Mittel, welche angewandt, die Anstrengungen, welche aufgeboten werden konnten, keine bestimmte Grenze mehr [...] Nachdem sich in Bonapartes Hand das alles vervollkommnet hatte, schritt diese auf die ganze Volkskraft gestützte Kriegsmacht mit einer solchen Sicherheit und Zuverlässigkeit zertrümmernd durch Europa, daß, wo ihr nur die alte Heeresmacht entgegengestellt wurde, auch nicht einmal ein zweifelhafter Augenblick entstand. Die Reaktion erwachte noch zu rechter Zeit. In Spanien wurde der Krieg von selbst Volkssache. In Österreich machte die Regierung zuerst im Jahre 1809 ungewöhnliche Anstrengungen mit Reserven und Landwehren ... In Rußland nahm man 1812 das Beispiel von Spanien und Österreich zum Muster; [...] In Deutschland raffte sich Preußen zuerst auf, machte den Krieg zur Volkssache und trat mit Kräften auf, die bei halb so viel Einwohnern, gar keinem Gelde und Kredit doppelt so groß waren als die von 1806. Das übrige Deutschland folgte früher oder später dem Beispiel Preußens.“[36]

mäß. Schon im 18. Jahrhundert kritisierten Aufklärer die Ansicht, wie sie auch Friedrich der Große vertrat, dass der Soldat seinen eigenen Offizier mehr fürchten müsse als den Feind: „Sonst wird niemand imstande sein, sie gegen dreihundert Geschütze, die ihnen entgegendonnern, zum Angriff zu führen."[37] Gefordert wurde eine menschenwürdige Behandlung, für die Gneisenau das Schlagwort von der „Freiheit der Rücken"[38] prägte. Mit Schlägen schuf man keine Vaterlandsverteidiger, deren Enthusiasmus mit jenen der französischen Revolutionstruppen konkurrieren konnte. Offiziere sollten die Soldaten motivieren, an ihre Ehre appellieren, den Korpsgeist fördern und selbst als gutes Beispiel vorangehen. Der Soldat musste durch bürgerliche Tugenden zum Bürgersoldaten veredelt werden.

In der Habsburgermonarchie werden die Heeresreformen mit dem Namen Erzherzog Carls verknüpft. Zu den wichtigsten Neuerungen gehörten die Dienstzeitverkürzung auf zehn bis vierzehn Jahre, eine bessere Ausbildung der Offiziere, die Modernisierung des Sanitätswesens und der Militärgerichtsbarkeit wie auch ein neues Konskriptionsgesetz. In Preußen ebnete die Niederlage von 1806/07 Reformen den Weg. Im Juli 1807 wurde Gerhard Johann David von Scharnhorst zum Vorsitzenden der Militär-Reorganisationskommission (MRK) bestimmt, der auch Gneisenau und Ludwig Leopold Hermann Gottlieb von Boyen angehörten. „Alle Bewohner des Staats sind geborne Verteidiger desselben"[39], hielten sie in einem Entwurf vom März 1808 fest, womit sie die allgemeine Wehrpflicht anpeilten. Sie verstanden die Armee als eine Art Schule der Nation und wollten die Kluft zwischen Heer und Bürgertum überwinden. Napoleon wünschte keine erstarkende preußische Militärmacht. Entsprechend setzten die Bestimmungen der Pariser Konvention vom 8. September 1808 den Ambitionen der Heeresreformer enge Grenzen. Die Aufstellung von Milizen und Bürgergarden wurde verboten, das stehende Heer auf eine Größe von 42 000 Mann beschränkt. Damit war kein Krieg zu gewinnen.

Konservativen Gegnern der Reformpläne war dies nur recht; ihnen erschienen Männer wie Gneisenau als gefährliche Jakobiner, die mit der von ihnen angestrebten Teilhabe der Bürger am Staatswesen nichts weniger als den gesellschaftlichen Umsturz, die Aufhebung der bisherigen Ständeordnung erreichen wollten. Da Not bekanntlich erfinderisch macht, entwickelten die Heeresreformer das sogenannte Krümpersystem, das den verdeckten Aufbau einer Kriegsmacht ermöglichte. Die Rekruten wurden immer nur für kurze Zeit einberufen und nach einer Grundausbildung wieder nach Hause entlassen, um neue Mannschaften schulen zu können.

Das Volk bewaffnen? Im Verteidigungsfall war es durchaus üblich, die ansässige Bevölkerung zum Kampf heranzuziehen; vor allem in umstrittenen Grenzregionen bewährten sich Volksaufgebote. Diese milizähnlichen Defensionswerke der frühen Neuzeit hatten im Absolutismus zunehmend an Bedeutung verloren, doch angesichts der offensiv vorrückenden revolutionären Massenheere Frankreichs herrschte Not am Mann; man griff in den Grenzgebieten Spaniens, des Alten Reichs oder in den Niederlanden teilweise auf traditionelle Wehrformen zurück. Auch in England wurden unter dem Eindruck der wiederholten Invasionsgefahr Pläne zur Volksbewaffnung entwickelt, um die Insel durch Milizen und Freiwillige verteidigen zu können. Aus Sicht der Fürsten, der Militärs und der konservativen Beamtenschaft stellte sich bei der Mobilisierung und Bewaffnung weiter Bevölkerungskreise allerdings ein großes Problem: Konnte man dem Volk vertrauen? Von den frühneuzeitlichen Defensionswerken bis zu den antinapoleonischen Volkskriegskonzepten fällt auf, dass sich die Staats- und Militärführungen darum bemühten, den (bürgerlichen) Mittelstand möglichst einzubeziehen, den Pöbel aber auszuschließen. Die „Hefe des Volkes“[40], so waren sich die Vertreter der sozial höher stehenden Bevölkerungsschichten einig, sei dumm, leicht verführbar und gewaltbereit. Man fürchtete den Mob, den Aufstand, die Revolution; auf Seite des besitzenden Bürgertums entstand eine „regelrechte ‚Pöbelphobie‘“.[41]

Kategorien wie die drei mittelalterlichen Stände Klerus, Adel und Volk oder auch der Klassenbegriff des 19. und frühen 20. Jahrhunderts können die gesellschaftlichen Großgruppen nur oberflächlich und nicht in ihrer Heterogenität erfassen. Unterhalb dieser Kategorien standen, in sich wiederum sehr abgestuft, die städtischen und ländlichen Unterschichten, die „weder Stand noch Klasse“[42] (Jürgen Kocka) bildeten. Sie galten als außerständisch, unterbürgerlich, als jene, die sich von ihrer Handarbeit mehr schlecht als recht ernähren konnten. Mit einem Anteil von etwa 50 bis 70 Prozent an der Gesamtbevölkerung bildeten sie jedoch die größte Sozialgruppe.[43] Höhere Bildung sowie wirtschaftliche und soziale Selbstständigkeit dienten als Trennlinie, vor allem auch im Hinblick auf die politische Teilhabe beispielsweise in Form des städtischen Bürgerrechts. Nach dem Kriterium der „bürgerlichen Selbstständigkeit“[44] unterschied beispielsweise der Philosoph Immanuel Kant 1797 in der *Metaphysik der Sitten* den „Staatsbürger“ vom „Staatsgenossen“, wobei er Gesellen, Dienstboten oder Frauen zu den typischen Unselbstständigen zählte. Und nur die Staatsbürger bildeten die Nation, von der um 1800 gesprochen wurde. Äußerst selten wurde, „etwa von einigen deutschen Republikanern, aus den Gleichheitsideen der Revolutionen die Konsequenz gezogen, alle Staatseinwohner zu politisch Gleichberechtigten zu erklären“.[45]

Zwischen gutem Volk und Pöbel unterschied der spätere Staatskanzler Clemens Wenzel Lothar Graf von Metternich-Winneburg-Beilstein in der 1794 anonym publizierten Flugschrift *Ueber die Notwendigkeit einer allgemeinen Bewaffnung des Volkes an der Grenze Frankreichs von einem Freunde der allgemeinen Ruhe:* „Ich höre von allen Seiten alte Diplomaten [...] mir zurufen: ‚Wie! das Volk bewaffnen, dem Pöbel Waffen in die Hände geben? Ihr wollt ja euern eigenen Untergang.‘ Wahr vor wenig Jahren, falsch in jetzigem Augenblicke, und welcher Unsinnige könnte zur Bewaffnung des Pöbels rathen? Nie ist die Classe des echten Volkes von jener des Pöbels unterschiedener, als in Zeiten, wo Erstere eigenen Besitz gegen die Angriffe der Zweiten zu vertheidigen hat. Das Volk ist überall gegen Einführung der neuen [revolutionären] Grundsätze, der Pöbel dafür. [...]

In einer ganzen Volksbewaffnung begreife ich also nicht diese dem Staate zu allen Zeiten so gefährliche Classe der Unbeschäftigten, Nichtsbesitzenden und fast stets zum Aufstande bereiten Menschen, welche sich seit einigen Jahren in großen Städten besonders außerordentlich vermehrte. Man gebe oder erlaube vielmehr dem Bürger und dem sässigen Bauern, zu den Waffen zu greifen und selbst an der Abwendung der ihm so stark drohenden Gefahr zu helfen. Wer würde sich weigern, sein Vermögen – sein Eigenthum – sein Weib – seine Kinder zu vertheidigen?“[46]

Wie gefährlich es war, sich mit den Unterschichten zu verbrüdern und ihnen die Tore zur Macht zu öffnen, zeigte sich aus Sicht der Eliten in der Radikalisierung der Französischen Revolution, die zur Hinrichtung des Monarchen und zum jakobinischen Terror geführt hatte. Ein erschreckendes Experiment, das man auch in Frankreich selbst nach dem Sturz Robespierres 1794 nicht wiederholen wollte. Das Direktorium wie auch Napoleon grenzten den Pöbel zunehmend aus und stützten ihre Herrschaft auf die Notabeln, grob gesagt die besitzenden Klassen, zumeist Grundbesitzer. Den 600 Männern eines Departements, die in die höchste Steuerklasse fielen, war zudem das Wahlkollegium vorbehalten.

Nur wer Besitz habe, so die Schlussfolgerung im Hinblick auf eine Volksbewaffnung, sei bereit, ihn zu verteidigen; während der Pöbel von Unruhen und Chaos profitiere, bei Ausschreitungen plündere und zerstöre, seien Eigentümer an der Aufrechterhaltung von Ruhe und Sicherheit interessiert. Daher beruhten bereits die frühneuzeitlichen Defensionswerke nicht auf einer allgemeinen Wehrpflicht, sondern die Ausschüsse rekrutierten sich in der Stadt überwiegend aus eingesessenen Bürgern mit Besitz und Gewerbe, auf dem Land aus den haus- oder hofbesitzenden Bauern oder Amtleuten. Napoleon ließ nach seinem Einzug in Berlin 1806 eine Bürgergarde einrichten, deren Mitglieder entsprechend dem Befehl des Stadtkommandanten „aus der Klasse der Honoratioren (notables) und Eigentümer“[47] stammen sollten. Das Konzept fand nicht nur bei den Franzosen Anklang. Nachdem Berlin nach dem Frieden wieder in preußische Hände gelangt war, wurde die Bürgergarde nicht aufgelöst, sondern als Vorbild für andere Städte herangezogen, bot sie doch eine kostengünstige Alternative zum Garnisonsdienst des ohnehin reduzierten Militärs. Unangenehm für die Regierung war nur, dass die Bürger daraus zunehmend politische Ansprüche abzuleiten versuchten, also nicht nur Pflichten übernehmen, sondern auch Rechte haben wollten.

Der kleine Krieg Partisanenkampf und Guerillataktik sind bekannte Begriffe. Im 20. Jahrhundert werden als Partisanen „Kämpfer [bezeichnet], die ohne Mitglieder einer legalen bewaffneten Streitmacht zu sein, den aktiven Widerstand gegen den eingedrungenen Feind aufnehmen“.[48] Es handelt sich also der Definition nach um Zivilisten, die illegal und ohne als Kombattanten anerkannt zu werden, zur Waffe greifen. Im Gegensatz dazu verstand man bis ins 19. Jahrhundert hinein unter Partisanen oder *Partheygängern* die Anführer leichter Truppen der regulären Armee, die einen sogenannten kleinen Krieg führten, oft parallel zu den eigentlichen Kampfhandlungen der Hauptmacht. Ihre Aufgaben bestanden in Streifzügen, Aufklärung und kleineren Scharmützeln ebenso wie dem Abfangen von feindlichen Kurieren und Angriffen auf die Nachschublinien. Bei größeren Schlachten kämpften sie häufig als Plänkler (franz. *tirailleurs*) oder Scharfschützen in offener Gefechtsform. Ihr großer taktischer Vorteil bestand darin, dass sie sich unauffällig bewegen und Überraschungsangriffe durchführen konnten. Da sich die leichten Truppen anders als das reguläre Heer meist aus dem Land versorgen mussten, standen Plünderungen und Übergriffe auf die Bevölkerung quasi an der Tagesordnung.

Die Taktik des kleinen Krieges war „uralt"[49] und kam traditionell auch bei Volkserhebungen gegen die Obrigkeiten zum Einsatz, wenn sich Zivilisten gegen das Militär zu behaupten versuchten. Im 18. und frühen 19. Jahrhundert nannte man diese nicht Partisanen, sondern Insurgenten oder Rebellen, oft auch nur Bauern. Der kleine Krieg erschien den Befürwortern eines Volkskrieges als ideale Kampfweise für militärisch wenig bis gar nicht geschulte Verbände wie auch für Volksaufstände gegen Invasions- und Besatzungstruppen: Statt sich auf eine entscheidende Schlacht mit überlegenen feindlichen Linientruppen einzulassen, galt es, aus dem Hinterhalt zu kämpfen, dem Gegner bei Tag und Nacht zuzusetzen, seine Nachschub- und Kommunikationslinien zu unterbrechen und schwächere Verbände zu attackieren – kurz: ihm zu schaden, wo es nur geht. „Eine Insurrektion wirft man nicht mit einem Male nieder wie ein Heer in offener Schlacht"[50], betonte Gneisenau im Sommer 1811 die Vorteile von Parteigängerkrieg und Volksaufstand.

Das Kriegsrecht sah jedoch bewaffnete Zivilisten nicht vor. Kämpfer wie die spanischen *guerrillieros* standen außerhalb des Gesetzes. Sie wurden von den Feinden nicht als Kombattanten anerkannt, sondern galten als Verbrecher – und Kriminelle wurden hingerichtet. Ein Problem des Volkskrieges war, dass die Trennung zwischen Kombattanten und

Zivilisten unscharf wurde. Guerillakämpfer waren zwar in Bauernkleidung gut getarnt; umgekehrt wurden seitens der feindlichen Armee Zivilisten häufiger als Feinde verdächtigt und entsprechend brutal behandelt. Der Krieg weitete sich aus: Massenheere gegen Massenheere, Einbeziehung der Bevölkerung. Der absolute Krieg.

2 Wenn zwei sich streiten, freut sich Napoleon: Spanien

Dass es in seiner Macht lag, Fürsten vom Thron zu stürzen und Mitgliedern seiner Dynastie zur Herrschaft zu verhelfen, hatte Napoleon in den letzten Jahren oft genug bewiesen. Als Sieger erhob er Anspruch auf territoriale Beute. Doch Spanien war ein Verbündeter Frankreichs.

Machtkämpfe in Madrid

Es waren die inneren Verhältnisse Spaniens, welche die Voraussetzung für Napoleons Eingreifen schufen: der in den obersten Rängen des Staates ausgetragene Kampf um die Macht. Vordergründig stritten Vater und Sohn, Karl IV. und Ferdinand VII., um den Thron. Im Kern der Sache ging es um den ersten Minister Manuel de Godoy. Er entstammte dem Landadel und kam 1787 als Mitglied der königlichen Leibwache an den Hof. Dass er innerhalb weniger Jahre bis zum Premierminister aufstieg, verdankte er allein der Gunst des Königspaares – und bösen Zungen nach seinen Qualitäten im Bett der Königin María Luisa.

Godoy lenkte die Geschicke Spaniens in einer mehr als stürmischen Epoche. In außenpolitischer Hinsicht war es ihm nicht möglich, sein Land aus den Koalitionskriegen herauszuhalten. Den unbeliebten Krieg gegen das revolutionäre Frankreich konnte er zwar 1795 beenden, wofür er vom König den Titel „Friedensfürst“ erhielt und sich kurzfristiger Beliebtheit beim Volk erfreuen durfte. Aber die im Jahr darauf geschlossene Allianz mit Frankreich führte von einem Krieg in den nächsten. Vergebens bemühte sich Godoy nach dem gescheiterten Frieden von Amiens zwischen London und Paris, durch die Zahlung hoher Subsidien an das mittlerweile napoleonische Frankreich Neutralität zu erkaufen. Obwohl Spanien als Juniorpartner auf der Seite des Siegers stand, gehörte es zu den Verlierern: Napoleon errang die Hegemonie in Europa – für Spanien bedeuteten die Kriegskosten und vor allem der Dauerkonflikt mit England den unaufhaltsamen Niedergang. Bei Trafalgar wurde 1805 ein Großteil der spanischen Flotte zerstört. Die britische Seeherrschaft erschwerte den wirtschaftlich so wichtigen Kontakt des spanischen Mutterlandes zu seinen amerikanischen Kolonien; zudem unterstützten die Engländer Unabhängigkeitsbewegungen in Lateinamerika.

Godoy war davon überzeugt, dass die Franzosen stets nur ihre eigenen Interessen verfolgen würden, und er war ihnen gegenüber entsprechend misstrauisch. 1806 sah er im Konflikt zwischen Preußen und Frankreich die Chance, dem verhängnisvollen Bündnis mit Napoleon zu entkommen. Die preußische Armee und ihr Ruf ließen auch Godoy Hoffnung schöpfen. Anfang Oktober 1806 rief er in einer Proklamation die Spanier zum Kampf für einen dauerhaften Frieden auf, aber schon am 14. Oktober schlug Napoleon die Preußen bei Jena und Auerstedt. Godoy hatte sich geschickt genug verhalten, den Feind nicht beim Namen zu nennen, und rechtfertigte sich gegenüber Napoleon mit der Ausrede, dass er das spanische Volk zu größeren Kriegsanstrengungen gegen England hatte aufrufen wollen. Napoleon gab sich offiziell damit zufrieden. Aber er wusste, was Godoy geplant hatte.

Innenpolitisch stellte sich die Situation um keinen Deut besser dar. Godoy wollte auf den Weg des Reformabsolutismus zurückkehren, den die Staatsführung nach dem Tod Karls III. 1788 und unter dem Eindruck der Französischen Revolution verlassen hatte. Spanien hatte Modernisierung bitter nötig: Wirtschafts- und Finanzkrise, Preisanstieg, Verfall der Löhne und zunehmende Arbeitslosigkeit, ein veraltetes, ineffizientes Agrarsystem, das nicht in der Lage war, die spanische Bevölkerung zu ernähren, soziale Spannungen mit Protesten der verarmten Bevölkerung gegen die feudale Ordnung mit ihrer ungerechten Bodenverteilung sowie den hohen Abgaben an Kirche und Grundherren. Dazu kamen die Belastungen durch die Kriege, Missernten, Hungersnöte, Naturkatastrophen und Seuchen. Kurz gesagt: Um 1800 stand Spanien am Abgrund.

Doch mit Steuererhöhungen, Sparpaketen und Reformen macht sich ein Staatsmann schnell unbeliebt. Gleich, wo Godoy den Hebel ansetzte, stieß er auf heftigen Widerstand. Er vertrat offensichtlich die Ansicht, dass alle zur Sanierung des Staates beizutragen hätten, ohne Ausnahme, ohne Bevorzugung. Die Landbesitzer verärgerte er mit neuen Steuern, Abgaben und Zwangsanleihen; die Militärreformen scheiterten überwiegend am Widerstand der Offiziere; der Versuch, die Konskription auch auf bisher vom Militärdienst befreite Gebiete auszudehnen, führte mancherorts in die offene Rebellion. Die Kirche sah sich ebenfalls als Opfer von Geldbeschaffungsmaßnahmen und verlor bis 1808 etwa 15 Prozent ihres Eigentums. Nutznießer der Landverkäufe waren aber nicht die Kleinpächter und Tagelöhner, sondern jene Bevölkerungsgruppen, die über das notwendige Kapital verfügten. Die Reformmaßnahmen brachten der Mehrheit der Bevölkerung keine fühlbare Verbesserung. Godoy versuchte seiner Ansicht nach, die Spanier ins Licht der Aufklärung zu zerren. Das gemeine Volk, *el populacho*, erschien den Reformern als rückständig und abergläubisch. Doch der Reformeifer prallte auf vertraute Traditionen und Werte, die gerade in Zeiten des Umbruchs Halt und Orientierung versprachen. Vor allem die vielen regionalen, meist religiösen Festivitäten waren den Aufklärern ein Dorn im Auge, zumal durch sie wertvolle Arbeitstage verloren gingen. Vom Volk hingegen wurden sie heiß geliebt und als willkommene Abwechslung im sonst so tristen Alltagsleben begrüßt. Den Gipfel seiner Unbeliebtheit erreichte Godoy 1805 mit dem Verbot des Stierkampfs.

El Rey deseado Godoys mächtige Gegner nutzten das allgemeine Klima der Unzufriedenheit und der Spannungen als idealen Nährboden für ihre Intrigen. Sie konnten auf dieser Basis die Bevölkerung gegen den Premierminister mobilisieren. Diese Männer stießen sich nicht allein an seiner Politik, sondern auch an seiner Person: Godoy, dieser Emporkömmling aus dem Provinzadel! Als Favorit des Königspaars übertrumpfte er mittlerweile die Sprösslinge der angesehensten Familien. Zum Teil hatte der Kampf gegen Godoy eine persönliche Note: Der Kleriker Juan de Escoíquiz beispielsweise war als Erzieher des Thronfolgers Ferdinand entlassen worden, nachdem er Godoys Regierung und Außenpolitik kritisiert hatte.

Gezielt arbeiteten Godoys Feinde auf seinen Sturz hin und streuten Gerüchte über ihn aus. Er wurde als Urheber allen Übels dämonisiert,

Karikaturen zeigten ihn als Liebhaber der Königin. Mit seinem aufwendigen, geradezu skandalösen Lebensstil machte Godoy es seinen Feinden leicht, ihn zu diffamieren. Trotz seiner Ehe mit einer Nichte Karls IV. lebte er offen mit seiner Mätresse zusammen; er zeigte sich für Bestechungsgelder und schöne Frauen empfänglich. Selbst manche Vertreter der Aufklärung, die seinen politischen Reformkurs aus Überzeugung mitgetragen hätten, fühlten sich von seinem Lebenswandel abgestoßen.

Als Alternative konnten Godoys Gegner den Thronfolger Ferdinand präsentieren. Jung und unerfahren war er nicht viel mehr als eine Marionette, über die sich im Hintergrund gut die Fäden ziehen ließen. Juan de Escoíquiz, der Herzog von Infantado und der Graf von Montijo bestärkten den Prinzen von Asturien in seiner Eifersucht auf Godoy. Dieser würde ihm nicht nur die Liebe seiner Eltern rauben, sondern habe es sogar auf den Thron abgesehen! Als Oppositionspartei konnten sie Godoys Regierung für alle Missstände verantwortlich machen, ihm die Schuld für den Niedergang Spaniens und seiner Bevölkerung zuschreiben. Ferdinand wurde zum Hoffnungsträger stilisiert, unter dessen Herrschaft ein goldenes Zeitalter anbrechen würde: *el Rey deseado*, der ersehnte König. Die Antwort auf die Frage, wie er die vielschichtigen außen- und innenpolitischen Probleme hätte lösen können, blieben sie schuldig.

Um Ferdinands Position zu stützen, erfolgten heimliche Verhandlungen mit dem französischen Botschafter über eine mögliche Heirat zwischen Ferdinand und einer Braut aus dem Haus Bonaparte. Der Thronfolger schrieb sogar einen Brief an Napoleon, in dem er um dessen Hilfe bat. Am 27. Oktober 1807 kam es im Escorial zur folgenreichen Konfrontation Ferdinands mit seinen Eltern Karl und María Luisa. Eine Untersuchung der Papiere Ferdinands ergab zwar nicht viel mehr, als dass er Godoy hasste; aber das Königspaar glaubte fest an Hochverrat und einen geplanten Umsturz. Während sie ihren Sohn bald begnadigten – wobei auch Napoleon betonte, dass Ferdinand unter seinem Schutz stehe –, wurden Mitverschwörer wie Montijo, Infantado und Escoíquiz verhaftet. Godoy konnte von den Vorgängen im Escorial nicht profitieren, im Gegenteil: Es schien, als ob er tatsächlich gegen Ferdinand intrigiert hätte, um den rechtmäßigen Thronfolger auszuschalten. Der Machtkampf ging weiter. Eine neue Dimension erhielt er durch die Miteinbeziehung Napoleons.

Napoleon und die Krone Spaniens

Schon vor 1808 war Napoleon mit den Leistungen seines Bündnispartners unzufrieden. Nun drohte Spanien im Chaos eines Bürgerkrieges zu versinken. Weder Godoy noch die Bourbonen waren vertrauenswürdig. Dabei müsste Spanien mit seinen riesigen Kolonien doch eine reiche Großmacht sein! Napoleon war überzeugt, dass es nur an der inkompetenten, korrupten Regierung lag, wenn dieses Potenzial nicht ausgeschöpft wurde. Was könnte das Land in seinen Händen sein? Seit 1804 gab es Gerüchte, dass Napoleon auch Spanien in seine Universalmonarchie miteinbeziehen wolle. Noch Anfang 1808 dachte er anscheinend an eine Heirat Ferdinands mit der einzig verfügbaren Braut in seiner Familie, der Tochter seines Bruders Lucien. Doch dieser war dagegen.

Godoy war angesichts der zunehmenden französischen Militärpräsenz und Napoleons Verhalten alarmiert und fürchtete ein doppeltes Spiel. Im Februar 1808 kündigte Napoleon unter Hinweis auf die Wirren im spanischen Königshaus überraschend den im Vorjahr geschlossenen Vertrag von Fontainebleau auf: Darin war das gemeinsame Vorgehen gegen Portugal und dessen Dreiteilung vereinbart worden, wobei ein Drittel des Landes Godoy selbst hätte zufallen sollen. Nun sollte Spanien zwar ganz Portugal erhalten, dafür aber das Territorium zwischen dem Ebro und den Pyrenäen abtreten sowie eine permanente Allianz mit Frankreich eingehen. Auf Godoys Anraten hin bereitete sich die spanische Königsfamilie ähnlich wie zuvor das Haus Braganza in Portugal auf die Flucht nach Amerika vor. Der Hof war bereits nach Aranjuez übergesiedelt.

Ferdinands Anhänger, die *fernandinos*, blieben weiterhin davon überzeugt, dass Napoleon ihrem Prinzen auf den Thron verhelfen würde. Auch in weiten Teilen Spaniens herrschte die Meinung, die französischen Truppen seien gekommen, um den verhassten Godoy zu stürzen. Dennoch war man beunruhigt über die vielen französischen Soldaten und die Gerüchte über eine Abreise der königlichen Familie – wollten die Herrschenden ihr Volk im Stich lassen? In Aranjuez nützten die *fernandinos* die aufgeheizte Stimmung, um einen Aufruhr anzuzetteln, der Ferdinand zur Krone verhelfen und Napoleon vor vollendete Tatsachen stellen sollte. Unterstützung fand man bei der Garde. Ein Militärputsch, wie er für die weitere Geschichte Spaniens wegweisend werden sollte. Der Aufstand von Aranjuez (*motín de Aranjuez*) am 17./18. März 1808 hatte Erfolg: Godoy flüchtete vor dem Mob auf den Dachboden seines Palastes. Karl IV. dankte am 19. März ab, Ferdinand VII. war König.

Nur war seine Herrschaft alles andere als sicher: Französische Truppen unter General Joachim Murat hatten am Tag zuvor Madrid besetzt – und Murat weigerte sich, Ferdinand anzuerkennen. Zudem protestierte Karl IV. gegen seine erzwungene Abdankung und wandte sich hilfesuchend an Napoleon. Ausgerechnet an Napoleon, der in den letzten Jahren halb Europa unterworfen und seinem *Empire* einverleibt hatte, dessen Truppen – wohlgemerkt noch als Verbündete Spaniens – einmarschiert waren und zahlreiche Schlüsselpositionen im Land hielten. Er sollte als Schiedsrichter fungieren? Gern!

Napoleon lud sowohl Karl IV. als auch Ferdinand VII. zu einem Treffen nach Bayonne ein. Auch Godoy wurde zu seiner eigenen Sicherheit auf französischen Boden gebracht. Am 5. Mai verzichteten Karl IV., Ferdinand VII. sowie weitere mögliche bourbonische Thronfolger auf die Krone Spaniens, die formell an Napoleon übertragen wurde. „[A]ber ich weiß, daß der Kaiser [Napoleon] in seiner letzten Conferenz mit dem König Ferdinand VII. zu Sr. Maj. gesagt hat: Prinz, es muß zwischen der Cession und dem Tode gewählt werden“[51], berichtete Don Pedro Cevallos in seiner *Authentischen Darstellung der Begebenheiten in Spanien*. Karl, María Luisa und Godoy gingen ins Exil nach Italien, Ferdinand wurde als Aufenthaltsort Talleyrands Chateau in Valençay in Frankreich zugewiesen. Im Gegenzug gewährte Napoleon großzügige Pensionen sowie die Zusicherung der territorialen und religiösen Integrität Spaniens.

Wer sollte nun den Thron übernehmen? Murat machte sich größte Hoffnungen darauf, sah sich aber enttäuscht. Napoleon wollte dieses Riesenreich in den Händen eines seiner Brüder wissen. Und das bereits seit Ende März, als Ferdinand seinen Vater in Aranjuez vom Thron stürzte. Der Besitz Spaniens war für Napoleon aus strategischen Gründen wichtig, als Teil der Kontinentalsperre gegen England, als Sprungbrett nach Nordafrika und über die Kolonien möglicherweise auch nach Übersee. Wer sagt denn, dass sich ein Mann wie Napoleon mit Europa begnügen müsse? Von der Einverleibung Spaniens in sein dynastisches System versprach sich der französische Kaiser viel: Gegenüber Louis warb er mit den elf Millionen Einwohnern, den wichtigen Kolonien und – eine ordentliche Regierung vorausgesetzt – dem Potenzial, eine starke Armee wie auch eine eindrucksvolle Kriegsflotte unterhalten zu können. Zugunsten Napoleons, versteht sich.[52] Doch seine Brüder zeigten sich gar nicht so erpicht auf den spanischen Thron. Louis und Jérôme lehnten ab und selbst Joseph zögerte.

Napoleon bemühte sich vor den Augen der Weltöffentlichkeit um den Anschein von Legalität. Murat sollte in Madrid den noch von Ferdinand vor seiner Abreise eingesetzten Regierungsrat, die *Junta de Gobierno*, beeinflussen. Spanische Delegierte sollten in einer *Junta* in Bayonne über die Zukunft ihres Staates beraten. Allerdings kam nur ein Teil der dazu einberufenen Männer, deren Hauptaufgabe darin bestehen sollte, die von Napoleon diktierte Verfassung zu beschließen. Mit dieser wurde in Spanien die konstitutionelle Monarchie eingeführt. Hierbei zeigte sich Napoleon kompromissbereit, wie es nur selten der Fall war: Zwar wurden aufklärerische Forderungen wie die Abschaffung der Folter, Gleichheit vor dem Gesetz oder der Abbau von Binnenzöllen durchgesetzt; andererseits aber wurde beispielsweise der Glaubensfreiheit, die Napoleon sonst vehement vertrat, eine Absage erteilt und nur der Katholizismus erlaubt.

Maßnahmen wie diese sollten Joseph den Weg ebnen und die Spanier für die neue Herrschaft gewinnen. „Wie unartige Kinder oft die nützlichsten Geschenke ihrer Eltern nicht zu schätzen wissen, weil sie entweder ihren Nutzen nicht einsehen, oder weil sie gern etwas anders gehabt hätten, gerade so wollten jetzt auch die Spanier ihr neues Glück nicht erkennen, fingen an, sich zu empören und mit bewaffneter Hand gegen die französischen Truppen aufzutreten“[53], schrieb Regula Engel, die als Offiziersfrau im napoleonischen Heer in ihren Memoiren die Leitlinie der französischen Propaganda übernahm. Joseph selbst betonte in einer Proklamation an die Spanier vom 11. Juni 1808, als er sich noch in Bayonne aufhielt: „Mein heißester Wunsch ist, mich nach Spanien zu begeben, um daselbst die Regierung zu übernehmen, mich ohne Unterlaß mit dem Glück der Völker, welche die Vorsehung meiner Fürsorge anvertraut hat, zu beschäftigen […].“[54] Er mahnte zu Ruhe und Ordnung, warnte vor den „Einflüsterungen der Uebelgesinnten“[55] und bat auch den Klerus darum, seinen Einfluss auf das Volk im Sinne der Mäßigung geltend zu machen.[56]

Dos de Mayo Mit dem 2. Mai 1808, dem *Dos de Mayo*, wird in der Literatur der Beginn des spanischen Unabhängigkeitskrieges datiert. Verstärkt durch die einprägsamen Bilder von Francisco de Goya stellt dieses Datum einen markanten Punkt in einer längerfristigen Entwicklung dar, ähnlich wie der Sturm auf die Bastille zur Zeit der Französischen Revolution. In der spanischen Bevölkerung herrschte seit dem Aufstand von Aranjuez größte Unsicherheit, die zu lokalen Unruhen führte. Misstrauen erweckten die Franzosen vor allem dadurch, dass sie Ferdinand nicht explizit anerkannten. Viele fürchteten, Napoleon würde Godoy wieder zur Macht verhelfen. An manchen Orten sahen sich dessen Anhänger, die *godoyistas*, attackiert; teilweise versuchten die Leute, Ferdinand an seiner Reise nach Frankreich zu hindern, beispielsweise bei seinem Zwischenstopp in Vittoria.

Gerüchte darüber, dass auch die restlichen Mitglieder der bourbonischen Königsfamilie wie die Infantin Maria Luisa und der Infant Francisco de Paula nach Bayonne abreisen sollten, sorgten in Madrid für Aufregung. Anscheinend gelang es Anhängern Ferdinands, einige Leute zu versammeln und dazu anzustacheln, den Abtransport der Infanten zu verhindern. Einzelne französische Soldaten fielen dem aufgebrachten Mob zum Opfer. Murat mobilisierte daraufhin die Kaiserliche Garde und ließ die Menge auseinandertreiben, was auch einige Spanier das Leben kostete.

Jetzt ging es richtig los. Die Anspannung der letzten Wochen entlud sich in einer Eskalation der Gewalt. Doch waren die Bewohner Madrids keine ernst zu nehmenden Gegner für die französischen Truppen. Murat griff mit aller Härte durch: Jede spanische Person, die mit einer Waffe angetroffen wurde, sollte erschossen, Gruppen von über acht Menschen gewaltsam auseinandergetrieben werden. Unter den Opfern der Exekutionen befanden sich Priester und Frauen wie die erst fünfzehnjährige Manuela Malasaña. Sie hatte keineswegs, wie ihr die Legende zuschrieb, den Kämpfern Munition gebracht, sondern das Pech, in der Nähe des Geschehens zu leben und als Stickerin ihre Scheren am Gürtel zu tragen. Bald ging das Gerücht um, dass die Franzosen alle

Die blutigen Ereignisse in Madrid lieferten in ganz Spanien ein Argument für den Widerstand. Der später berühmte Verteidiger Saragossas, der Gouverneur José de Palafox, rief am 31. Mai 1808 im Königreich Aragonien zum Kampf auf: „Fürchtet nichts, Arragonier, ihr vertheidiget die gerechteste Sache, die es geben kann, und ihr werdet unüberwindlich seyn. Die feindlichen Truppen, die itzt in Spanien stehen, was sind sie gegen unsern Muth? – Wehe ihnen, wenn sie es wagen, anderswo in Spanien jene Gräuel wieder zu begehen, die sie am 2. May in Madrid ausgeübt haben, da sie ohne Barmherzigkeit eben dieselben niedermezelten, Aufrührer und Straßenräuber nannten, von denen sie Ehre und unverdiente Wohltaten empfangen hatten.“[57]

Einwohner der Stadt massakrieren wollten. Geschockte Flüchtlinge verbreiteten die Nachricht von den Vorgängen in Madrid, und innerhalb weniger Tage wusste man im größten Teil Spaniens vom *Dos de Mayo*.

Beim *Dos de Mayo* kann man noch nicht von einem flächendeckenden Aufstand sprechen. Allerdings stellten die Ereignisse von Madrid deutlich klar: Die französischen Truppen waren nicht länger Verbündete, sondern zur drohenden Gefahr geworden. In vielen Orten waren die Bewohner ängstlich darauf bedacht, sich gegen einen etwaigen Angriff zu wappnen. Oft lösten wilde Gerüchte spontanen Aufruhr aus: Die Franzosen seien an der Küste gelandet, ein französischer Spion sei in der Stadt, alle jungen Spanier sollten in Napoleons Armeen eingezogen werden. Aber Initiativen zu größeren Aktionen schlugen meist noch fehl. Zum Beispiel wollte General Francisco Javier Castaños an der Spitze seiner 9000 Mann starken Truppen den Franzosen den Krieg erklären – er wurde aber zur Ruhe gemahnt.

Am 20. Mai wurde in Spanien offiziell die Abdankung Ferdinands bekannt gegeben. Noch wusste man dort nicht, was Napoleon plante, und die Abdankung Ferdinands erschien als Werk der Anhänger Godoys. Eine bittere Enttäuschung für die *fernandinos* und auch für das Volk, das seine Hoffnungen in den jungen König gesetzt hatte. Es schien, als ob Napoleon die Spanier um das ihnen versprochene goldene Zeitalter betrügen wolle. Anfang Juni befanden sich weite Teile Spaniens im Aufruhr. Das Ziel des Aufstandes war offenkundig: Man wollte Ferdinand VII. zurück. Auf ihn wurden alle Wünsche und Hoffnungen konzentriert: *el Rey deseado*.

El Rey intruso Napoleon versuchte, Berichte über Aufruhr und Widerstand vor Joseph möglichst geheim zu halten, aber dieser erkannte schnell, mit welchen Problemen er es in seinem neuen Reich zu tun hatte. Am 18. Juli 1808 klagte er auf seinem Weg nach Madrid aus Burgos: „Ich verfüge hier noch nicht einmal über einen einzigen Anhänger. [...] Viele Menschen, selbst Bürger, haben sich den Aufständischen angeschlossen."[58]

Dabei trafen es die Spanier mit Joseph gar nicht einmal so schlecht. Er war Jurist, gebildet, politisch erfahren und hatte seine Fähigkeiten als Regent in den zwei vorangegangenen Jahren in Neapel unter Beweis gestellt. Ähnlich wie Godoy wollte er Spanien durch einen Reformkurs modernisieren und den Staatshaushalt sanieren. Er fand durchaus Anhänger, die sogenannten *afrancesados* („Französlinge") oder *josefinos*, die zur Zielscheibe der Aufständischen wurden. Die *afrancesados* sahen sich dabei durchaus selbst als spanische Patrioten und in der neuen Verfassung von Bayonne die notwendigen Rahmenbedingungen, um den Kurs des Aufgeklärten Absolutismus fortzusetzen.

Für entscheidende militärische Aktionen war Joseph auf Napoleon angewiesen, auf dessen Truppen und Geld – was ihn sein Bruder auch spüren ließ. Wie sich in den weiteren Jahren jedoch zeigen sollte, benötigte Napoleon seine Ressourcen für eigene Kriege. Es gelang Joseph nicht, die Spanier für sich zu gewinnen, obwohl er sich nach Kräften darum bemühte. Anlässlich seiner Proklamation zum König Ende Juli 1808 spendierte er dem Volk freie Stierkämpfe und Feuerwerke; er selbst besuchte demonstrativ täglich die Messe. Den Aufständischen bot er Amnestie an, wenn sie ihre Waffen niederlegten und einen Eid auf den neuen Monarchen schwören würden. Vergebens. Seine Gegner stellten ihn in Schmähschriften als Säufer und Weiberheld dar und verhöhnten ihn unter anderem als *Pepe Botellas* („Flaschen-Josef"). Auch wenn Joseph formalrechtlich gesehen der legitime Herrscher war: Für den Großteil der Spanier blieb er zeit seiner Regentschaft der Eindringling: *el Rey intruso*.

Im Namen König Ferdinands und der spanischen Nation

Ferdinand VII. befand sich im erzwungenen Exil, der neue König Joseph konnte sich nicht durchsetzen. Die ungeklärte Frage der rechtmäßigen Herrschaft zog sich von der Staatsspitze hinab bis in die untersten Ebenen der Verwaltung. Das derart entstandene Machtvakuum schuf, kombiniert mit Panik und Krisenstimmung, Raum für Gewalt und Anarchie, Ausschreitungen und Mord; in vielen Städten wurde den Obrigkeiten der Gehorsam versagt. „In einer Zeit, wie die damalige, reichte das Wort ‚Verräther' allein schon hin, den Pöbel zur Wuth zu reizen."[59] Das Schicksal Spaniens hing nun davon ab, ob es den Patrioten gelang, eine neue politische Führung zu etablieren. Nötig war eine innen- und außenpolitisch handlungsfähige Gegenregierung, um die bürgerkriegsähnlichen lokalen Unruhen zu einem nationalen Unabhängigkeitskrieg gegen Frankreich zu erheben.

Neue Organisationen entwickelten sich zuerst auf lokaler und regionaler Ebene. In vielen Städten wurden *Juntas* als Provinzregierungen formiert, die im Namen Ferdinands und der spanischen Nation agierten. Wobei der Begriff „neu" hier sehr dehnbar war: Von einem revolutionären Umsturz der sozialen Verhältnisse konnte nicht die Rede sein. Die führenden Positionen nahmen meist Personen ein, die den örtlichen Eliten zuzurechnen waren und auch in den Jahren zuvor ähnliche Stellungen innehatten: hochrangige Kleriker, Adelige, Bürgerliche und Grundbesitzer. Mancherorts genügte es, wenn sich die bestehenden Obrigkeiten für Ferdinand aussprachen, um weiterhin im Amt zu bleiben.

Eine ihrer wichtigsten Aufgaben war und blieb es, im Inneren für Ruhe, Ordnung und Sicherheit zu sorgen. *El populacho*, der Pöbel, sollte im Zaum gehalten und weitere blutige Exzesse unterbunden werden. In vielen Städten war es gerade diese Angst der traditionellen Eliten vor dem Mob, der zur Einrichtung von *Juntas* führte. Brot und Spiele, also Armenspeisungen und Stierkämpfe, sollten die Bevölkerung besänftigen und ruhig halten. Die Obrigkeiten gingen mit restriktiven Maßnahmen gegen das Räuberunwesen, Bettler, Vagabunden und Prostituierte vor, Feuerwaffen und die Versammlung von Menschenmengen auf den Straßen wurden verboten. Die Masse der Bevölkerung wurde zum Gehorsam und Respekt gegenüber der bestehenden sozialen Hierarchie gemahnt. Später strebte die *Junta Central (Junta Suprema)* die Bildung einer eigenen *milicia honrada* (Ehrengarde) aus den besitzenden Klassen als eine Art Bürgerwehr an, um Unruhen zu unterdrücken und die öffentliche Ordnung zu bewahren.

Die Bändigung des Pöbels war eine Sache. Der Krieg gegen Napoleon eine andere. Zumal die feindlichen Truppen bereits konzentriert um Madrid, Burgos und Barcelona im Land standen und wichtige Schlüsselpositionen hielten. Die Zersplitterung der politischen und militärischen Kräfte war für Napoleon von Nutzen. Der Wirkungskreis der einzelnen *Juntas* war regional begrenzt. Erhob die eine einen Führungsanspruch wie beispielsweise die *Junta* von Sevilla, wurde dieser von den anderen nicht anerkannt. Aber auch das Interesse am Krieg beschränkte

Gegen die vorherrschenden politischen Rivalitäten beschwor man in der Proklamation von Murcia vom 22. Juni 1808 den Gedanken der Einigkeit und forderte eine starke Zentralregierung im Namen Ferdinands VII., die auch außenpolitisch agieren konnte. „Ihr Städte, die ihr Stimmen bey den Cortes habt, wir wollen uns vereinigen; ein Gemeinwesen bilden, und einen Rath erwählen, der im Namen Ferdinands des Siebenten alle bürgerliche Anordnungen einrichtet; wir wollen dem Uebel, das uns bedroht, ausweichen, nämlich der Uneinigkeit. Das wahrhaft schreckliche Gerücht, daß in jeder Hauptstadt die Regierungs-Junta sich als die oberste erklären will, ohne einer andern untergeordnet zu seyn, würde Anarchie, würde rettungsloses Unglück und den Verlust des Ganzen nach sich ziehen; und wir, die wir vereint unüberwindlich seyn werden, würden durch die Uneinigkeit dem allgemeinen Feinde die Zufriedenheit schaffen, uns unglücklich zu sehen. [...] Sind alle Provinzen durch Repräsentanten vereinigt, so gibt es keine Eifersucht wegen des Oberbefehls, und man hat dem Feinde die schrecklichen, ihm so geläufigen Waffen der Uneinigkeit und der Intrigue entrissen. Die fremden Mächte werden wissen, mit wem sie über Krieg und Frieden zu unterhandeln haben; und indem eine allgemeine Regierung für Spanien anerkannt wird, bleibt der Thron unversehrt für seinen rechtmäßigen und geliebten Monarchen.“[60]

sich meist auf die eigene Provinz, sodass von einem koordinierten Vorgehen mit konzentrierten Kräften keine Rede war. August Ludolf Friedrich Schaumann, Kriegskommissär in der britischen Armee, kritisierte den „Mangel an Zusammenwirkung einer Provinz mit der andern, ja selbst zwischen benachbarten Städten [...], so daß, wenn z. B. die Franzosen in Castilien einrücken, die Biskayer keinen Fuß aus ihren Gebirgen setzen werden, ihre Nachbarn zu unterstützen, so wie denn die Castilier gleichfalls vice versa die Biskayer im Stich lassen werden".[61] Nur die eigene Provinz galt es zu verteidigen, zu bewahren. Was im übrigen Spanien vor sich ging, war zweitrangig. Doch Einigkeit war notwendig, um Frankreich standhalten und auf diplomatischen Wegen mit potenziellen Verbündeten verhandeln zu können.

Der Feind meines Feindes Bereits vor der Etablierung einer Zentralregierung wurden die Vertreter der *Juntas* außenpolitisch aktiv. Es galt, Verbündete im Kampf gegen Napoleon zu finden. Ganz Europa wurde aufgefordert, dem spanischen Beispiel zu folgen und sich in den Krieg gegen Napoleon zu stürzen. Voraussetzung dafür war, dass Spanien auf internationaler Ebene als kriegführende Nation, als paktfähiger und starker Partner anerkannt wurde. In der nach innen und außen gerichteten Propaganda betonten die Patrioten, dass die Spanier im Namen des rechtmäßigen Königs Krieg gegen Joseph und Napoleon führten. Sie verwahrten sich dagegen, als Insurgenten zu gelten, da mit Insurrektion der Aufstand des Volkes gegen die legitime Ordnung des Staates bezeichnet wurde – und als legitim wurde die Herrschaft Josephs eben nicht anerkannt.

Napoleon hingegen hob in der von ihm dominierten Presse die Anarchie und den Terror des Pöbels hervor. Während die aufgeklärten Männer aus Adel, hoher Geistlichkeit und Bürgertum eine gute Gesinnung zeigten, waren es der französischen Interpretation nach nur die Unterschichten, die sich durch fanatische Mönche und englische Agenten zum blutigen Aufstand verführen ließen.[62]

Im *Moniteur* konnte man lesen: „Alle vernünftige Männer sehen mit Schmerz, wie es England gelungen ist, unter den Spaniern einen Bürgerkrieg zu entflammen, dessen Ausgang nicht zweifelhaft seyn kann. Aber was vermag die Aufklärung und die Vernunft der obern Classe bei einem unwissenden Volke, das eine Beute jeder Verführung des Fanatismus, populärer Täuschungen und fremder Bestechung ist!"[63] Damit wollte sich Napoleon nicht nur in Spanien als Garant für Ruhe und Ordnung darstellen, sondern in ganz Europa Abscheu vor dem brutalen Pöbel erregen und verhindern, dass sich in den höheren Ständen Sympathien für die Aufständischen entwickelten. Die Berichte aus Spanien sollten an die blutigen Schreckenstage der Französischen Revolution erinnern und die Angst der Bürger vor dem Mob schüren: In Spanien gab es keine öffentliche Sicherheit mehr, der Pöbel plünderte ungeniert. Wer sich um Ordnung bemühte – Generäle, Gouverneure, rechtliche Bürger –, wurde ermordet.[64]

Wer könnte als Partner der Spanier besser geeignet sein als Napoleons Erzfeind England? Die *Juntas* von Asturien und La Coruña nahmen als Erste Kontakt mit London auf. Die dortige öffentliche Meinung bejubelte den Freiheitskampf eines verratenen Volks und die englische Regierung erkannte ihre Chance. Seit den letzten Siegen Napoleons über Russland, Österreich und Preußen standen die Briten Frankreich so gut wie allein gegenüber. Da ohne verbündete Kontinentalmächte an einen Krieg auf dem Festland nicht zu denken war, mussten sich die Engländer damit begnügen, Rebellionen in den Randbereichen des napoleonischen *Empire* wie etwa in Süditalien zu unterstützen. Durch den Aufstand der Spanier, der rasch auf Portugal übergriff, öffnete sich auf der Iberischen Halbinsel ein weiteres Tor nach Europa. Hier konnten die Briten auch ihren bisherigen und zukünftigen Alliierten beweisen, wie ernst es ihnen mit dem Kampf gegen Napoleon war und dass sie auch selbst zu bluten bereit waren.

Neben militärpolitischen Überlegungen kamen wirtschaftliche Motive zum Tragen: die Durchlöcherung der Kontinentalsperre und der Zugang zu den südamerikanischen Kolonien des spanischen Weltreichs. Die spanischen Patrioten schlossen Frieden mit England; London sagte Hilfe vor allem finanzieller Art zu.

Im Sommer 1808 drängten die Briten die Spanier energisch dazu, eine Zentralregierung zu schaffen und einen Oberbefehlshaber einzusetzen – sonst würden sie den Geldhahn abdrehen. Im September einigte man sich in Spanien auf die Errichtung einer obersten Regierungsjunta, der *Junta Suprema Central Gubernativa del Reino*, zu der die

Juntas der Provinzen Delegierte entsandten. Als Präsident wurde der Graf José Moñino von Floridablanca, ein früherer Minister Karls III., gewählt. Der Wirkungskreis dieser Zentraljunta war jedoch beschränkt, wie Kriegskommissär Schaumann in drastischen Worten beklagte: „Jedes Lausenest hat nämlich seine Junta, seine Deputation, seine Vorrechte für sich; erste sollte freilich der Hauptjunta des Königreichs gehorchen, erkannte aber aus übel verstandenem Nationalstolz deren Autorität niemals an.“[65] 1810 wurden dann die *Cortes* als nationale Versammlung in Cádiz einberufen, als deren wichtigste Leistung die liberale Verfassung von 1812 gilt.

Der plötzliche Wechsel von traditioneller Feindschaft und Krieg zur englisch-spanischen Allianz entsprach zwar den Anforderungen der außenpolitischen Umstände, aber es war eine kühle Vernunftehe und keine Liebesheirat. Das Verhältnis der Bündnispartner zueinander war auch in den folgenden Jahren von gegenseitigem Misstrauen geprägt. Die Mitglieder der *Juntas* befürchteten eine egoistische Politik der Londoner Regierung auf Kosten ihres Weltreichs. Vor allem die von England geforderte Freigabe des Handels und die südamerikanischen Kolonien Spaniens, in denen seit 1810 immer wieder Revolten ausbrachen, sorgten für Zwistigkeiten. Während Spanien die Unterstützung seines Verbündeten bei der Niederschlagung der Unruhen forderte, wollte die britische Regierung die Südamerikaner nicht brüskieren, oder - was noch schlimmer gewesen wäre - durch feindselige Handlungen auf die Seite Napoleons treiben.

Der Einsatz in Spanien selbst war im englischen Parlament umstritten. Die Londoner Regierung schickte Geld, Waffen, Ausrüstung und Truppen - ein Fass ohne Boden. Doch den enormen Kosten standen nur geringe militärische Erfolge gegenüber, sodass sich die Frage stellte, ob man die Ressourcen nicht anderswo sinnvoller einsetzen könne. Die Differenzen zwischen den Bündnispartnern waren auch auf militärischer Ebene zu beobachten. Argwöhnisch beobachteten Engländer wie auch Spanier das Verhalten des anderen im Kampf gegen Napoleon. Jeder Erfolg wurde der eigenen Leistung zugeschrieben, jeder Fehlschlag den Truppen des Verbündeten. Der englische Einsatz auf der Iberischen Halbinsel wird vor allem mit dem Namen eines Mannes verknüpft: Sir Arthur Wellesley, der nach der Schlacht von Talavera 1809 zum Herzog von Wellington aufstieg. Er konnte sich hier erneut als militärisch talentierter Feldherr beweisen, nachdem er sich bereits im Ersten Koalitionskrieg gegen Frankreich bewährt, zuletzt in Indien weitere Lorbeeren verdient und dazu ein Vermögen gemacht hatte. 1812 wurde er zwar zum Oberbefehlshaber bestimmt, aber die spanische Führung wollte ihm keineswegs zu viel Macht zugestehen.

Allerdings herrschte auch auf der französischen Seite alles andere als Einigkeit: Die Marschälle verstrickten sich in kleinliche Rivalitäten; die königliche Autorität Josephs wurde sowohl von seinem Bruder wie auch von dessen eigenmächtig handelnden Heerführern untergraben. Selbst wenn die einzelnen französischen Truppenteile miteinander kooperieren wollten, war die Kommunikation zwischen ihnen kaum aufrechtzuerhalten – nicht zuletzt aufgrund der Guerillaangriffe auf Kuriere.

Unterstützung erhofften sich die *Juntas* zudem von der Habsburgermonarchie. In einer Proklamation an die Aragonier erklärte Gouverneur Palafox Ende Mai 1808, dass die Spanier von ihrem Wahlrecht Gebrauch machen und Erzherzog Carl von Österreich zum König bestimmen würden, falls den bourbonischen Thronanwärtern etwas zustoßen sollte.[66] Die *Junta* von Sevilla wandte sich am 27. August 1808 in einem Schreiben direkt an Kaiser Franz und betonte die traditionelle Verbindung zwischen Spanien und Österreich. Mit der unrechtmäßigen Absetzung Ferdinands habe Napoleon auch die Habsburger in Wien beleidigt. Die ganze Nation stünde hinter dem Krieg, der aufgrund der militärischen Erfolge im Sommer 1808 ohnehin schon so gut wie gewonnen sei; dazu käme die Unterstützung durch England und Portugal. Keine Rede war von Aufruhr und Anarchie. Die *Junta* von Sevilla habe sich – was keineswegs der Realität entsprach – als Zentraljunta etabliert, welcher alle militärischen Belange unterstünden und deren Autorität sich über ganz Spanien erstrecke.[67]

In Wien hegte man keine Sympathien für Napoleon und es lag im Interesse der österreichischen Staatsführung, die Spanier zum Kampf zu ermuntern und zu hoffen, dass Napoleons Kräfte möglichst lange südlich der Pyrenäen gebunden blieben. Aber man wagte 1808 noch keinen offenen Bruch mit dem Kaiser der Franzosen. Der Wiener Hof antwortete offiziell weder auf das Schreiben der *Junta* von Sevilla noch auf das Angebot der spanischen Krone an Carl. Um Napoleon nicht zu verärgern, beeilte man sich, die Ablehnung derselben in Paris kundzutun.

Dennoch wurde die Anerkennung Joseph Bonapartes als König hinausgezögert. Inoffiziell wirkte der österreichische Geschäftsträger Wilhelm Ferdinand Gennotte als Verbindungsmann zwischen den spanischen Patrioten und dem Wiener Hof. Er bestärkte die Spanier und deutete an, dass auch Österreich bald für einen Krieg gegen Frankreich bereit sei. Zudem verhalf man von österreichischer Seite der spanischen Propaganda zu mehr Öffentlichkeit: Anonym und mit dem Druckort Germanien wurde 1808/09 eine vierbändige *Sammlung der Actenstücke über die spanische Thronveränderung* publiziert. Dahinter steckten Erzherzog Johann und seine Mitarbeiter. Sie ergänzten die von Napoleon im *Moniteur* veröffentlichten Akten um spanische Dokumente und Propagandaschriften, die über die britische Adriaflotte und Triest ins Land geschmuggelt wurden, und durchbrachen damit erfolgreich das französische Nachrichtenmonopol.

Nation im Krieg

Trotz der englischen Beteiligung am Krieg und der offenkundigen österreichischen Sympathien mussten die Spanier die Hauptlasten des Krieges selbst tragen. Von Anfang an waren daher die neuen Behörden darum bemüht, weitere Truppen auszuheben und zu freiwilligen Meldungen aufzurufen. Die Mobilisierung wurde von entsprechender Propaganda begleitet, die das positive Bild einer geeinten Nation zeichnete, die eigene militärische Stärke hervorhob und auf die Unterstützung durch England verwies. Das Hauptargument war denkbar einfach: Unter der Herrschaft Karls IV. habe Godoy Spanien an den Rand des Ruins getrieben und gemeinsam mit Napoleon gegen Ferdinand intrigiert. Nun sähen sich die Spanier dem Ungeheuer Napoleon gegenüber und müssten kämpfen, für ihre Religion und ihre Freiheit, für Ferdinand und für die besseren Zeiten, für die *el Rey deseado* stand.

Der Schwerpunkt der Kriegsführung lag auf der regulären Armee. Dazu musste zuerst einmal Bilanz gezogen werden, was überhaupt an Einheiten zur Verfügung stand: Während Andalusien, Valencia und Galizien über starke Garnisonen verfügten, war die Truppenstärke in an-

Die Junta von Sevilla erklärte am 6. Juni 1808 den Krieg: „Wir erklären somit im Nahmen unseres Königs, Ferdinand des VII., und der ganzen spanischen Nation, den Krieg zu Lande und zu Meer gegen Kaiser Napoleon den I. und auch gegen Frankreich, solange dasselbe unter seinem tyrannischen Joche verbleibet. Wir befehlen demnach allen Spaniern, zu Feindseligkeiten gegen die Franzosen zu schreiten, und denselben allen möglichen Schaden zuzufügen, den die Gesetze des Krieges gestatten.“[68] Zugleich wurde die Verbindung und der Waffenstillstand mit England bekannt gegeben und betont, man wolle den Krieg nicht eher beenden, bis Ferdinand VII. wieder eingesetzt werde.

Zudem gab die *Junta* von Sevilla allgemeine Vorschriftsmaßregeln (*Prevenciones*) für die spanischen Armeen und Landwehren heraus: „Man muß Sorge tragen, es der Nation bekannt zu machen, und sie zu überzeugen, daß, sind wir erst, wie wir es hoffen, befreyt von diesem grausamen Krieg, zu welchen uns die Franzosen gezwungen; sind wir erst wieder in einem ruhigen Zustand, und unser König und Herr, Ferdinand der Siebente, wieder auf seinem Thron hergestellt; daß alsdann, unter ihm und für ihn, die Cortes versammelt, die Mißbräuche abgeschafft, und die Gesetze gegeben werden sollen, welche, dem Zeitalter und der Erfahrung zufolge, dem allgemeinen Wohl und Glück zuträglich sind [...].“[69]

deren Teilen Spaniens wie in Aragonien oder Altkastilien gering. Viele Mannschaften befanden sich in Portugal oder in mittlerweile von den Franzosen beherrschten Gebieten. Einige von ihnen schlugen sich auf eigene Faust durch, manchmal verließen ganze Regimenter ihren Posten und zogen los, um sich der nächsten spanischen Patriotenarmee anzuschließen. Am Spektakulärsten war die Rückkehr der spanischen Einheit unter dem Kommando des Marqués Pedro Caro de La Romana, die 1807 in einer Stärke von etwa 14000 Mann als Teil der napoleonischen Armee in den Krieg gezogen und nun in Dänemark stationiert war. Auf französischer Seite bemühte man sich nach Kräften darum, die Loyalität dieser Spanier zu Napoleon zu stärken und Nachrichten aus der spanischen Heimat zu unterbinden. Erst am 24. Juni erfuhr La Romana von der Thronbesteigung Joseph Bonapartes. Es gelang ihm, heimlich Kontakt mit den Engländern aufzunehmen, sich im August mit immerhin rund 9000 Mann zu britischen Schiffen durchzuschlagen und im Oktober in Spanien an Land zu gehen.

Die vorhandenen Truppen mussten neu formiert und ergänzt werden, um der gewaltigen Übermacht der napoleonischen Armee standhalten zu können. Dazu befahl die *Junta Central* eine verstärkte Aushebung von Rekruten, um eine Heeresstärke von insgesamt 550 000 Mann zu erreichen. Der Zustand der Truppen blieb aber bedenklich. Die Kavallerie litt unter Pferdemangel, die neu aufgestellten Einheiten waren schlecht organisiert und ausgerüstet, auf strengen Drill reagierten die Männer rasch mit Meuterei oder Desertion. Ebenso griff man auf traditionelle Volksmilizen wie die galizischen *alarmas*, die baskischen *migueletes* oder die katalonischen *somaténes* zurück, die bereits im Krieg gegen Frankreich in den Jahren 1793–95 eingesetzt worden waren. Die Milizen erwiesen sich als motiviert und entschlossen, wenn es um die Verteidigung ihrer Heimatdistrikte ging. Ihr Nachteil war, dass sie sich kaum zu Operationen außerhalb ihrer Territorien bewegen ließen und zudem schwer zu kontrollieren waren.

Anfang Juni 1808 kam es zu ersten Gefechten zwischen Spaniern und Franzosen. Der Krieg hatte begonnen. Anscheinend wollten spanische Streitkräfte unter den Generälen Antonio Cuesta und Joaquín Blake den Vormarsch König Josephs nach Madrid behindern, doch sie unterlagen Mitte Juli den französischen Truppen in der Schlacht bei Medina de Río Seco. Zu ihrem Glück wurden sie von den Franzosen nicht verfolgt – denn diese zogen es vor, sich plündernd, vergewaltigend und mordend auf die Stadt zu stürzen. Am 20. Juli zog Joseph in Madrid ein. Doch der Aufenthalt in seiner Hauptstadt war nur kurz.

Am 23. Juli 1808 musste der französische General Pierre Dupont an der Spitze von rund 20 000 Mann bei Bailén kapitulieren. „Mit einem Schlag ist ganz Andalusien von feindlichen Waffen befreyt. Die Division Düpont mit Kriegstroß, Beute und ihren Generalen ist gefangen“[70], hieß es im Bericht aus dem spanischen Hauptquartier an die *Junta* in Sevilla. Schwerer als der militärische Erfolg der regulären spanischen Armee unter Castaños wog der moralische: Napoleons Truppen waren besiegt und mussten aufgeben – sein Image als strahlender Sieger war befleckt; seine Gegner in ganz Europa schöpften neue Hoffnung.

Mit einem Sieg der Spanier dürfte keine der beiden Parteien gerechnet haben, wie Wellington betonte: „I believe no one was more surprised at the result of Baylen than Castaños himself!“[71] Auf spanischer Seite war man überzeugt, die beste Armee der Welt geschlagen zu haben, doch die ersten nach Spanien entsandten napoleonischen Truppen bestanden meist aus unerfahrenen Rekruten aus Frankreich und den Satellitenstaaten wie den deutschen Rheinbundländern. In Madrid glaubte Joseph, dass Tausende wütende Spanier anmarschierten. Er verließ Ende Juli die Hauptstadt und floh nach Altkastilien; zudem zog er die französischen Truppen von ihrer Belagerung bei Saragossa beziehungsweise aus León zurück über den Ebro. Für die Spanier entstand durch den überraschenden Erfolg ein Problem dahingehend, dass man den Kampf für gewonnen hielt, was durch die propagandistische Übertreibung der Siege noch verstärkt wurde. Die Franzosen und Joseph ließen sich doch mühelos verjagen. Kein Grund, die Bevölkerung mit forcierten Truppenaushebungen zu verärgern.

Während die Spanier ihren Sieg feierten, gelangte Napoleon zur Ansicht, die leidige Angelegenheit selbst in die Hand nehmen zu müssen. Sowohl Joseph als auch seine Generäle waren unfähig! Alles musste man selbst tun. Ende November 1808 begann er seine Offensive auf der Iberischen Halbinsel. Die spanischen Armeen mussten der französischen Übermacht weichen; die Gefechte am Pass von Somosierra Ende November bildeten einen Höhepunkt des Feldzuges. Die *Junta Central* übersiedelte aufgrund des Vorrückens der Franzosen im November 1808 von Aranjuez nach Sevilla, zu Beginn des Jahres 1810 floh sie dann nach Cádiz. Am 4. Dezember 1808 zog Napoleon in Madrid ein. Nur sehr kurz dachten die Stadtbewohner daran, sich zu verteidigen. Mit der Einnahme der Stadt besaß Napoleon eine starke Position in Zentralspanien. Da die Spanier nicht im Guten zu gewinnen waren, verwarf Napoleon die kompromissorientierte Verfassung von Bayonne, hob die Inquisition auf und strebte durch eine neue Konstitution radikale Reformen und Modernisierung an. Vor allem auf die Kirche und die Grundherren wollte er keine Rücksicht mehr nehmen.

Dass Napoleon am Ende des Jahres 1808 Spanien zur Chefsache erhob, überrascht wenig. Denn es ging hier nicht nur darum, einen lästigen Volksaufstand niederzuschlagen: Das direkte Eingreifen des Erzfeindes England verstärkte das Problem. Im schlimmsten Fall schufen sich die Briten auf der Iberischen Halbinsel eine Basis auf dem Festland, von der aus sie nach Frankreich selbst vorstoßen konnten. Dazu kam Portugal. Mit der Flucht der Königsfamilie nach Brasilien und der französischen Besatzung war dieses Kapitel eigentlich abgeschlossen. Doch der Aufstand in Spanien griff auf Portugal über. Es kam zu Unruhen mit Attacken auf Kollaborateure und Franzosen. General Junot fand sich an der Spitze der französischen Truppen weitgehend abgeschnitten, auch Kuriere kamen nicht durch. Dennoch zögerte er, seine Position aufzugeben, und konzentrierte seine Kräfte um Lissabon. Es gelang ihm aber kein entscheidender Schlag gegen die Aufständischen; diese konnten wiederum die Franzosen nicht vertreiben. Eine Pattstellung. Hier wirkte sich das Eingreifen der Briten entscheidend aus, die im Einverständnis mit der portugiesischen *Junta do Supremo Governo* aktiv wurden.

Im Sommer 1808 musste Junot kapitulieren. Allerdings konnte er in der Konvention von Cintra äußerst günstige Bedingungen aushandeln und mit seinen Truppen samt Waffen und persönlichem Besitz, hauptsächlich Beutegut, das Land verlassen. Von Portugal aus stieß zum Jahreswechsel 1808/09, also während Napoleons großer Offensive, ein britisches Expeditionskorps unter der Leitung von Sir John Moore nach Spanien vor. Angesichts der geballten Macht Napoleons musste er sich jedoch schleunigst wieder nach La Coruña zurückziehen. Verfolgt von den Franzosen suchten die Engländer Mitte Januar 1809 ihr Heil in der Flucht auf das Meer; Moore selbst starb durch eine Kanonenkugel. Aber auch Napoleon musste im Januar 1809 das Land verlassen: In Mitteleuropa braute sich ein neuer Krieg zusammen. Er sollte nicht mehr nach Spanien zurückkehren.

La guerrilla Ab dem Winter 1808/09 trat ein Element in den Vordergrund, das bis heute das Bild des spanischen Unabhängigkeitskrieges bestimmt: *la guerrilla*, wörtlich übersetzt „der kleine Krieg". Die *Junta* von Sevilla riet bereits zu Beginn des Aufstands 1808 dazu, „jede allgemeine Schlacht zu vermeiden [...] Passend also für uns ist der kleine Krieg durch einzelne Corps, durch Hinderungen, Aufreibung der feindlichen Heere durch Mangel an Lebensmittel, Brückenabwerfen; Verhackeanlegen an den dazu schicklichen Puncten, und andere ähnliche Mittel."[72] Dennoch dominierte in der ersten Phase die Kriegsführung durch reguläre Truppen, die in offenen Feldschlachten aufeinanderprallten. Der kleine Krieg und die Verteidigung von belagerten Städten wie Saragossa durch Truppen und Stadtbewohner fanden teils parallel dazu statt. Napoleons Offensive mit fast 300 000 Mann verdeutlichte die Überlegenheit der französischen Truppen. Die spanischen Armeen konnten ihm zu wenig entgegensetzen, daher gewann *la guerrilla* an Bedeutung.

Am 28. Dezember 1808 erließ die *Junta Central* das *Reglamento de Partidas y Cuadrillas*: Das Volk sollte bewaffnet werden, um in kleinen irregulären Einheiten, *partidas* genannt, „Schrecken und Bestürzung"[73] beim Feind auszulösen. Wenn möglich unter der Führung von Offizieren der regulären Armeen sollten Gruppen aus Zivilisten, versprengten Soldaten wie auch Deserteuren der Armeen beider Kriegsparteien den kleinen Krieg aufnehmen. Selbst Schmugglern und Banditen wurde Amnestie gewährt, wenn sie sich am Volkskrieg beteiligten. Aber auch kleinere Verbände der regulären Armee verlegten sich aufgrund ihrer zahlenmäßigen Unterlegenheit auf diese Taktik. Guerillaanführer wie Francisco Espoz y Mina, *Rey de Navarra* („König von Navarra") genannt, oder Juan Martín Díez (*el Empecinado*, „der Pechschwarze") erlangten schon zu Lebzeiten große Berühmtheit. In Leitungsfunktionen traten sogar Banditen, Kleriker und Ordensbrüder und in seltensten Fällen auch Frauen in Erscheinung. *Partidas* wuchsen oft zu einer Stärke an, mit der sich auch größere Aktionen durchführen ließen, und sie adaptierten teils militärische Formen.

Die Guerillabanden waren der Schrecken der napoleonischen Soldaten – und der Bevölkerung. Denn obwohl in der älteren Geschichtsschreibung häufig der Propaganda folgend das Bild einer harmonischen Symbiose zwischen Guerillakämpfern und Zivilisten gezeichnet wurde, sah sich die Bevölkerung durch die *partidas* ebenso terrorisiert wie durch feindliche Soldaten. Zeigten sich die Bewohner von Dörfern unkooperativ, wurden sie mit Gewalt zur Zusammenarbeit gezwungen. Schaumann berichtete von seiner Begegnung mit einem Guerillaanführer: „Am 28. August kam Don Julian Sanchez, der berühmte Guerillachef, mit seinem Gefolge auf meiner Quinta an und bat sich die Erlaubnis aus, hier frühstücken zu dürfen. Ich räumte ihnen meine Zimmer ein. [...] Sie wurden sehr gefürchtet; keine spanische Zivilautorität würde es gewagt haben, ihnen etwas abzuschlagen. Selbst die Bewohner und kleinen Städte unterwarfen sich ihren Befehlen, ohne zu murren."[74] Das heißt, dass auch die Befehlsgewalt der Obrigkeiten eingeschränkt war. Welche lokale *Junta* würde versuchen, eine bewaffnete Truppe zum Gehorsam zu zwingen? Starke Guerillabanden operierten auf eigene Faust, ließen sich schwer zu abgestimmten Aktionen mit anderen Einheiten bewegen und zogen es meist vor, sich in ihrer Heimatregion eine Machtposition zu schaffen. Für die Bevölkerung bedeutete ihre Anwesenheit oft mehr Gefahr als Schutz, denn sie zogen die Aufmerksamkeit und Rachegelüste französischer Truppen an. Zudem war für die meisten Guerillatruppen der Übergang zwischen patriotischem Kampf gegen Napoleon und simplem Banditentum fließend. Raub und Überfälle waren die Regel, wobei nicht danach gefragt wurde, auf welcher Seite die Opfer standen. Manchmal schlugen Guerillatruppen die Bewohner von Gehöften sogar mit Geschichten über herannahende französische Truppen in die Flucht, um dann ungestört die verlassenen Güter zu plündern.

Heer und *partidas* genügten nicht. Am 12. Februar 1809 rief die *Junta Central* alle Landesbewohner dazu auf, sich am Kampf zu beteiligen. Es wurden in den *Reglas y máximas fundamentales* detaillierte Anweisungen und Ratschläge gegeben, wie man den Volkskrieg in die Tat umsetzen konnte, beispielsweise durch Befestigung von Städten oder Verteidigung der Häuser. Auffallend ist der Zwangscharakter dieses Dekrets: Wer sich nicht am Kampf beteilige, sei als Verräter anzusehen und entsprechend zu strafen. Das *Decreto del Corso Terrestre* vom 17. April 1809 betonte ebenso, dass kein Spanier in diesem Krieg unbeteiligt bleiben dürfe und sich jeder als Soldat betrachten solle, auch wenn er keine Uniform trage. Es galt, den fremden Besatzern jeden möglichen Schaden zuzufügen, ihre Kuriere abzufangen und die Nachschublinien abzuschneiden. Die Franzosen sollten keine Atempause erhalten. Neben organisierten Formen wie Bürgerwehren und Freikorps kam es auch zu spontanen individuellen Gewaltakten. Beispielsweise wurden Kollaborateure, vermeintliche Spione oder vereinzelt auch Soldaten ermordet.

Die Zivilbevölkerung geriet im wahrsten Sinne des Wortes zwischen die Fronten und konnte in diesem Krieg nur verlieren. Sowohl die politische Führung Spaniens und die Guerillabanden wie auch die französische Seite übten massiven Druck aus. Am 10. Mai 1810 stellte der französische Marschall Nicolas Jean-de-Dieu Soult ein für alle Mal klar, dass ein neutrales Verhalten seitens der Bevölkerung nicht akzeptiert würde: Es gebe nur Freund oder Feind. Jene, die sich neutral verhalten wollten, seien gefährlich und müssten dazu gezwungen werden, entweder ihrem rechtmäßigen König Joseph zu dienen oder sich gegen ihn zu erklären, um von den Franzosen bekriegt zu werden.[75]

Da es die Franzosen nicht mit konzentrierten gegnerischen Armeen zu tun hatten, die es in Schlachten zu besiegen galt, sondern mit einem über das ganze Land verstreuten kleinen Krieg mit schwer fassbaren Gegnern, war es ihnen schier unmöglich, trotz ihrer Truppenstärke Spanien vollständig zu kontrollieren. Der Krieg teilte sich auf unzählige Einzelschauplätze auf: Jede Stadt, jedes Stück Land, jede Transport- und Kommunikationslinie musste durch militärische Verbände gesichert werden. Die Guerillakämpfer konnten weder die Soldaten Napoleons besiegen noch Joseph vertreiben. Aber sie verhinderten durch ihre Präsenz und ihre Aktionen, die sich sowohl gegen die Feinde wie auch gegen Kollaborateure richteten, dass der neue König seine Macht etablieren und sein Reich befrieden konnte.

Krieg ohne Gnade Was bereits den Zeitgenossen auffiel, war die Brutalität, mit welcher der Krieg auf der Iberischen Halbinsel von allen Beteiligten geführt wurde. Hier tobte ein Kampf, der das genaue Gegenteil des idealtypischen Kabinettskrieges verkörperte und die Grenzen zwischen Kombattanten und Zivilbevölkerung verwischte. Die Gewaltspirale drehte sich immer schneller. Jeder Akt der Grausamkeit wurde mit gleicher Münze heimgezahlt. Jeder gegen jeden. Opfer und Täter zugleich. „Seit Mai 1808 kam es überall in Spanien, besonders aber in Katalonien, Navarra und der Extremadura zu einer ‚Dreiheit' der Gewalt: Überfall, Tötung und Verstümmelung."[76] Der Volkskrieg und die Guerillataktik schufen für die napoleonischen Truppen ein Klima ständiger Bedrohung und Angst. „Die Franzosen, die den großen Haufen verließen, waren sicher, als Opfer einer gerechten Rache zu fallen."[77] Jeder

Wie es unerfahrenen Soldaten in Spanien ergehen konnte, davon berichtete der kurbadische Offizier Ludwig von Grolman in seinem Tagebuch. Im Städtchen Arenas wurden westphälische Dragoner in einen Hinterhalt gelockt: „Die Einwohner empfangen sie mit grosser Höflichkeit und Unterwerfung, und bitten sich aus, in guten Quartieren die Gastfreundschaft gegen sie ausüben zu dürfen. Die ehrlichen Hessen, noch nicht lange aus der Heimath angekommen, gehen richtig in die Falle. Kaum sind sie alle in Quartieren vereinzelt und lassen sich fröhlich den vorgesezten Wein munden, so stürzen die Einwohner über sie her, und ermorden sie jämmerlich. Ein einziger, der einen Ordonnanzritt gethan hatte, [...] entkommt glücklich, und bringt die Nachricht von dieser ausgezeichneten Greuelthat."[78]

Die Strafexpedition folgte auf dem Fuß: „Das Städtchen war der Wuth des Kriegers auf jede Art Preis gegeben. [...] [B]ald war die ganze Division bis auf die Offiziere betrunken. Um 8 Uhr Abends liessen sich die Dragoner nicht mehr halten. Gleich den Furien Feuerbrände schwingend, stürzten sie in die Stadt. In wenigen Momenten war kein Haus, das nicht in vollen Flammen stand. [...] Mehrere Soldaten, die viehisch besoffen in den Häusern eingeschlafen waren, verbrannten darin. Die Dragoner zogen noch ein zitterndes Weib aus einem Keller, schändeten sie auf der Strasse bis zur Ohnmacht, und warfen den zuckenden halbentseelten Leichnam in die Flammen ihres eigenen Hauses."[79]

Bauer, jedes Dorf schien verdächtig. Überall und jederzeit drohte ein Hinterhalt. „Da die Spanier, die sich nicht unterwerfen wollten, immer in kleinen Haufen umherschwärmten und jeden unserer Leute so [er] ihnen in die Hände fiel auf eine erbärmliche Weise umzubringen pflegten, so betraf, leider! dieses traurige Loos auch einen unsrer Söhne, der an einen Baum angespießt und unmenschlich zu Tode gemartert wurde. Er war ein sehr hoffnungsvoller Jüngling, erst 17 Jahre alt"[80], beklagte Regula Engel.

Der Anblick ermordeter, verstümmelter Kameraden schürte aufs Neue Hass und Gewaltbereitschaft, den Wunsch, es dem Gegner heimzuzahlen. Erbitterte Kämpfe um Städte mündeten in Orgien der Gewalt, wenn die Mauern endlich gestürmt waren und die Sieger ihrer

Wut freien Lauf lassen konnten. Ohne Unterschied wurden bewaffnete Gegner und selbst kleine Kinder niedergemetzelt, Frauen vergewaltigt, geplündert, gemordet. Die Gräueltaten der Einheimischen bestärkten die Angehörigen der napoleonischen Armee in ihrer Meinung, dass es sich bei diesen um Barbaren handele. Geringschätzung und Verachtung gegenüber der Bevölkerung trugen zur Gewaltbereitschaft bei. Auf der anderen Seite hatten die Spanier über Jahrhunderte hinweg gegen muslimische Feinde und in den Kolonien gegen die dortige indigene Bevölkerung gekämpft. Da es sich bei diesen Gegnern nicht um Christen handelte, wurden sie auch nicht entsprechend jener Werte und Kriegsregeln behandelt, die unter christlichen Gegnern gebräuchlich waren. Grausamkeiten, Tötung und Versklavung der Feinde waren die Norm und prägten auch den Krieg gegen die Franzosen.

Der Anfang vom Ende Das Jahr 1808 markierte in Napoleons erfolgreicher Karriere den entscheidenden Wendepunkt. Bis dahin hatte er seine Gegner auf dem europäischen Festland besiegt oder neutralisiert und seine Vormachtstellung ausgebaut. Ab jetzt ging es abwärts. Der Kaiser der Franzosen hatte in Spanien mit keinem nennenswerten Widerstand gerechnet. Er war überzeugt gewesen, dass sich die spanische Armee der neuen Herrschaft unterwerfen oder zumindest neutral verhalten würde. Die Bevölkerung müsste den Herrschaftswechsel, die Reformen und eine Modernisierung nach der Misswirtschaft der Bourbonen und Godoys doch begrüßen? Eine Fehleinschätzung.

Für das „spanische Geschwür" fand Napoleon kein Heilmittel. Im Gegenteil, der Krieg hatte auch innenpolitische Folgen, da er den Franzosen mehr Geld und Männer abverlangte, als sie zu leisten bereit waren. Gerade Napoleon, der mithilfe der öffentlichen Meinung an die Spitze gelangt war, drohte durch den Krieg in Spanien den Rückhalt in der *Grande Nation* zu verlieren.

Napoleons Politik in Spanien diente eindeutig seinen dynastischen Interessen, die sich von denen der französischen Nation unterschieden. „Der Rhein, die Alpen, die Pyrenäen sind Eroberungen Frankreichs", betonte Talleyrand gegenüber Zar Alexander in Erfurt 1808, „alles übrige ist die Eroberung des Kaisers, Frankreich hat damit nichts zu tun."[81] Immer mehr Franzosen begannen am außenpolitischen Kurs Napoleons und am Bestand des *Empire* zu zweifeln. Sollte alles bisher Erreichte am Größenwahn und der Gier des Kaisers scheitern?

In den nächsten Jahren blieb der Krieg auf der Iberischen Halbinsel eng mit den Ereignissen im restlichen Europa verwoben. Erfolge und Rückschläge hingen davon ab, ob Napoleon Truppen für seine anderen Kriege aus Spanien abzog oder Verstärkung schicken konnte. Dem Erfolg bei Talavera - das Ergebnis der Schlacht war aber eher unentschieden - unter dem Kommando Wellingtons am 28. Juli 1809 folgte eine französische Offensive, in der die Briten wieder bis nach Portugal zurückgedrängt wurden. 1810/11 gelang es Wellington, Lissabon hinter der Linie der *Torres Vedras* zu verteidigen, wobei er hier die Taktik der verbrannten Erde mit dem Guerillakampf kombinierte. 1812 wurden die Franzosen durch britisch-portugiesisch-spanische Kräfte schrittweise in Richtung Pyrenäen zurückgeworfen, im Sommer Madrid besetzt. Doch weder die eine noch die andere Seite konnte langfristig die Oberhand gewinnen. Über den Ausgang des spanischen Unabhängigkeitskrieges entschied schließlich die gesamteuropäische Entwicklung. Und diese wiederum wurde von Spanien beeinflusst.

3 Ein Vielvölkerstaat und der Nationalkrieg: Die Habsburgermonarchie 1809

An den europäischen Höfen reagierte man sehr sensibel auf die Entwicklungen in Spanien. Zu Recht: Denn Napoleon hielt sich nicht an die neuzeitlichen Spielregeln eines europäischen Gleichgewichts der Großmächte. „Austerlitz hatte gezeigt, daß es gefährlich war, Napoleons Gegner zu sein; Jena, daß es vernichtend war, neutral zu bleiben; Spanien jedoch bewies jetzt ohne Zweifel, daß es tödlich war, Napoleons Freund zu sein"[82], so Henry A. Kissinger.

Kriegsentschluss in Wien

Die Ereignisse in Bayonne wurden im übrigen Europa aufmerksam verfolgt. Besonders in Preußen und in der Habsburgermonarchie fühlte man sich von Napoleons aggressiver Expansionspolitik bedroht. „Früh oder spät dürfen wir erwarten, daß wir aus der Reihe der unabhängigen Völker getilgt werden"[83], betonte Gneisenau in einer Denkschrift im Sommer 1808. Der Widerstand der Spanier – so nahm man allgemein an – würde durch Napoleons überlegene Truppen rasch niedergeschlagen werden. Dann wären seine Kräfte frei für neue Eroberungen: Wer war der Nächste?

Österreich! Davon war Staatskanzler Stadion in Wien überzeugt. Seit seinem Amtsantritt 1805 hielt er einen neuen Krieg mit Frankreich für unvermeidlich und richtete darauf seine Politik aus. Vor der Absetzung der spanischen Bourbonen am 5. Mai 1808 hatte man sich jedoch nicht ernsthaft auf einen Krieg gegen Napoleon vorbereitet, zumal man sich über die eigene militärische Unterlegenheit im Klaren war. Doch die Vorgänge in Spanien wirkten wie eine düstere Prophezeiung. Am 22. Juni 1808 meldete der Botschafter Metternich aus Paris die formelle Proklamation Josephs zum spanischen König. Würde es erst Frieden geben, wenn Napoleon jeden europäischen Thron mit einem seiner Verwandten oder Feldherrn besetzt hatte? Der nächste Krieg ging, so glaubte man, um die pure Existenz der Habsburgermonarchie, um Notwehr. Wie Preußens Schicksal hing auch jenes Österreichs am seidenen Faden. Und Napoleon hielt die Schere in der Hand.

Wenn ein Krieg nicht zu vermeiden ist, „muß man ihn anfangen und nicht abwarten“[84], schrieb Graf Stadion im August 1808 an Metternich. Für einen Präventivkrieg sprachen sich nicht nur er, sondern auch Erzherzog Johann, der einflussreiche Staatsrat Anton Freiherr von Baldacci und die Kaiserin Maria Ludovica von Habsburg-Este aus. Sie war mit ihrer Familie 1796 durch Napoleon aus ihrer italienischen Heimat vertrieben worden und stellte sich nach ihrer Hochzeit mit dem österreichischen Kaiser 1808 entschieden auf Stadions Seite. Auch die Brüder der Kaiserin, die Erzherzöge Ferdinand und Maximilian, setzten sich nachdrücklich für einen Kampf gegen den verhassten Napoleon ein. So lautstark, dass man Ferdinand in Wiener Hofkreisen den inoffiziellen Beinamen „Kriegstrompete“[85] verlieh. Skeptisch war Erzherzog Carl, der als Generalissimus an der Spitze des Heeres stand. Seiner Einschätzung nach war die Armee noch nicht bereit für einen neuen Waffengang. Der Kaiser selbst klammerte sich an die Hoffnung, dass Napoleon sein Reich verschonen würde. Aber würde er das? Die Chancen standen schlecht. Es gab wie schon nach der Niederlage 1805 Gerüchte, dass Napoleon die Habsburgermonarchie als solche zerschlagen und mit ihren Einzelteilen seine treuesten Anhänger belohnen wolle.

Anders als Stadion schätzte Metternich die Bedrohung durch Frankreich weniger akut ein und sah auch keine zwingende Parallele zwischen Spanien und Österreich. Vor der Habsburgermonarchie und Russland stehe seiner Meinung nach das Osmanische Reich auf Napoleons Liste der Eroberungen. Die Existenz Österreichs sei zwar prinzipiell durch Napoleons Weltherrschaftspläne gefährdet, aber noch bleibe Zeit für Diplomatie und Politik. Er riet gegenüber Frankreich zum Abwarten und Taktieren und warnte vor einem militärischen Alleingang. Ohne Unterstützung durch Russland sei ein Krieg gegen Napoleon verrückt. Stadion aber interpretierte die Meldungen seines Botschafters aus Paris, vor allem jene über den beginnenden Aufstand in Spanien, zugunsten der Kriegspartei. Dass dies nicht unbedingt im Sinne Metternichs war, bezeugt dessen Brief an Stadion vom 27. April 1808: „Ich habe oft Angst, mich schlecht verständlich zu machen [...] und genau das Gegenteil von dem zu erreichen, was ich möchte. *Ich will den Frieden mit Frankreich, weil wir ihn unbedingt brauchen* [...].“[86]

Die Kriegsbefürworter gewannen in Wien im Laufe des Jahres 1808 an Boden. Ihre Pläne waren ehrgeizig und optimistisch. Als Nationalkrieg der habsburgischen Völker sollte der Krieg beginnen – und in einem Befreiungskampf Deutschlands, nein, ganz Europas!, gipfeln. Was in Spanien im kleinen Rahmen erfolgreich stattfand, sollte in der europäischen Dimension Napoleons Vorherrschaft ein für alle Mal brechen und ganz nebenbei die Verluste der Habsburgermonarchie aus den letzten Kriegen ausgleichen. Man wollte sich Tirol und Teile Italiens zurückholen, Napoleons Einfluss in Mitteleuropa zurückdrängen und diesen Schritt für Schritt wieder durch jenen Österreichs ersetzen.

Die endgültige Entscheidung zum Krieg fiel im Wiener Kabinett in den letzten Dezembertagen. Vergebens mahnte Erzherzog Carl als Generalissimus, dass die Armee noch nicht stark genug sei. Auch Metternich, der Ende 1808 in Wien war und erst jetzt mit der Entscheidung zum Krieg konfrontiert wurde, beugte sich der dominierenden Kriegspartei. Im Auftrag Stadions verfasste er nun drei Denkschriften zur politischen Lage, die später maßgeblich dazu beitrugen, ihm den Ruf eines Kriegstreibers einzubringen. Wenn schon Krieg geführt werden musste, dann richtig und mit allen Kräften. Ein halbherziges Vorgehen konnte nur den Untergang nach sich ziehen.

Eine letzte Konferenz fand am 8. Februar 1809 statt. Nun stand fest: Im Frühjahr wollte man Napoleon angreifen. Man erhoffte sich den Vorteil der Überraschung und auch eine zahlenmäßige Überlegenheit der eigenen Kräfte, da sich Napoleon mit einem Großteil seiner Armee in Spanien befand und zudem aus den Rheinbundstaaten Kontingente abgezogen hatte.

Länger warten konnte man in Wien schon aus finanziellen Gründen nicht, denn Krieg und Armee verschlangen Unsummen, die man in der Habsburgermonarchie nicht mehr hatte. Nach Kriegsbeginn wollte man die Kosten sowohl auf verbündete wie auch eroberte Länder abwälzen – der Krieg sollte den Krieg ernähren. Dass hier wiederum Napoleon Pate stand, ist unübersehbar.

Nationalkrieg Wollte man gegen Napoleon bestehen, musste man wie das revolutionäre Frankreich oder wie das aufständische Spanien die ganze Nation aufbieten. Auf das Rollen von Köpfen und Anarchie wollte man aber ebenso verzichten wie auf staatsbürgerliche Rechte oder eine Verfassung. Neben Stadion war es vor allem Erzherzog Johann, der vehement die Meinung vertrat: „[H]ier muß die Nation, die Masse kämpfen, alles für einen, einer für alle. [...] Stehet die Nation, so ist Österreich unbesiegbar und ich glaube der Krieg vermieden."[87] Im besten Fall könne man durch die Vorbereitung auf einen Nationalkrieg Napoleon von einem Angriff abhalten, im schlimmsten Fall habe man so zumindest eine Chance. Nach dem Vorbild der *levée en masse*, der Tiroler oder Schweizer Wehrverfassungen und nun auch Spaniens sah der Erzherzog in einem Gebirgskrieg der Alpenländer das größte Potenzial. Unterstützung erhielt Johann vor allem durch die Brüder der Kaiserin, die Erzherzöge Ferdinand und Maximilian, die später in die Organisation und Führung der Landwehr miteinbezogen wurden.

Erzherzog Carl stand der Idee eines Volkskrieges skeptisch gegenüber, zumal die Mobilisierung der Massen seinem Ideal einer begrenzten Kriegsführung widersprach. Er setzte auf die Armee und deren Reform. „Jeder Volksaufstand, Volksbewaffnung, in der Eile aufgestellte Truppen u. dgl. können nie Konsistenz genug haben, damit man auf selbe in Operationen sichere Rechnung machen könne"[88], hatte Carl bereits Ende 1798 betont. Franz schwankte zwischen den Meinungen seiner Berater hin und her. Er misstraute der Stärke seiner Armee, der Volksbewaffnung noch mehr – und auch seinen begabteren Brüdern Johann und Carl, mit denen ihn ein durch kleinliche Eifersucht gespanntes Verhältnis verband.

Stadion drängte den Kaiser zum Handeln. Sein stärkstes Argument war das Schicksal der spanischen Bourbonen, das auch den Habsburgern drohe. Man müsse rüsten, solange noch Zeit sei. Jetzt stieß auch Johann mit seinen Plänen zur Volksbewaffnung auf offene Ohren. „Nun wurde alles bisher Geschriebene und Vorgeschlagene hervorgezogen und man verfiel von einem Extrem zum anderen; es sollte jetzt alles und dies schnell bearbeitet und dann zu stande gebracht werden."[89]

Allerdings waren Rüstungen nicht so ohne Weiteres durchzuführen, schon gar nicht heimlich. Eine Vergrößerung der Linienarmee war undenkbar: Das würden weder die österreichischen Finanzen noch Napoleon zulassen, der auf Kriegsvorbereitungen potenzieller Gegner sehr empfindlich und schnell reagierte. Eine kostengünstige und diplomatisch geschickte Alternative fand man in Reserveeinheiten für die Armee und einer Landwehr als einer Art Miliz. Trotz seiner Bedenken sanktionierte Kaiser Franz im Mai beziehungsweise Juni 1808 deren Errichtung.

Deutlich zeigte sich das Bestreben, die Nation zur Mitwirkung zu gewinnen. In den einzelnen Provinzen der Monarchie waren die politischen Eliten, die Landstände, wesentlich in die Organisation der Landwehr eingebunden. Der Adel wurde nicht direkt zur Teilnahme verpflichtet, aber doch moralisch dazu gedrängt. Zusammen mit Vertretern des Bildungs- und Besitzbürgertums oder ausgedienten Offizieren sollte er die Führungspositionen besetzen. Die Hauptverantwortung für die Landwehr trug Erzherzog Johann, weitere Erzherzöge spielten führende Rollen in den Landesorganisationen. Die Länder der ungarischen Krone blieben ausgenommen; hier galt weiterhin die traditionelle Wehrverfassung der sogenannten Insurrektion, also das allgemeine Aufgebot des Reichsadels zur Verteidigung der Grenzen. Diese erwies sich im Krieg 1809 als wenig brauchbar.

Mit Reserve und Landwehr wurden neben dem stehenden Heer weitere Teile der Bevölkerung in die Kriegsplanung einbezogen, die im Ernstfall rasch mobilisiert werden konnten. Wichtig war dabei die Grundausbildung. So konnte das reguläre Heer seine Reihen bei Bedarf aus den Reserveeinheiten nachbesetzen, deren Mannschaften schon eine gewisse militärische Übung erfahren hatten.

Napoleon gegenüber sollten Stadions Plänen zufolge die friedlichen Absichten hinter diesen Maßnahmen betont werden: Reserve und Landwehr dienten der Reduzierung der regulären Armee und besäßen rein defensiven Charakter. Es war vor allem die Aufgabe des Pariser Botschafters Metternich, gegen-über Napoleon und seinem Außenminister Champagny noch bis ins Frühjahr 1809 hinein die österreichischen Kriegsvorbereitungen abzustreiten. Man wollte Napoleon schließlich keinen Vorwand zu einem Angriff liefern, bevor man nicht ausreichend gerüstet war, zumal in Wien die endgültige Entscheidung zum Krieg erst Ende Dezember 1808 fiel.

Meinungskrieg In Österreich trat zu den üblichen Kriegsvorbereitungen ein neues Element, das es in dieser Form und Intensität in der Habsburgermonarchie noch nie gegeben hatte und auch so schnell nicht mehr geben sollte: Propaganda. Herz und Seele des gesamten Volks, der Soldaten wie der Zivilbevölkerung, galt es zu erreichen und auf den Volkskrieg, auf den entscheidenden Kampf um die Existenz einzustimmen. Die Leitung der Propaganda übernahmen hauptsächlich Graf Stadion und Erzherzog Johann, die seit Jahren gegenüber dem Kaiser die Vorteile einer staatlich gelenkten Pressepolitik betonten. Doch Franz war alles andere als ein Befürworter des Volkskrieges und auch skeptisch, was die Beeinflussung der öffentlichen Meinung anging. Der leutselige „gute Kaiser" misstraute seinen Untertanen zutiefst und stützte sich in der Staatsführung auf polizeiliche Kontrolle und strenge Zensur. Vom Reformwillen und der politischen Weitsicht seines Onkels Joseph II. oder seines Vaters Leopold II. besaß er kaum etwas. Die Eindrücke der Französischen Revolution und der folgenden Kriege hatten ihn ganz auf einen reaktionären Kurs einschwenken lassen. „Eine tiefere, innige Abneigung konnte die Publicität, so wie alle übrigen Elemente des Freisinnes und der Freiheit unmöglich finden, als in Kaiser Franz", spottete Joseph Freiherr von Hormayr 1835 – nach dem Tod des Kaisers und aus sicherer Entfernung in Bayern. „Denn gleich einer sonderbaren Nemesis herrschte in ihm die Idee: Schriftsteller könnten nur gegen Österreich schreiben. – Die Noth lehrt beten, sagt das alte Sprichwort. – Die Noth lehrte sogar schreiben und schreiben lassen, und das will noch mehr sagen!"[90]

Die ideologische Mobilisierung des Volks begann schon lange vor dem eigentlichen Krieg; ja, schon bevor man sich zum Jahreswechsel 1808/09 zum Angriff entschlossen hatte. Seit 1805 zeigt sich ein verstärkter Zugriff der Regierung auf die Medien, um der öffentlichen Meinung diskret die gewünschte Richtung zu geben. Inhaltlich lässt sich die Pressepolitik in zwei Phasen einteilen: Bis zum Krieg konzentrierte sich die Propaganda vorwiegend auf die eigene Bevölkerung und darauf, Patriotismus und generelle Kriegsbereitschaft zu fördern, ohne vom geplanten Krieg zu sprechen. Mit dem Kriegsbeginn im April 1809 begann die eigentliche Kriegspropaganda mit ihren Aufrufen zum Kampf und in weiterer Folge mit Durchhalteparolen. In dieser zweiten

Phase rückte auch die Bevölkerung im feindlichen Ausland vermehrt ins Blickfeld.

Ab Februar 1809 wurde es zunehmend ernst, die österreichischen Truppen wurden mobilisiert. Hatte man in den letzten Monaten nur von einer grundsätzlichen Bereitschaft zur Vaterlandsverteidigung gesprochen, von einem möglichen zukünftigen Feind, stand nun die Feuerprobe bevor: Jetzt war der Augenblick gekommen, in dem Franz seine Völker zum Krieg gegen Napoleon aufrief. Alle seine Völker. Und davon hatte die Habsburgermonarchie viele. Jedes Einzelne wurde angesprochen, niemand sollte sich ausgenommen fühlen. „Auf! Auf! Das Vaterland ist in Gefahr [...] Auf! Auf! Ihr Oesterreicher, Steiermärker, Kärntner, Krainer, Tyroler, Böhmen, Mährer, Auf! Auf! Ihr Ungarn, Siebenbürger, Galizier, Slavonier, Kroatier“[91], hieß es in einem anonymen Flugblatt. Das war ein wesentliches Merkmal der Propaganda innerhalb der Habsburgermonarchie: Sie entsprach dem Aufbau des Vielvölkerreichs und verlief „auf dieser föderalistischen Schiene“.[92] In den Aufrufen wurde die relative Eigenständigkeit der habsburgischen Völker betont, Rücksicht auf den dominierenden Landespatriotismus genommen und die Treue zum Herrscherhaus beschworen. Während zweihundert Jahre später in einem Teil Österreichs immer noch erbittert um zweisprachige Ortstafeln gestritten wurde, betrachtete man 1809 die Mehrsprachigkeit der Propaganda nicht als Problem. Sie entsprach den Gegebenheiten eines multinationalen Staats. Wollte man das Volk erreichen, musste man seine Sprache verwenden. Daraus resultierte auch das Bemühen der Staatsführung, die Propagandaschriften in möglichst vielen Landessprachen der Monarchie zu publizieren. Auch der Tagesbefehl Erzherzog Johanns anlässlich der Fahnenweihe der innerösterreichischen Landwehr war zweisprachig. Hier hieß es, dass Zeitgenossen und Nachwelt später einmal über die Landwehrmänner urteilen sollten: „Sie verdienten es, Oesterreicher zu seyn!“ beziehungsweise in der slowenischen Fassung „Oni so saslushli Esterrajhari imenuvani biti.“[93]

Die Außenpolitik am Vorabend des Krieges

Gegenüber Frankreich und seinen Alliierten wie den Rheinbundstaaten gab man sich von österreichischer Seite betont friedfertig. Es wäre wenig Erfolg versprechend gewesen, bei Napoleons engsten Verbündeten und angeheirateten Verwandten auf einen Seitenwechsel zu drängen. Gegenüber den süddeutschen Nachbarstaaten setzte man auf Sympathiegewinn und Entspannung, beispielsweise durch Handelsabkommen. Während man offiziell bis ins Frühjahr 1809 hinein Kriegsvorbereitungen abstritt, waren hinter den Kulissen die Diplomaten eifrig am Werk, intrigierten und bemühten sich um Verbündete. England und die spanischen Patrioten waren gleichsam logische Partner, da sie sich mit Napoleon ohnehin im Krieg befanden. Von England war fast nur mit finanzieller Unterstützung zu rechnen, um deren Höhe in zähen Verhandlungen gefeilscht wurde. Militärische Operationen der Engländer in Norddeutschland wurden zwar geplant, aber im Krieg 1809 dann nur ansatzweise und ohne Erfolg umgesetzt. Spanien und Österreich motivierten sich gegenseitig zum Kampf, da jeder weitere Kriegsschauplatz Napoleon schwächte.

Die große Unbekannte in der Gleichung stellte Russland dar, das seit dem Friedensschluss von Tilsit mit Frankreich verbündet war. Noch vor dem Erfurter Treffen mit Napoleon im Oktober 1808 und ebenso danach warnte Alexander das Kabinett in Wien vor einem Krieg gegen Napoleon und verwies auf sein bestehendes Defensivbündnis mit ihm. Insgeheim schwankte der Zar jedoch. Bereits in Erfurt führte Napoleons Ex-Außenminister Talleyrand, der sich zunehmend in Opposition zum französischen Kaiser stellte, geheime Gespräche mit ihm. Er riet Alexander, den Welteroberungsplänen Napoleons einen Riegel vorzuschieben und Europa zu retten.

Von österreichischer Seite laufende diplomatische Verhandlungen mit Russland stießen in das gleiche Horn. Mit Erfolg! Der Zar ließ das Wiener Kabinett vertraulich wissen, dass sich seine Truppen im Kriegsfall nicht feindselig verhalten würden. Schließlich konnte auch Alexander kein Interesse daran haben, in Europa als Nächstes die Habsburgermonarchie fallen und Napoleons Macht ins Unermessliche anwachsen zu sehen.

In Paris sollte Metternich nach seiner Rückkehr aus Wien im Januar 1809 weiter den Friedenswillen Österreichs beteuern. Er suchte die Zusammenarbeit mit der dortigen Opposition, die sich um die führenden Männer Talleyrand und den Polizeiminister Joseph Fouché gebildet hatte. Im Gegensatz zu Metternich misstraute Stadion dem Wendehals Talleyrand. Der präsentierte sich nun als Vertreter des französischen Volks, dessen Interessen er in Zusammenarbeit mit den noch unabhängigen europäischen Mächten wahren wollte. Metternich dürfte durch Talleyrand und Fouché ein zu positives Bild der französischen Opposition erhalten haben; er hat den Grad der Entfremdung zwischen Napoleon einerseits und seiner Armee und dem Volk andererseits überschätzt. Aber er war Realist genug, um vor einer zu starken Einbeziehung der innerfranzösischen Opposition oder der Haltung Russlands in die Kriegspläne zu warnen. Allein auf sich selbst könne sich Österreich verlassen. Wenn überhaupt, so sei nur bei einer deutlichen Niederlage Napoleons auf eine Widerstandsbewegung der Franzosen gegen ihren Kaiser zu hoffen.

Reaktion Napoleons Napoleon selbst wollte keinen Krieg gegen die Habsburgermonarchie. Zumindest nicht jetzt, wo er sich auf Spanien konzentrierte. In seiner Karriere hatte sich eine Strategie immer wieder bewährt: seine Gegner einzeln und mit aller Kraft zu schlagen. Einen nach dem anderen. Bevor er nach Spanien aufbrach, demonstrierte er auf dem Erfurter Fürstenkongress glanzvoll seine Macht. An einem eigens konstruierten elliptischen Tisch inszenierte sich Napoleon bei den offiziellen Diners als *pater familias*, als Oberhaupt einer großen, glücklichen Familie. Doch die Rheinbundfürsten dienten lediglich „als ranghohe Staffage“[94] für Napoleons Zusammenkunft mit dem Zaren. „Ich will, wenn ich von dort [Erfurt] zurückkehre, in Spanien freie Hand haben, und sicher sein, daß Österreich im Zaum gehalten werde“[95], lautete sein erklärtes Ziel. Für den hier erneuerten Allianzvertrag mit dem Zaren zeigte sich Napoleon entgegenkommend – Russland durfte sich mit französischem Einverständnis Finnland nehmen und bekam auch die Moldau und die Walachei zugesprochen. Von Alexander kam aber nur eine recht vage Zustimmung, im Falle eines österreichischen Angriffs Frankreich militärisch zu unterstützen. Napoleon warnte Franz in einem Schreiben aus Erfurt vom 14. Oktober 1808 vor jenen, die ihm zum Krieg rieten: „Es befindet sich zu Wien eine Partei, welche scheinbar Befürchtungen äußert, um Ihr Cabinet zu gewaltsamen Maaßregeln zu bewegen, die eine Quelle von noch größern Unglücksfällen, als die bisherigen, seyn würden. Es stand in meiner Gewalt, die Monarchie Ew. Majestät zu zerstückeln, oder wenigstens minder mächtig zu lassen. Ich wollte es nicht. Was diese Monarchie ist, das ist sie nach meinen Wünschen. Hierin liegt der deutlichste Beweis, daß unsere Rechnungen abgethan sind, und ich verlange weiter nichts."[96]

Zur Jahreswende 1808/09 befand sich Napoleon noch in Spanien, kehrte aber aufgrund von Informationen über die österreichischen Kriegsvorbereitungen und die Intrigen Talleyrands und Fouchés eilig nach Paris zurück, wo er am 23. Januar 1809 eintraf. Erst am 1. März erhielt Metternich von Stadion die Anweisung, dass er seinen Ton gegenüber Frankreich ändern solle; am nächsten Tag teilte dieser dem französischen Außenminister Champagny mit, dass Österreich aufgrund der Truppenbewegungen Napoleons und der Rheinbundstaaten nun seine Armee mobilisieren müsse. Dass es im Frühjahr Krieg geben würde, wurde laut Metternich in Deutschland und Frankreich aber schon im Januar allgemein erwartet. Von einem Überraschungsangriff, wie er auf österreichischer Seite ursprünglich für Mitte März geplant worden war, konnte also keine Rede sein. Napoleon und seine Verbündeten waren durch ihre Diplomaten und Agenten sehr genau über die österreichischen Operationspläne unterrichtet. Umgekehrt war man aber auch in Wien über die Stärke und Verteilung der französischen Armee recht gut informiert: Denn nach Napoleons Rückkehr hatte sich Talleyrand an Metternich gewandt und für ein paar 100 000 Francs seine Dienste angeboten. Metternich setzte große Hoffnungen auf ihn und drängte Stadion, das Geld zur Verfügung zu stellen. Sicher ist, dass Talleyrand Metternich genaueste Unterlagen über Napoleons Truppen zukommen ließ, die dieser über einen russischen Kurier und teilweise chiffriert nach Wien sandte.

Preußens bedrängter König

Die Kriegsvorbereitungen Österreichs berührten auch die preußische Staatsführung und warfen die drängende Frage auf: mitmachen oder heraushalten? Befürworter eines Kriegsbeitritts waren beispielsweise Scharnhorst, Gneisenau, der Freiherr vom Stein und Königin Luise. König Friedrich Wilhelm schloss einen gemeinsamen Krieg mit Österreich nicht aus und stimmte auch geheimen Verhandlungen zu, wie sie Stein vorschlug. Aber nur nichts überstürzen! Er wollte erst einmal abwarten, wie sich der Krieg entwickelte. Gneisenau versuchte dem König in einer Denkschrift vom 24. August 1808 klarzumachen, dass Preußen nicht zögern dürfe, zumal von Russland keine Rettung zu erwarten war. „Entschließt man sich dazu, den Krieg zu gleicher Zeit mit Österreich gegen Frankreich zu erklären, ohne erst Erfolge der ersteren Macht gegen letztere abwarten zu wollen, so ist dies gerade das Mittel, um Sukzesse herbeizuführen. [...] Will man hingegen erst Erfolge vonseiten Österreichs abwarten, und es treten dagegen Unglücksfälle ein, so werden wir in deren Folgen unabwendbar verwickelt, statt wir durch kräftige Mitwirkung das Unglück vielleicht hätten abwenden können."[97]

Friedrich Wilhelm aber machte seine Entscheidung von militärischen Erfolgen Österreichs abhängig, forderte englische Hilfsgelder und eine sichere Zusage über Russlands Haltung. Ebenso verlangte er die Wiederherstellung Preußens in seiner einstigen Größe. Während des österreichischen Krieges von 1809 schwankte der König in seiner Haltung; zeitweise schien sogar seine Zustimmung zum Volkskrieg, wie ihn die Vertreter der Kriegspartei vorschlugen, nahe. Im Juni 1809 verteidigte Friedrich Wilhelm seine Politik mit folgenden Worten: „Eine politische Existenz, sie sey noch so klein, ist dennoch immer beßer als keine und dann, so ändert die Zeit vieles in der Welt, mithin bleibt auch in diesem Fall Hoffnung für die Zukunft: nicht so aber, wenn Preußen aus der Reihe der Staaten gänzlich ausscheiden müßte, welches sehr wahrscheinlich der Fall seyn möchte, wenn es zu früh alles aufs Spiel setzen wollte."[98] Dem König war seine Vorsicht nicht zu verdenken. Der letzte Krieg gegen Napoleon hatte ihm nur einen Rumpfstaat belassen, ein weiterer Fehlschlag würde ihn alles kosten. Der Weiterbestand seiner Monarchie musste sein oberstes Ziel sein. Der offizielle Kurs Preußens blieb daher der der Neutralität, obwohl Friedrich Wilhelm mit seiner Friedenspolitik innerhalb der Staats- und Militärführung fast alleine dastand.

Verschwörung zum Krieg In Preußen waren die Befürworter des Krieges wie Stein, Scharnhorst oder Gneisenau zunehmend bereit, notfalls ohne Zustimmung Friedrich Wilhelms aktiv zu werden und ihn vor vollendete Tatsachen zu stellen. Hinter dem königlichen Rücken verhandelten sie mit den Vertretern der österreichischen Kriegspartei, tauschten Pläne aus und versuchten, ihre Kräfte zu bündeln. Dabei waren sie überzeugt, im wahren Interesse des Königs und der Monarchie zu handeln. In ihren Überlegungen spielten Volkserhebungen eine wesentliche Rolle. Von der Volksbewaffnung versprachen sie sich (zu) viel, wobei sie durch die Ereignisse in Spanien bestärkt wurden. Sie gingen beispielsweise davon aus, dass der spanische Sieg von Bailén im Juli 1808 von einem Volksaufgebot erkämpft worden sei, dabei hatte es sich vorrangig um Linientruppen gehandelt. Das Ziel war, wie Scharnhorst in einer Denkschrift im August 1808 formulierte, die „Befreiung von Deutschland durch Deutsche“.[99] Die Erhebung aller Deutschen gegen das napoleonische Joch.

Als militärstrategisches Erfolgsrezept sah man die Verbindung von regulären österreichischen (und hoffentlich preußischen) Truppen mit einem Guerillakrieg nach spanischem Vorbild; initiiert von Freikorps, mitgetragen von der Bevölkerung der Rheinbundstaaten. Dabei müsse man möglichst charismatische Anführer bieten, denen sich die mit der französischen Hegemonie unzufriedenen deutschen Untertanen anschließen konnten. Zeitgleiche Aufstände beispielsweise in Pommern und im Magdeburgischen, in Niedersachsen und Westphalen, in Hessen, Thüringen und auch Franken sollten Napoleons Herrschaft im Fundament erschüttern – die Armeen müssten ihr dann nur noch den Todesstoß versetzen. Diesen Plan versuchten Scharnhorst und Stein dem Preußenkönig bereits im Sommer 1808 schmackhaft zu machen. Stein schlug dazu ein Scheinbündnis mit Frankreich vor, während Preußen in Wirklichkeit an Österreichs Seite treten solle.

Bereits Monate vor dem Kriegsbeginn im April 1809 wurden Abmachungen getroffen und dabei auch die notwendige Finanzierung abgesprochen. Es wurden Vertrauensleute und Kontaktmänner gesucht und eingebunden, um ein Verschwörungsnetz zu knüpfen, auf das man zurückgreifen konnte. In diesem Zusammenhang sei auch der 1808 gegründete Tugendbund kurz erwähnt, dessen Ziele und Tätigkeiten recht unklar blieben. Stein, Scharnhorst oder Gneisenau waren anscheinend selbst keine Mitglieder, aber dennoch mit ihm verbunden; Ferdinand von Schill dürfte ihm angehört haben. Die Tugendbündler setzten auf eine Verbindung mit anderen patriotischen Vereinen und dürften unter anderem die Beeinflussung der öffentlichen Meinung für einen künftigen Volkskrieg gegen Napoleon als Aufgabe gesehen haben. Ende 1809 befahl der Preußenkönig die Auflösung des Tugendbundes.

Eine Vereinigung von Kriegsbefürwortern war auch das sogenannte Berliner Comité. Hier fanden sich hauptsächlich Militärs unter der Führung des Berliner Stadtkommandanten Ludwig August Graf von Chasot zusammen. Scharnhorst und Gneisenau galten innerhalb dieses Kreises als anerkannte Autoritäten. Das Comité erhielt finanzielle Unterstützung aus England, auch der österreichische Botschafter Johann Philipp Wessenberg wurde in Gespräche miteinbezogen. Das Berliner Comité sollte als eine Art Zentrale fungieren und Aufstände planen und koordinieren.

Da der König sich gegen den Krieg sträubte, suchte man in der preußischen Kriegspartei nach alternativen Wegen zur militärischen Unterstützung Österreichs. Chasot schlug Ende April 1809 vor, ein Freikorps zu Erzherzog Carl zu schicken. Gneisenau wollte, wie er in einem Brief Anfang April 1809 ausdrückte, die „Untätigkeit [...] nicht länger teilen" und fasste den Plan, eine „preußische Legion gegen Frankreich zu errichten"[100], die – bis Preußen in den Krieg eintrete – unter Österreichs Fahnen stehen und von England finanziert werden solle. General Blücher wollte den Österreichern unter dem Vorwand eines Manövers ein paar Tausend Mann zuführen.. Vorerst lehnte Stadion in Wien solche Pläne ab, denn man hoffte noch, Friedrich Wilhelm für den gemeinsamen Kampf zu gewinnen, und wollte ihn nicht vor den Kopf stoßen, indem man gegen sein ausdrückliches Verbot ein preußisches Korps aufstellte. Während Männer wie Stein, Scharnhorst und Gneisenau Operationspläne ausarbeiteten und mit Österreich zusammen den Befreiungskrieg in Deutschland initiieren wollten, zögerte Friedrich Wilhelm weiterhin. Am Wiener Hof dürfte man aber bis November 1808 davon ausgegangen sein, dass die Kriegspläne vom König unterstützt würden. Man rechnete fest mit einem Mitwirken Preußens und richtete die militärischen Operationspläne danach aus.

Der Freiherr vom Stein allerdings stolperte über einen Brief an den Fürsten Wilhelm zu Sayn-Wittgenstein-Hohenstein. Darin wies er auf die ständig in Deutschland zunehmende „Erbitterung" hin und dass es ratsam sei, „sie zu nähren und auf die Menschen zu wirken. Ich wünschte sehr, daß die Verbindungen in Hessen und Westfalen erhalten würden und daß man sich auf gewisse Fälle vorbereite [...] Die spanischen Angelegenheiten machen einen sehr lebhaften Eindruck [...] Man sieht hier den Krieg mit Österreich als unausbleiblich an [...]."[101] Der Brief wurde von den Franzosen abgefangen und im *Moniteur* wie auch weiteren Zeitungen publiziert. Für Steins Gegner war es ein willkommener Anlass, um auf seine Entlassung zu drängen, die schließlich am 24. November 1808 erfolgte. Auf seine Ächtung durch Napoleon hin ging Stein vorerst ins Exil nach Österreich; durch diese Ereignisse wurde er in seiner Haltung bestärkt und arbeitete in den folgenden Jahren umso verbissener auf Napoleons Sturz hin.

Für die Freiheit Europas

1809 schickten die Habsburger ein Nationalheer ins Feld: alles, was sie aufbieten konnten. Den Kern bildeten die Truppen des regulären Heeres, dazu kamen die Landwehreinheiten. Anfang März rief Erzherzog Carl noch zur Bildung von Freiwilligenbataillonen auf, „welche auch außer der erbländischen Gränze sich dem Dienste des Vaterlandes widmen würden, wenn es von einem Feinde bedroht werden sollte".[102] Die Freiwilligenbataillone sollten sich bewusst auch aus den schon bestehenden Landwehrmannschaften rekrutieren; manche Einheiten wie die sechs Wiener Landwehrbataillone meldeten sich sogar geschlossen zum Auslandseinsatz. Denn die Landwehr selbst war raumgebunden und durfte ihrer Bestimmung nach nicht außerhalb der Monarchie eingesetzt werden. Aber weil im Krieg angeblich alle Mittel erlaubt sind, wurden von der österreichischen Militärführung dann auch normale Landwehrtruppen mitgenommen.

Im Kampf um die pure Existenz der Monarchie, so hieß es, führe Erzherzog Carl die österreichischen Streitkräfte „dem Feinde entgegen, um dem gewissen nahen Angriff zuvorzukommen".[103] Österreich handelte, obwohl in der Propaganda mächtige Bundesgenossen angedeutet wurden, weitgehend auf eigene Faust. Wobei anzumerken ist, dass die verschiedenen antifranzösischen Konstellationen der Großmächte in den bisherigen Koalitionskriegen auch keinen Sieg gebracht hatten. Dennoch rechnete man am Wiener Hof damit, bald Verstärkung zu erhalten: Denn jetzt war der Zeitpunkt gekommen, um neben Plan A, dem Nationalkrieg der Habsburgermonarchie, auch Plan B in die Tat umzusetzen: den gesamteuropäischen Befreiungskrieg.

Der Krieg begann mit dem Vorstoß der Hauptarmee nach Bayern am 9. April. Die Armeen unter Erzherzog Ferdinand und Erzherzog Johann rückten im Großherzogtum Warschau beziehungsweise in Italien vor; sie dienten vorwiegend der Deckung der Hauptarmee und der Sicherung der Habsburgermonarchie. Nun setzte außerhalb Österreichs die

Der Aufruf „An die deutsche Nazion" wurde von Friedrich Schlegel verfasst und von Erzherzog Carl unterzeichnet: „Wir überschreiten die Gränze nicht als Eroberer, nicht als Feinde Deutschlands: Nicht, um deutsche Verfassungen, Rechte, Sitten und Gebräuche zu vernichten, und fremde aufzudringen: Nicht, um Throne zu stürzen, und damit nach Willkühr zu schalten: Nicht, um Deutschlands Habe uns zuzueignen, und deutsche Männer in entfernten Unterjochungs-Kriegen aufzuopfern. Wir kämpfen, um die Selbstständigkeit der österreichischen Monarchie zu behaupten – um Deutschland die Unabhängigkeit und die Nazional-Ehre wieder zu verschaffen, die ihm gebühren.

Dieselben Anmaßungen, die uns jetzt bedrohen, haben Deutschland bereits gebeugt. Unser Widerstand ist seine letzte Stütze zur Rettung. Unsere Sache ist die Sache Deutschlands. Mit Oesterreich war Deutschland selbstständig und glücklich; nur durch Oesterreichs Beystand kann Deutschland wieder beydes werden.

Deutsche! Würdigt Eure Lage! Nehmt die Hilfe an, die wir Euch bieten; Wirkt mit zu Eurer Rettung! […] [N]ur der Deutsche, der sich selbst vergißt, ist unser Feind."[104]

Propaganda richtig ein. Nach dem Vorbild der französischen Revolutionäre und Napoleons versuchte man, sich der Bevölkerung im Feindesland als Erlöser zu präsentieren; nur gegen Napoleons Vorherrschaft und die mit ihm verbündeten Fürsten, nicht aber gegen deren Untertanen richte sich die Aggression. Im Gegenteil: Es sei im ureigenen Interesse der Deutschen, Italiener und Polen, sich den österreichischen Truppen anzuschließen. „Sie ziehen heran für Euch zu kämpfen, Euch zu retten von Unterdrückung und Schmach“[105], hieß es in einer anonymen Flugschrift; sie kämen, „um allen Nazionen von Europa jene Unabhängigkeit zu sichern, die durch eine Reihe von bekannten, unläugbaren Gewalthandlungen bedrohet wird, welche eine unvermeidliche gänzliche Unterjochung und Sklaverey herbey führen müssen“[106], wie Erzherzog Johann den Italienern verkündete. Die Habsburgermonarchie führe nicht für sich alleine Krieg, wie Carl in seinem Armeebefehl vom 6. April an seine Truppen betonte, sondern „die Freyheit Europens hat sich unter unsere Fahnen geflüchtet; Eure Siege werden ihre Fesseln lösen, und Eure deutschen Brüder – jetzt noch in feindlichen Reihen – harren auf ihre Erlösung“.[107] Man zählte auf die „Gährung“[108], die Stadion in ganz Norddeutschland zu erkennen glaubte. Der Krieg sollte den berühmten Funken für das Pulverfass liefern und einen deutschen beziehungsweise europäischen Volkskrieg gegen Frankreich entzünden.

Antinapoleonische Volksbewegungen im Feindesland waren Teil des österreichischen Kriegsplans. Alles, um den Gegner zu schwächen, seine Nachschublinien zu gefährden, ihn im Rücken zu beunruhigen. Die Aufrufe an die Bevölkerung zum gemeinsamen Handeln hatten noch einen weiteren Hintergrund: Der Krieg war teuer und Österreich finanziell ausgeblutet. Nicht zuletzt aus finanziellen Gründen hatte man den Beginn der Kampfhandlungen auf das Frühjahr 1809 gelegt – länger konnte man die Truppen nicht erhalten! Nach Kriegsbeginn wollte man die Kosten auf die besetzten Länder abwälzen, durch Requisitionen, Kontributionen und Beschlagnahmung des Staatseigentums den weiteren Kampf finanzieren. Vorrangig war es die Aufgabe der Generalintendanten und Hofkommissäre, im Feindesland die zivile Verwaltung zu übernehmen und auf die dortigen Ressourcen zuzugreifen. Doch solle dabei, so betonte der Bruder des Außenministers, Friedrich

Stadion, der Rhetorik des gemeinsamen Befreiungskrieges entsprechend eine Vorgehensweise gewählt werden, die „mehr auf Mitwirkung der Lande zu dem allgemeinen Zweck, als auf eine feindliche Bedrückung"[109] hindeute. Eine Generalinstruktion gab den Intendanten und Hofkommissären die Argumentationslinie vor: „Wenn Sie den Reklamanten begreiflich machen, daß sie durch diese augenblickliche Anstrengung dem von Napoleon eingeführten System einer ewigen Plünderung entgehen, und in einen Zustand von Unabhängigkeit, Sicherheit und Ruhe versetzt werden sollten, [...] wenn Sie die Unmöglichkeit vorstellen, daß Östreich die Unkosten der Befreyung Europas allein tragen soll, wenn Sie die Betrachtung geltend machen, daß bey dem besten Willen der Völker doch die gegenwärtige drückende Lage vorzüglich durch die schiefe und kleinliche Politik der deutschen Regierungen herbeygeführt worden sei, daß sie also billigerweise auch die Folgen davon zu tragen hätten; so kann es nicht fehlen, daß sie den guten Willen auch für außerordentliche Anstrengungen gewinnen, und die Überzeugung von der Unvermeidlichkeit unserer Maaßregeln begründen [...] So wie in den eigenen Erbstaaten alles aufgeboten wurde, um den Kampf für Selbstständigkeit mit der höchsten Kraft zu unternehmen, so müssen auch die fremden Staaten mit allem Nachdruck zu den äußersten Kosten aufgeboten werden."[110].

Auffällig war, dass den mit Napoleon verbündeten Herrschern, in deren Staaten die habsburgischen Truppen vordrangen, nicht der Krieg erklärt wurde. Ebensowenig wurde ihre Absetzung proklamiert, auch wenn sie sich einem Bündniswechsel verweigerten und Napoleon treu blieben. Das ist aber verständlich: Eine Kriegserklärung passte nicht zur Rhetorik des Befreiungskrieges und zum Image der Erlöser und Retter, das den österreichischen Truppen verpasst wurde. Die größten Hoffnungen richtete der Wiener Hof auf die Rheinbundstaaten. Hier konnte man an die Tradition des Alten Reichs anknüpfen, an den Reichspatriotismus appellieren und die Autorität von Franz als wahren Kaiser der Deutschen ausspielen, womit der Krieg auch moralisch legitimiert wurde. Ihm und nicht Napoleon müssten sie sich treu zeigen. Erzherzog Carl, der im Ersten Koalitionskrieg aufgrund seiner Erfolge den vielversprechenden Beinamen „Retter Germaniens" erhalten hatte, wurde bewusst zum ebenbürtigen Gegenspieler Napoleons stilisiert.

Das wichtigste Argument für einen gesamteuropäischen Befreiungskrieg konnten die Österreicher jedoch nicht liefern: einen überzeugenden Sieg auf dem Schlachtfeld. Einen solchen hatte Friedrich Wilhelm als eine seiner Bedingungen genannt. Auch in der Bevölkerung zeigte sich dieselbe Haltung: Erst einmal abwarten, bevor man Kopf und Kragen riskiert. Friedrich Stadion hatte seinen Bruder Philipp gewarnt: „Rechne auf nichts von Seiten der Völker, wenn wir keinen Erfolg haben."[111]

Krieg in Bayern Für Napoleon und seine Verbündeten kam der Angriff der Österreicher keineswegs überraschend. Der französische Kaiser hatte vorab aus Paris seine Befehle zum Truppenaufmarsch übermittelt, der bis zum 15. April abgeschlossen sein sollte. Den Angriff erwartete er etwa zu diesem Zeitpunkt. Die Strategie der Österreicher ging dahin, durch möglichst viele Kriegsschauplätze und regionale Volkserhebungen Napoleon zur Aufteilung seiner Kräfte zu zwingen. Nur spielte dieser nicht mit. Er zog alle verfügbaren Truppen unter seinem Kommando zusammen und suchte die Entscheidungsschlacht.

Der bereits vom 9. bis 11. April erfolgende Übergang der habsburgischen Truppen über den Inn verschaffte Erzherzog Carl einen Vorteil. Die einzelnen Heeresteile der napoleonischen *Grande Armée d'Allemagne* hatten sich noch nicht zusammengeschlossen und hätten vielleicht noch einzeln geschlagen werden können. Doch Carl glaubte, seinen Truppen keinen Gewaltmarsch zumuten zu können, und die bayerischen Truppen wichen Napoleons Befehl gemäß einem Kampf aus. Immerhin konnten die Österreicher Landshut, München und Nürnberg besetzen.

Eine Überraschung gab es dennoch. Vom Übergang der Österreicher über den Inn wusste Napoleon in Paris dank des von ihm geförderten optischen Telegrafennetzes schon am 12. April. Einen Tag später brach er auf, am 17. April traf er am Kriegsschauplatz ein und übernahm das Oberkommando. Das wirkte sich auf die Moral aus: begeisternd auf Napoleons Truppen, verheerend auf die österreichische Militärführung. In mehreren Schlachten vom 19. bis 23. April zwischen der Isar und der Donau, unter anderem bei Eggmühl und zuletzt bei Regensburg, drängte Napoleon die Österreicher in die Defensive und zum Rückzug

Von Napoleons Ankunft in Süddeutschland wurde die österreichische Hauptarmee unter Erzherzog Carl überrascht. In seinem Tagebuch berichtete Carl Friedrich Freiherr Kübeck von Kübau, wie begeistert und siegessicher die französischen und rheinbündischen Truppen durch die Anwesenheit des Kaisers waren – und wie man im habsburgischen Lager darauf reagierte: „Um sieben Uhr Abends [20. April 1809] brachte man den schwer verwundeten Obersten von Koburg-Infanterie, Herrn von Lilienberg, der kaum in einem Privathause untergebracht, von dem Grafen Zichy, den Baron Lederer und ich begleiteten, einen Besuch erhielt. Der Oberst ließ sich nicht günstig über die Leitung der östreichischen Armee vernehmen, meinte, man habe über die unerwartete Nachricht von der Ankunft Napoleons, den Kopf verwirrt und die Affaire sei so ziemlich als verloren anzusehen. Diese Äußerungen wirkten auf unsern verehrten Grafen tarantistisch [wie von der Tarantel gestochen]. Die Frage war, was zu thun? – bleiben – um Gottes willen nicht – gehen – ja, um jeden Preis, aber wohin? Mitten in diesen Deliberazionen [Überlegungen] füllte sich die Stadt immer mehr und mehr mit Verwundeten, Flüchtigen, Karren, Wägen und Zugvieh. In solchen Fällen, werden die Leute eigenthümlich, Jeder sehnt sich nach einem schützenden, sichernden Befehl, und Jeder schmäht über die Befehlenden."[112]

in die Habsburgermonarchie, nach Böhmen. Zur militärischen Niederlage gesellte sich eine weitere: Die tapferen Krieger Bayerns dachten wie die Polen und die Italiener gar nicht daran, zu den Österreichern überzulaufen. Sie blieben Max I. Joseph treu.

Für den bayerischen König kam es nicht infrage, die Seiten zu wechseln, wobei er auf die antiösterreichische Stimmung in seinem Land zählen konnte. Die Erinnerung an den Bayerischen Erbfolgekrieg 1778/79, als „Kartoffelkrieg" oder „Zwetschgenrummel" verharmlost, oder an das Betragen der Habsburgischen im Dritten Koalitionskrieg 1805 waren Anlass, den Österreichern wieder einmal Gelüste auf bayerisches Land zuzuschreiben. Abgesehen davon, dass Napoleon auch in diesem Krieg offensichtlich der Stärkere war, war der französische Kaiser der Garant des bayerischen Besitzstandes. Der Protektor. Wie man erleben musste, wollte sich Österreich Tirol zurückholen; und von einer etwaigen Erneuerung des Alten Reichs war zu fürchten, dass dann ebenfalls viele Zugewinne der letzten Jahre zurückgegeben werden mussten.

Freikorps und Volksaufstände

Was wurde aus all den Verschwörungen und den ehrgeizigen Aufstandsplänen der letzten Monate? Sie wurden nun realisiert. Die Aufstände brachen los - und hielten sich in manchen Fällen ein paar Wochen, manchmal auch nur wenige Stunden. Eine flächendeckende antinapoleonische Bewegung konnte nicht erreicht werden. An dieser Stelle sollen nur einige Beispiele des Jahres 1809 skizziert werden.

Das Königreich Westphalen unter Jérômes Herrschaft war ein Hauptziel. Hier hofften die Gegner Napoleons auf die Loyalität der Bewohner gegenüber den rechtmäßigen Herrschern, die 1806/07 vertrieben worden waren: Herzog Friedrich Wilhelm von Braunschweig und Kurfürst Wilhelm von Hessen. Die Zeit für eine Volkserhebung war günstig: Der Großteil der französischen Truppen war für den Krieg gegen Österreich abgezogen worden, während westphälische Rekruten für den Einsatz in Spanien ausgehoben wurden; und nichts war verhasster als der Wehrdienst. Der ehemalige preußische Offizier Friedrich Christian Karl David von Katte überfiel mit etwa hundert Mann am 2. April 1809 von Preußen aus die westphälische Stadt Stendal. Sie erklärten, dass sie als Freunde kämen und dass ihr Unternehmen Teil eines groß angelegten Plans sei, um die napoleonische Herrschaft zu beseitigen. Von Stendal aus machte sich das Freikorps auf den Weg nach Magdeburg, wurde jedoch in einem Gefecht mit westphälischen Soldaten geschlagen. Nicht zuletzt auf den Rat des Berliner Stadtkommandanten Chasot hin löste Katte in seiner aussichtslosen Lage das Freikorps auf und floh nach Böhmen, wo er sich dem Herzog von Braunschweig anschloss. Kattes Aufstandsversuch dauerte nur wenige Tage.

Jérômes Königreich Westphalen war aber nur eine kurze Pause vergönnt. Unter der Führung des Offiziers Wilhelm Kasper Ferdinand Freiherr von Dörnberg und des Friedensrichters Siegmund Peter Martin kam es bei Kassel zum Aufstand. Beide standen im westphälischen Staatsdienst, Dörnberg hatte in diesem sogar Karriere gemacht. Sie hatten zuerst getrennte Pläne verfolgt, sich dann aber zusammengeschlossen. Allerdings schlugen manche Verbindungsleute zu früh los, auch Martin selbst. Dadurch erfuhr Jérôme von der Insurrektion und konnte sich vor seiner geplanten Gefangennahme retten; Dörnberg wurde am Hof verraten, floh nach einem verlorenen Kampf zuerst zum Kurfürsten von Hessen und schloss sich dann mit einigen Offizieren ebenfalls dem Herzog von Braunschweig an.

In Verbindung mit Katte und Dörnberg stand Ferdinand von Schill. Er hatte sich 1806/07 bei der Verteidigung der preußischen Festung Kolberg den Ruf eines verwegenen Helden erworben. Eine bessere Identifikationsfigur konnte man sich gar nicht wünschen! „Durch Schills Popularität und allverbreiteten Namen können noch schöne Dinge gethan werden; wir müssen daher solchen verherrlichen, so viel wir können“[113], war Gneisenau Anfang Februar 1809 überzeugt. Schills Kavalleriekorps, das „2. Brandenburgische Husaren-Regiment von Schill“, war in Berlin stationiert. Im Mai 1808 hielt sich Major Schill in Königsberg auf, wo er in persönlichem Kontakt sowohl zur Königsfamilie wie auch zu den Hauptakteuren der preußischen Kriegspartei stand. Ebenso dürfte sein Unternehmen Teil der Planungen des Berliner Comités gewesen sein. Vom österreichischen Botschafter Wessenberg und von England erhielt er wahrscheinlich finanzielle Unterstützung. Scharnhorst schrieb zu Beginn des Jahres 1809 an Schill: „Haben Sie ein gutes Auge auf die Dinge in Oesterreich; der Krieg wird dort ganz wahrscheinlich in diesem Jahre noch ausbrechen, vielleicht schon zum Frühjahr. Wir müssen alsdann überall fertig sein, um den kleinen Krieg zu unternehmen, und auf Sie rechne ich dabei am meisten. Es wäre gut, wenn Sie sich alsdann Magdeburgs zu bemächtigen suchten und Mitteldeutschland insurgirten. An Teilnahme wird es Ihnen unter der dortigen Bevölkerung nicht fehlen. Doch warten Sie das Zeichen ab, und übereilen Sie nichts.“[114] Als der Bauer Albert Heinrich Romberg, ein Mittelsmann zwischen Schill und seinen westphälischen Kontaktleuten, am 10. April mit Briefen abgefangen wurde, bekam die westphälische Staatsführung zwar nichts Konkretes in die Hand, doch es genügte für eine Beschwerde beim preußischen König. Friedrich Wilhelm zitierte Chasot und Schill nach Königsberg.

Jetzt? Wo die Gelegenheit gekommen war? Am 15. April wusste man in Berlin, dass Österreich den Krieg gegen Frankreich begonnen hatte und in Tirol ein Volksaufstand ausgebrochen war. Angeblich erhielt Schill durch einen Boten am 27. April eine Depesche aus Königsberg, in der er zum Handeln aufgefordert wurde. Es ist nicht von der Hand zu weisen, dass seine Hintermänner - vermutet werden Scharnhorst und Gneisenau - bewusst einen illegalen Einsatz Schills initiierten, um damit auch Friedrich Wilhelm zum Handeln zu zwingen. Am 28. April rückte Schills Husarenregiment zu einem angeblichen Manöver aus. Kurz darauf versammelte er seine Offiziere und legte ihnen seinen Plan dar, in Norddeutschland einen Aufstand gegen die napoleonische Herrschaft auszulösen. Dabei berief er sich auf einen höheren Befehl, den er aber nicht näher erklären dürfe. Die Offiziere stimmten zu. Dann ging's los. Was weder Schill noch seine Männer zu jenem Zeitpunkt wussten, war, dass die Österreicher von Napoleon geschlagen schon auf dem Rückzug waren.

Von Berlin aus marschierte Schill mit seinen Männern durch das Königreich Sachsen und die anhaltinischen Fürstentümer; Anfang Mai fielen sie in Westphalen ein. In kleinere Gruppen aufgeteilt, unternahmen sie Streifzüge in verschiedene Ortschaften. Das Ziel war es, die dort stationierten Militäreinheiten zu entwaffnen, öffentliche Kassen zu erbeuten und die Bevölkerung zum Mitmachen zu gewinnen. In seinem Aufruf *An die Deutschen* forderte Schill die „in den Ketten eines fremden Volkes schmachtenden Brüder“[115] zum gemeinsamen Kampf auf. Bei den Bewohnern trafen sie kaum auf Gegenwehr - erhielten aber auch nur wenig Zulauf. Zwar schlossen sich Freiwillige an, unter denen sich sowohl ehemalige Offiziere wie auch Zivilpersonen fanden; Verstärkung kam auch aus Berlin, Husaren und das leichte Infanteriebataillon „von Schill“ zogen nach. Insgesamt gelangte das Korps vermutlich nie über eine Stärke von 2000 Mann hinaus.

Am 14. Mai wurde der Parolebefehl Friedrich Wilhelms vom 8. Mai publiziert, in dem er Schills Unternehmung verurteilte. Spätestens jetzt wurde den Teilnehmern des Freikorps klar, dass sie auf eigene Faust und ohne königlichen Auftrag handelten. Die Legitimierung durch den König, von der viele ausgegangen waren, fehlte. Ab Mitte Mai verließen zahlreiche Mitglieder das Korps und baten ihren preußischen Landesherrn um Pardon. Zusätzlich verschlechterte sich die militärische Position in Westphalen, sodass sich Schill und seine Offiziere für den Rückzug nach Norddeutschland entschieden. Am 31. Mai fiel Schill selbst in heftigen Straßenkämpfen in Stralsund.

In Marburg an der Lahn planten der Medizinprofessor Johann Heinrich Sternberg und der ehemalige Oberst Andreas Emmerich einen Aufstand mit Bauern und ehemaligen hessischen Soldaten. Sie fanden aber kaum Unterstützung in der Bevölkerung; nach nur zwei Stunden war alles vorbei und die beiden Anführer wurden hingerichtet.

Totenköpfe und Zöpfe Längere Dauer war der Unternehmung des Schwarzen Herzogs, Friedrich Wilhelm von Braunschweig, beschieden. Er, dem Napoleon sein Erbe geraubt hatte, bot den Österreichern seine Dienste für den kommenden Krieg an. Unter falschen Namen, beispielsweise als Kaufmann Schultz, reiste er im Januar und Februar 1809 nach Wien. Mit Erzherzog Carl wurde er sich schnell über die Aufstellung eines Freikorps einig.

Laut der geheimen Konvention vom 25. Februar 1809 musste Österreich Ausrüstung, Verpflegung und Waffen liefern, während der Herzog die Mannschaft anwarb. Dazu setzte Friedrich Wilhelm auch seine privaten Mittel ein. Mit seinem Plan, mittels Freikorps eine Volkserhebung in Norddeutschland auszulösen, rannte er in Wien offene Türen ein. Auf Ablehnung stieß hingegen seine Person: Der Herzog von Braunschweig war Stadions Meinung nach ein Draufgänger, ein roher und ungebildeter Soldat – aber kein Politiker. Der Krieg erforderte jedoch alle Mittel, jede Hilfe, die man bekommen konnte. Da schloss man schon mal einen Pakt mit dem Teufel, zumal der Herzog als entthronter rechtmäßiger Regent für eine Volkserhebung in Westphalen mehr als geeignet war.

Sein Freikorps sollte zwar unabhängig sein, aber eng mit der österreichischen Hauptarmee zusammenarbeiten. Es stand allen Deutschen offen. Eine intensive Werbung war in den mit Napoleon verbündeten Rheinbundstaaten undenkbar, sodass vor allem Preußen infrage kam, obwohl König Friedrich Wilhelm seinen Untertanen den Beitritt zu fremden Freikorps verboten hatte. Aufgrund der Pariser Konvention zwischen Preußen und Frankreich hatte ein Großteil der preußischen Truppen entlassen werden müssen – gut ausgebildete Soldaten und Offiziere, die nun auf der Straße standen. Der Name Braunschweig war ihnen bekannt, mehr als das: Viele Offiziere kannte der Herzog persönlich. Schließlich war sein Vater in der preußischen Armee Feldmarschall gewesen und er selbst hatte es bis zum General gebracht. Darauf konnte man auch ein Freikorps aufbauen. Bewohner der Habsburgermonarchie blieben vom Korps ausgeschlossen – die eigenen Leute brauchte man selbst dringend. Obwohl der Herzog von Braunschweig Freiwillige durch die Zahlung eines Handgeldes quasi als Söldner warb und beispielsweise die Einwohner Braunschweigs, seine eigentlichen Untertanen, zum Kampf aufrief, erreichte auch sein Korps nie die Sollstärke von 2000 Mann.

Nach der Niederlage der österreichischen Hauptarmee auf dem bayerischen Kriegsschauplatz Ende April sollte der Herzog laut Erzherzog Carl in Böhmen bleiben, um dieses habsburgische Land gegen Angriffe zu decken, was ihm aber gar nicht passte. Friedrich Wilhelm wollte offensiv vorgehen, dem Feind entgegen. Dazu erhielt er nach dem Erfolg der Österreicher bei Aspern am 21./22. Mai die Gelegenheit. Im Rückgriff auf den ursprünglichen Operationsplan – und auch als Ablenkungsmanöver – rückte das Freikorps Braunschweig zusammen mit österreichischen Truppen im Juni in Sachsen vor. An den bald darauf folgenden Waffenstillstand Mitte Juli 1809 fühlte sich der Herzog von Braunschweig nicht gebunden, da er Verbündeter und kein Untergebener der Habsburgermonarchie war. Mit seinem Korps, das aufgrund der schwarzen Kleidung und dem weißen Totenkopf am Tschako „Totenköpfe“ oder die „Schwarze Schar“ genannt wurde, zog er über Sachsen nach Westphalen. Er wollte sich mit Schill vereinigen, nicht wissend, dass dieser schon Ende Mai gefallen war.

Nach ein paar militärischen Erfolgen in Westphalen sah sich Herzog Friedrich Wilhelm einer unbezwingbaren französischen Übermacht gegenüber: Allein auf weiter Flur, die übrigen Aufstandsversuche gescheitert, die Österreicher geschlagen und auf dem steinigen Weg zum Frieden, Preußen weiterhin neutral – derart isoliert war sein Unternehmen nur noch ein Selbstmordkommando. Also brach er es ab und schlug sich zur Küste durch. Zusammen mit 1600 Mann schiffte er sich auf englischen Schiffen ein und trat in britische Dienste, um den Kampf gegen Napoleon auf der Iberischen Halbinsel fortzusetzen. Der Schwarze Herzog selbst fiel in den letzten Gefechten gegen Napoleon nach dessen Flucht von Elba am 16. Juni 1815 bei Quatre-Bras.

Bei Kurfürst Wilhelm I. von Hessen-Kassel sah die Sache ähnlich aus. Sein angestammtes Territorium gehörte nunmehr ebenfalls zum Königreich Westphalen, er selbst hatte sich mit seinem Vermögen nach Böhmen retten können. Auch mit ihm schloss die Wiener Regierung im März 1809 eine Konvention, wonach der Kurfürst auf seine Kosten ein Freikorps aufstellen solle. Jedoch hatten die Zeitgenossen den Eindruck, dass er mehr Wert auf das äußere Erscheinungsbild seiner Truppe lege als auf den tatsächlichen Kampf gegen Napoleon. Er bestand auf hessischen Uniformen und altmodischen, gepuderten Zöpfen. Erzherzog Carl drängte am 24. Mai nach der erfolgreichen Schlacht von Aspern: „Dieser Augenblick scheint günstiger als je einer zu sein, um das brave hessische Volk durch die Nähe ihres rechtmäßigen Fürsten zu beleben."[116] Allerdings waren bis Ende Mai erst etwa 400 Mann für das Freikorps angeworben worden, ein Großteil davon marschierte Anfang Juni ab und kämpfte an der Seite der Braunschweiger und Österreicher in Sachsen.

Von englischer Seite geplante Landungsunternehmen in Norddeutschland, beispielsweise an der Weser oder Elbe, hatten keine wesentliche Bedeutung für den Kriegsverlauf. Der Befreiungskrieg scheiterte. Die Fürsten blieben Napoleon treu. Weder desertierten die Rheinbundtruppen zu den Österreichern, noch erhob sich die Bevölkerung in Masse gegen die Fremdherrschaft. Mit dem Rückzug der habsburgischen Truppen Ende April 1809 wurde der Befreiungskrieg ohnehin hinfällig – an wessen Seite und unter welcher Führung hätten denn die Deutschen nun gegen Napoleon kämpfen sollen?

Wenn Mars versagt, rettet Venus

Und wie sah es mit dem Nationalkrieg in der Habsburgermonarchie selbst aus? Nach nicht einmal drei Wochen Krieg schlug die Offensive in die Defensive um. Die österreichischen Truppen zogen sich geschlagen auf das eigene Staatsgebiet zurück, während Napoleon gewaltsam vordrang. Nach der Niederlage von Regensburg hielt Erzherzog Carl den Krieg für entschieden, vorbei, er wollte nur noch Frieden und in Verhandlungen von der Monarchie retten, was noch zu retten war; aber Napoleon würdigte ein diesbezügliches Angebot keiner Antwort. Aus dem Präventivkrieg wurde ein echter Verteidigungskrieg und Österreich zum Kriegsschauplatz. Dem Konzept nach war die Landwehr zur Verteidigung des Landes vorgesehen; jetzt war sie dringend nötig. Kaiser Franz befahl, nahe Teile der innerösterreichischen Landwehr längs der Enns aufzustellen – unmöglich: Erzherzog Johann hatte die Landwehrbataillone Kärntens und der Steiermark zur Armee gezogen. Die Vaterlandsverteidiger waren nicht da, wo man sie so dringend benötigte. Volk für den Volkskrieg war jetzt nötig! Auf Befehl des Kaisers wurden Proklamationen veröffentlicht, die um Freiwillige warben, wenn möglich bewaffnet und beritten. Nur für die Dauer des Krieges und mit dem lockenden Versprechen, danach sofort entlassen zu werden und für immer von jedem weiteren Militärdienst befreit zu bleiben.

Erzherzog Maximilian rief in Niederösterreich die waffenfähigen Untertanen zur Verteidigung auf. In der Steiermark gab es ähnliche Bemühungen der Obrigkeit. Ohne Erfolg. Der Brucker Kreishauptmann meldete eine prinzipiell gute Stimmung in der Bevölkerung, aber es sei „bekannt, daß der Feind Gemeinden, die ohne militärische Organisation Widerstand leisten, als Aufrührer behandelt und bestraft. Das Besorgnis der Insassen des Brucker Kreises ist also nicht ganz ungerecht."[117] Verteidigung des Vaterlandes – prinzipiell ja! Selbstmord – nein!

Carl zog sich mit der Hauptarmee nach Böhmen zurück und erwartete, dass Napoleon ihn verfolgen würde. Kaiser Franz hingegen forderte die sofortige Rückkehr der Hauptarmee auf das linke Donauufer und die Verteidigung Österreichs, Wiens! Aber Carl glaubte nicht, dass Napoleon gegen Wien marschieren würde – nicht mit der österreichischen Armee in seiner Flanke. Das würde er nicht wagen. „Die Militärs räsonnieren, als wenn Napoleon der Erzherzog Carl oder einer unserer Generäle wäre"[118], klagte Graf Stadion. Denn Napoleon war nicht Carl. Die Einnahme der Hauptstadt, der kaiserlichen Residenz, war immer ein starkes Signal des Sieges. Nach seinen Erfolgen in Süddeutschland hatte Napoleon seinen Soldaten im „Tags-Befehl" vom 24. April verkündet, dass seine Avantgarde bereits den Inn passiert habe – „und ehe ein Monath verfließt, sind wir in Wien".[119] Am 10. Mai erreichte er die österreichische Hauptstadt. Ein Teil seiner Offiziere und Mannschaften dürfte die Stadt noch aus dem Jahr 1805 in Erinnerung haben. Der Hof samt Kaiserin und die Behörden hatten Wien bereits verlassen; das Hauptarchiv und bedeutende Kunstschätze wurden nach Ungarn in Sicherheit gebracht; auch zahlreiche adlige Familien suchten Zuflucht auf ihren Landgütern. Erzherzog Maximilian sollte mit Linientruppen, Landwehreinheiten und Freiwilligen die Stadt verteidigen, bis Erzherzog Carl mit der Armee käme. Hinter den Mauern der Innenstadt konnten sich die Wiener anfangs noch recht sicher fühlen, die Vorstädte wurden gar nicht erst zu halten versucht. Man schien zur Verteidigung entschlossen.

Die Bombardierung vom 11. und 12. Mai bot vor allem in den Nachtstunden ein eindrucksvolles Schauspiel für die Stadtverteidiger auf den Wällen. Die daraus resultierenden Feuersbrünste dämpften die Begeisterung erheblich. Erzherzog Maximilian, der zuvor erklärt haben soll, „er lasse sich lieber von den Mauern zerschmettern, als Wien zu übergeben“[120], rückte zur Verbitterung der Stadtbewohner mit seinen Truppen am 12. Mai ab. Ohne Militär war es sinnlos, die Stadt halten zu wollen. Die Bürger kapitulierten und die Franzosen zogen ein. „So waren denn alle die Anstrengungen, so manches Leben, welches für die Idee der Stadtvertheidigung gefallen war, so viele Vorbereitungen und Entschlüsse vergeblich – und das ganze eigentlich eine leere Ostentation [Prahlerei] gewesen!“, schrieb Caroline Pichler. „Da hätte man nicht bedurft, die Einwohner zu schrecken, sie so manchen Plackereien zu unterwerfen, so manches Haus den Flammen zu überliefern, so vieler Menschen Gesundheit und Leben, die in der Nacht des Bombardements gelitten, auf's Spiel zu setzen, wenn der Widerstand nicht länger als 24 Stunden dauern sollte.“[121] Die Wiener arrangierten sich mit der Besatzung, so gut sie konnten. Und zur Unterhaltung konnte man nun nach Schönbrunn hinausfahren und „Napoleon schauen“.

Eines der ersten Ziele Napoleons nach der Einnahme Wiens war es, das Volk aus dem österreichischen Volkskrieg zu lösen. Bereits am 14. Mai befahl er von seinem Hauptquartier in Schönbrunn aus die Auflösung der Landwehr. Er erklärte, ihre Angehörigen nicht als Kombattanten anzuerkennen und als außerhalb des Völkerrechts stehend zu behandeln. Wer heimgehe, erhalte Generalpardon; jenen Offizieren, die sich weigerten, drohe das Niederbrennen ihrer Häuser und der Einzug ihres Vermögens. Ebenso versuchte Napoleon, einen Keil zwischen Habsburgerdynastie und Untertanen zu treiben. In einer Proklamation

Von der kampflosen Aufgabe Wiens enttäuscht zeigte sich Graf Eugen von Czernin und Chudenic: „Der kriegerische Geist der guten Wiener war am 12. Mai so ziemlich erloschen. [...] Trotz seiner pompösen Proklamationen beeilte er [Erzherzog Maximilian] sich hierauf, über Hals und Kopf davonzuziehen, die Stadt ihrem Schicksale überlassend. Wie sehr man Besonnenheit und Umsicht vergessen hatte, davon gaben zahlreiche Vorfälle traurige Beweise. Hätte man die Hausbesitzer und Bewohner, sowie man von der nahen Beschießung Nachricht erhielt, gewarnt, es wäre kaum ein Gebäude abgebrannt.

Eine furchtbare Vergeßlichkeit hatte sich der leitenden Militärbehörden bemächtigt. Sie vergaßen, daß in den Gängen der kaiserlichen Burg eine große Menge Pulverfässer aufgehäuft waren – eine platzende Granate hätte die ganze Kaiserburg in die Luft sprengen können. Sie vergaßen bei ihrer eiligen Flucht sogar 12 Generale, die von dieser letzteren keine Ahnung hatten und daher in Gefangenschaft gerieten. Sie vergaßen Vorräte, Menschen, Geld, alles, nur ihre eigene Sicherheit nicht."[122]

vom 15. Mai forderte er die Ungarn auf, sich einen eigenen König zu wählen.

Wien war besetzt, Napoleon residierte in Schönbrunn. Wie sollte es weitergehen? Carl drängte auf Frieden. Stadion wünschte die Entlassung Carls und verlangte die Weiterführung des Krieges: Er forderte eine österreichische Offensive gegen Ansbach-Bayreuth, Sachsen und Franken, zumal Sachsen kaum Truppen zur Verteidigung hatte. Reguläre Einheiten sollten im Verein mit böhmischer Landwehr und den Freikorps des hessischen Kurfürsten und des Herzogs von Braunschweig vorrücken; Zusammenarbeit mit Schill. Stadion wollte seine Pläne für eine deutsche Erhebung noch nicht aufgeben. Carl hingegen kam es nur mehr auf den Schutz der Habsburgermonarchie an.

Der überraschende Sieg der Österreicher bei Aspern am 21./22. Mai stellte die erste militärische Niederlage Napoleons auf dem Schlachtfeld dar. Carl wollte den Triumph für einen günstigen Friedensschluss nützen, da er die österreichische Position stärkte. Doch die Vertreter der österreichischen Kriegspartei sahen sich durch Aspern geradezu beflügelt. Anfang Juni rückten habsburgische Truppen und Mannschaften der Freikorps nach Sachsen sowie Bayreuth vor und besetzten Dresden und Leipzig. Aber auf den Erfolg von Aspern folgte die Niederlage bei Wagram am 5./6. Juli. Wenige Tage später konnte Napoleon seiner Gemahlin Joséphine zufrieden berichten, dass alles nach seinen Wünschen verlaufen sei: „Meine Feinde sind vernichtet, geschlagen und gänzlich in Unordnung; sie waren sehr zahlreich, und ich habe sie zerschmettert. Meine Gesundheit ist heute sehr gut; aber gestern bin ich ein wenig krank von einem Gallen-Erguß gewesen, welcher durch viele Anstrengung verursacht worden war [...].“[123] Nach unentschiedenen Gefechten bei Znaim schloss Erzherzog Carl am 12. Juli eigenmächtig einen Waffenstillstand. Kaiser Franz musste ihn zähneknirschend annehmen.

Der Kriegsverlauf führte auch zu einem Wechsel an der Staatsspitze. Stadion, der zwar offiziell noch bis Anfang Oktober im Amt blieb, wurde als Außenminister durch Metternich ersetzt; Carl verlangte am 23. Juli 1809 seine Entlassung. Bereits am 10. August formulierte Metternich gegenüber dem Kaiser die Leitlinie der künftigen österreichischen Politik: „Wir müssen also vom Tage des Friedens an unser System auf ausschließendes Laviren, auf Ausweichen, auf Schmeicheln beschränken. So allein fristen wir unsere Existenz vielleicht bis zum Tage der allgemeinen Erlösung.“[124] In den Vorverhandlungen zum Frieden forderte Napoleon nichts weniger als die Abdankung des österreichischen Kaisers.

Allerdings war ein Waffenstillstand noch kein Friedensschluss. „Noch ist nichts offiziell“, schrieb die junge Lulu Thürheim, die sich in Kärnten aufhielt, am 24. Juli in ihr Tagebuch. „Es scheint, daß der Friede noch nicht perfekt ist. Man spricht ferner davon, daß die Russen, nachdem sie als unsere Freunde in Galizien einmarschiert waren, sich gegen uns erklärten; auch wird erzählt, daß Erzherzog Johann nichts von einem Frieden hören und auf eigene Faust weiterkämpfen will usw. Eines ist sicher, daß die Stände von Kärnten, Steiermark und Krain überall dort, wo kein Feind, den Befehl erhielten, die Landwehr zu etablieren.“[125] Kaiser Franz war wieder einmal hin- und hergerissen zwischen den Befürwortern des Krieges und jenen des Friedens. Für die Fortführung des Kampfs waren unter anderem Stadion, Baldacci, Erzherzog Johann und die Kaiserin. Da der außenpolitische Kurs unklar war, wurde in der Bevölkerung bewusst weiter eine kriegerische Stimmung geschürt. Vor allem in den Alpenländern, in Tirol und Kärnten, forcierte man Volkskriegspläne mittels Landsturm, wobei Johann dabei federführend war. Deshalb kam es in Kärnten noch im Oktober unter der Führung Johann Baptist Türks, der das Kommando über den Landsturm erhalten hatte, zu heftigen Kämpfen, beispielsweise um die Festung Sachsenburg.

Friede von Schönbrunn Am 14. Oktober 1809 war dann Schluss. Friede! Allerdings verlieh Napoleon dem Begriff Diktatfrieden eine neue Dimension. Metternich berichtete in seinen Memoiren, dass Napoleon das Verhandlungsprotokoll diktiert und auch Äußerungen Metternichs verzeichnet habe, die dieser niemals gemacht haben wolle. Um Kaiser Franz vor vollendete Tatsachen zu stellen und die zähen Friedensverhandlungen zu Ende zu bringen, ließ Napoleon zudem in Wien die Kanonen donnern und die Glocken des Stephansdoms läuten. Ein öffentliches Zeichen: Der Friede ist geschlossen.

Gut, Franz hätte widersprechen können. Aber Napoleon bot seinem Gegner in bekannter Weise nur die Alternative Krieg. Wie schon 1804 bei der Anerkennung seines französischen Kaisertums und 1806 bei der von ihm verlangten Niederlegung der römisch-deutschen Kaiserkrone. Franz hatte im Grunde keine Wahl. Der Krieg kam Franz teuer zu stehen: Napoleon verlangte 85 Millionen Gulden Kriegsentschädigung und die Reduktion der Armee auf 150 000 Mann. An Gebieten verlor er unter anderem Salzburg, Berchtesgaden sowie das Inn- und Hausruckviertel. Im Süden des österreichischen Kaiserreichs wurden Oberkärnten, Krain, Görz, Istrien, Triest und Kroatien unter dem Königreich Italien bzw. den neu gegründeten Illyrischen Provinzen aufgeteilt. Noch ein paar solcher Friedensschlüsse, und es würde von der Monarchie nichts mehr übrig bleiben.

Vom Kämpfen hatte man am Wiener Hof vorerst genug. Metternich setzte auf die Annäherung an Frankreich, um die Existenz der Habsburgermonarchie zu sichern. Lavieren. Ausweichen. Schmeicheln. Dazu gehörte auch der Rückgriff auf eine typisch habsburgisch genannte Politik: Heirat! Sollten doch andere Krieg führen. Napoleons erste Wahl, eine Schwester des Zaren, war ihm von russischer Seite verwehrt worden. Eine Einheirat in die Dynastie der Habsburger brachte ihm aber auch, was er wollte: Legitimität und Aufnahme in den Kreis der ehrwürdigen Monarchien Europas. Seiner Scheidung von Joséphine – die Ehe war kinderlos geblieben – folgte die Hochzeit mit der Kaisertochter Marie Louise im März 1810. Obwohl Franz vermutlich so ziemlich jeden anderen lieber als Schwiegersohn gesehen hätte. Nun ja, Verwandtschaft kann man sich nicht aussuchen. Vielleicht nach einem Blick auf den komplizierten Stammbaum ihrer Familie stellte Maria Carolina, die von Napoleon vertriebene Königin von Neapel, fest: „Das war es, was mir in meinem Unglück noch gefehlt hat, des Teufels Großmutter zu werden!"[126] Denn aufgrund der häufigen familieninternen Ehen war sie als Tochter Maria Theresias nicht nur die Tante von Kaiser Franz, sondern auch dessen Schwiegermutter und damit die Großmutter von Marie Louise.

Ein Jahr später wurde Napoleon der so wichtige Thronfolger geboren. Napoleon selbst sagte dazu: „Es bricht nun die beste Epoche meiner Herrschaft an [...] Ich begründe nun eine Legitimität. Imperien werden mit dem Schwert erschaffen und durch Erbfolge bewahrt."[127] Auch die Habsburgermonarchie bewegte sich mit der Hochzeit wieder in vertrauten politischen Bahnen. Das Experiment des Nationalkrieges war fehlgeschlagen.

Tirol Anno Neun

Einen erfolgreichen Volksaufstand gab es dennoch, und zwar im Herrschaftsgebiet des bayerischen Königs, der zu den Rheinbundfürsten unter Napoleons Protektorat zählte: in Südbayern, wie es damals hieß, besser bekannt unter dem Namen Tirol. Die Verbindung zwischen der Habsburgermonarchie und Tirol war seit dem Frieden von Pressburg, in dem Tirol an Bayern abgetreten wurde, nicht abgerissen. Erzherzog Johann und Joseph Freiherr von Hormayr, der 1809 zeitweise Generalintendant in Tirol war, waren auf österreichischer Seite die führenden Männer der Verschwörung. Seit in Wien ab Mitte 1808 die Zeichen auf Krieg standen, bemühte man sich intensiv darum, in Tirol eine Volkserhebung vorzubereiten. Im Januar und Februar 1809 kamen Tiroler Vertrauensleute zu Erzherzog Johann nach Wien, unter ihnen befand sich auch ein gewisser Andreas Hofer.

Das größte Problem für die Verschwörer am Wiener Hof war jedoch die Legitimierung der Erhebung. Schließlich wollte man bewusst in einem fremden Land einen Aufstand gegen die rechtmäßige Herrschaft anzetteln und noch dazu mit Truppen unterstützen. Wie konnte man den Tirolern und der Welt glaubhaft machen, dass die Habsburger mit ihrem Vorgehen im Recht waren? Ein Ding der Unmöglichkeit! Hormayr aber fand schließlich das geeignete Argument – so sehr es auch an den Haaren herbeigezogen war – im Artikel VIII des Pressburger Friedensvertrags des Jahres 1805. Dieser betraf die Abtretung Tirols an Bayern und anscheinend war Hormayr an seiner Formulierung beteiligt gewesen. Wie so oft ging es um das Kleingedruckte, in diesem Fall um einen Zusatz von drei Wörtern: Bayern solle die abgetretenen Länder mit jenen Titeln und Rechten und in derselben Weise besitzen, wie Österreich sie besessen hatte – „und nicht anders" („*et non autrement*"[128]). Diese drei Worte wurden so ausgelegt, dass Bayern die innere Verfassung Tirols nicht hätte verändern dürfen. Durch die Einführung der bayerischen Verfassung in Tirol 1808 habe Bayern dieser Logik folgend den Friedensvertrag gebrochen, der dadurch null und nichtig geworden sei – daher könne man Tirol wieder als Teil der Habsburgermonarchie betrachten. Ein Aufstand gegen die bayerische Herrschaft sei damit legitim.

Das ist natürlich Unsinn. Kaiser Franz hatte im Frieden von Pressburg Bayerns volle Souveränität anerkennen müssen. Niemals hätten der bayerische König oder Napoleon die Formulierung eines Artikels zugelassen, der dieser Souveränität widersprochen hätte. Jahre danach deutete Hormayr in seiner *Geschichte Andreas Hofer's* an, schon vor der Durchsetzung dieser Klausel in Pressburg an einen späteren propagandistischen Nutzen des Friedensartikels mit seinem Zusatz gedacht zu haben: „[B]eim nächsten Kriegsausbruche müssen uns die Fremden diese drei Wörtchen theuer bezahlen!"[129] Das war aber vermutlich nur Wichtigtuerei, denn wie gesagt beinhaltete diese Formulierung keineswegs jenen politischen Sprengstoff, der dann beinahe gewaltsam hineininterpretiert wurde. „Mit welchem Recht können wir die Tyroler aufmuntern zur Empörung, zur Untreue gegen ihren rechtmäßigen Gebieter?", schrieb die österreichische Kaiserin Maria Ludovica, obwohl selbst Anhängerin der Kriegspartei, Mitte April 1809 an Erzherzog Johann, „denn dies ist der König von Bayern. Wir haben ihm dieses Land durch einen feierlichen Traktat übergeben, wir haben für uns und unsere Nachkommenschaft auf ewig Verzicht geleistet, von dem Augenblick an haben wir unser Recht verloren, und durch unser gegenwärtiges Betragen wird unserem Feinde Anlaß gegeben, die Oesterreicher als Aufrührer fremder Völker, als wahre Demokraten zu erklären; [...] Sie werden mir sagen, im Krieg ist alles erlaubt; ja im Kampfe. Aber es gestattet nicht heimliche Verrätherei [...]."[130] Selbst Hormayr war sich im Klaren darüber, dass Tirol 1809 „wider seinen eigenen Souverän die Waffen ergriffen hatte"[131], wie er selbst es in einem amtlichen Brief vom August 1809 ausdrückte. Es bestand also kein Zweifel darüber, ob das Vorgehen rechtmäßig war oder nicht. Das war für die Kriegspartei im Grunde aber ebenso unwichtig wie in unserer Zeit unauffindbare Massenvernichtungswaffen im Nahen Osten. Wichtig war nur, dass man die Tiroler zur Erhebung mobilisieren konnte.

Unter bayerischer Herrschaft Die Aufhebung der landständischen Verfassung Tirols im Mai 1808 durch die Einführung der bayerischen Konstitution hatte dort kaum Aufsehen erregt. Überhaupt ist fraglich, ob es in Tirol ohne die Einwirkung seitens der Habsburgermonarchie zu einem größeren Volksaufstand gegen die bayerische Herrschaft gekommen wäre. Entgegen der österreichischen Propaganda brannten die Tiroler keineswegs darauf, unter das habsburgische Szepter zurückzukehren. Nach dem Herrscherwechsel durch den Frieden von Pressburg arrangierte man sich sowohl von bayerischer wie Tiroler Seite mit den neuen Gegebenheiten. Die Landstände schickten Deputationen mit ihren Anliegen und Treuebekundungen zu Max I. Joseph, worauf dieser mit traditionellen Gnade und Huldbezeugungen reagierte. Beide Seiten signalisierten ihre Bereitschaft zur Zusammenarbeit. Die Landstände kamen der neuen Regierung mit Steuerbewilligungen entgegen; die bayerische Seite versuchte bewusst, die Eingliederung Tirols für die Bewohner möglichst schonend zu gestalten. Zu Beginn der bayerischen Herrschaft war in Tirol also keine Rede von einem Aufstand gegen den neuen König. Auch die Unzufriedenheit der

Bevölkerung mit den bayerischen Reformmaßnahmen der nächsten Jahre hätte sich vermutlich in den gewohnten Bahnen von Bittschriften, Protesten und lokalen Unruhen geäußert; ganz so, wie es unter Maria Theresia und noch mehr unter ihrem Sohn Joseph II. unter habsburgischer Regentschaft zu erfolgreichem Widerstand gegen Reformen gekommen war, die (wie etwa das Rekrutierungssystem) von der Regierung teilweise zurückgenommen werden mussten. Ein Zusammenraufen von Obrigkeit und Untertanen in der Form sozialer Proteste, weit entfernt von einer Revolution, welche die Herrschaft des Bayernkönigs an sich infrage stellte. Neben der Legitimierung des Volkskrieges bemühte sich die österreichische Propaganda, die negativen Auswirkungen der bayerischen Herrschaft anzuprangern und als Idealbild die vergangenen Zeiten unter den Habsburgern zu präsentieren. Ganz nach dem Motto: Bei uns ist es schöner, da gibt es keine Konskription, weniger Steuern, eine bessere Wirtschaftslage und die alten Rechte und Freiheiten, was auch immer man darunter verstehen wollte. Alles war besser. Also *Auf, Tyroler, auf!*[132]

In der Öffentlichkeit distanzierte sich die österreichische Staatsführung selbstverständlich von den Verschwörungsplänen, die möglichst geheim gehalten wurden. Die nicht zuletzt durch Hormayr überlieferte Ansicht, die bayerische Regierung sei vom Tiroler Aufstand 1809 überrascht worden, ist jedoch ein Märchen. Spätestens Ende März 1809 wusste man in München sehr gut über die Kriegs- und Aufstandspläne der Österreicher Bescheid. Aber warum hat sich Bayern nicht vorbereitet? Es wäre doch ein Leichtes gewesen, die bayerischen Truppen in Tirol zu verstärken, um den Aufstand gleich im Keim zu ersticken. Der bayerische König und Montgelas wollten dies auch. Aber die Entscheidung darüber traf ein anderer: Napoleon. Und der sagte Nein. Für ihn handelte es sich bei Tirol, was selbstverständlich kein Tiroler hören möchte, um einen „unbedeutenden Nebenkriegsschauplatz“.[133] Vernachlässigbar im europäischen Gesamtbild und auch keineswegs mit Spanien zu vergleichen, wie es die österreichische Propaganda so eifrig tat. Der Krieg, so wusste Napoleon, würde sich im Donauraum im Gefecht regulärer Truppen entscheiden. Dafür wollte er seine ganze Kraft einsetzen, und zu seiner großen Deutschlandarmee gehörten nun einmal auch die drei bayerischen Divisionen.

In Tirol selbst waren etwa 4500 Mann stationiert.[134] Viel zu wenig! Damit konnte man sich schon gegen einen halbwegs gut organisierten Volksaufstand nicht halten, umso weniger, wenn dieser noch Unterstützung durch habsburgische Truppen erhielt. Dementsprechend sah auch die bayerische Planung aus: Im Fall des Aufstands wollte man gar nicht erst versuchen, sich zu behaupten, sondern den Rückzug antreten. Wichtig war nur, die Festung Kufstein zu halten.

Andreas Hofer Am 9. April überquerten die österreichischen Truppen unter Feldmarschallleutnant Marquis Gabriel von Chasteler de Courcelles die Grenze zwischen Kärnten und Tirol. Bis sie am Schauplatz eintrafen, waren die entscheidenden Gefechte schon vorbei. Am 12. April hatten die Aufständischen Innsbruck gestürmt; am 16. April zog Chasteler in die Stadt ein. Ein Großteil des nördlichen Tirol war in der Hand der Insurgenten. Aus Tirol und Vorarlberg kam es zu Vorstößen – oder besser gesagt Plünderungszügen – nach Schwaben und Altbayern. Erst Anfang Mai, als Napoleon schon erfolgreich auf Wien zumarschierte, war er bereit, die bayerischen Divisionen nach Tirol zu senden. Ausschlaggebend für diese Entscheidung waren aber nicht die Klagen des bayerischen Königs. Vielmehr musste Napoleon seine Kommunikations- und Nachschublinien sichern, zumal sich Erzherzog Johann aus Italien zurückzog, um seinen Bruder Carl im Herzen der Habsburgermonarchie zu unterstützen. In österreichischer Hand konnte die Alpenfestung Tirol durchaus gefährlich werden und die französischen Operationen durch Manöver an der Flanke und im Rücken bedrohen. Chasteler zog dem Feind mit den österreichischen Truppen und dem Tiroler Landsturm entgegen, der sich aber im Gefecht als unzureichend erwies. Bei Wörgl erlitt er eine Niederlage.

Tirol kann nicht isoliert von den übrigen Kriegsereignissen betrachtet werden. Da Erzherzog Carl nach seiner Niederlage in Bayern den Rückzug der Italienarmee befohlen hatte, zog nun seinerseits Erzherzog Johann Chasteler von Tirol ab. Nur ein schwaches österreichisches Kontingent blieb zurück. Auch für die habsburgische Militärführung war Tirol nur ein Nebenkriegsschauplatz; zweitrangig, wenn es um das Herz der Monarchie, um Wien ging. Am 19. Mai zogen die bayerisch-französischen Truppen kampflos in Innsbruck ein. Der Oberbefehlshaber

François-Joseph Lefèbvre, Herzog von Danzig, meldete Napoleon etwas voreilig, dass dieser ganz Tirol als befriedet ansehen könne. Schon am 22. Mai zog Lefèbvre ab, in Innsbruck blieben nur etwa 4250 Mann zurück.[135] So wiederholte sich die Geschichte.

Die Initiative zur erneuten Erhebung kam dieses Mal nicht von den Österreichern, sondern von Tiroler Seite. Mit tatkräftiger Unterstützung durch verbliebene österreichische Soldaten griffen die Tiroler Schützenkompanien Ende Mai die zahlenmäßig unterlegenen Bayern und Franzosen am Bergisel bei Innsbruck an. Bei der Vorbereitung des Angriffs trat immer mehr Andreas Hofer, Gastwirt, Pferdehändler und Kommandant des Passeier Aufgebots, ins Zentrum der Aktivitäten. Nicht nur in Tirol feierte man Erfolge; die österreichische Kriegspartei war nach dem Sieg von Aspern euphorisch gestimmt. In diesem Zusammenhang ist vermutlich das sogenannte Wolkersdorfer Handbillett vom 29. Mai zu sehen: Kaiser Franz versprach darin den Tirolern, dass ihr Land niemals wieder von der Habsburgermonarchie getrennt werden solle. Das feuerte die Tiroler an.

Doch dann kam die Nachricht vom Waffenstillstand von Znaim, der am 12. Juli geschlossen worden war. Das konnte und wollte man in Tirol nicht glauben. Die österreichischen Truppen mussten gemäß den Vereinbarungen des Waffenstillstands Tirol räumen. Und Napoleon entschied sich nun doch, den Tiroler Unruheherd ein für alle Mal aus seiner Welt zu schaffen. Die Waffenruhe mit Österreich gab ihm die Möglichkeit dazu, da die Truppen nun entbehrlich waren. Am 30. Juli zog Lefèbvre wieder in Innsbruck ein.

Die Tiroler waren sich ganz und gar nicht einig. Die Befürworter des Aufstands, die „Falken", stritten mit der Friedenspartei, den „Tauben", über das weitere Vorgehen. Ende Juli setzten sich die „Falken" durch. Unter Anführern wie Josef Speckbacher, dem Pater Joachim Haspinger und natürlich Andreas Hofer erzielten die Tiroler Aufständischen Erfolge in den Kämpfen. Auch die Kärntner und Salzburger sollten für ein gemeinsames Vorgehen gewonnen werden. Nach der dritten Bergiselschlacht zogen die Tiroler am 15. August erneut in Innsbruck ein. Abermals war das nördliche Tirol bis auf die Festung Kufstein durch die Aufständischen gewonnen worden – diesmal ohne Unterstützung durch reguläre Truppen.

Vor dem österreichisch-französischen Waffenstillstand hatten in der Tiroler Erhebung militärische oder administrative Eliten aus der Habsburgermonarchie wie der Feldmarschall Chasteler oder auch Hormayr als Generalintendant das Sagen gehabt. Aber sie waren fort. Es drohte Anarchie. Eine Führungspersönlichkeit musste her, um das Machtvakuum zu füllen. Andreas Hofer schien den Aufständischen aufgrund seines Charismas dazu geeignet, aber er war kein Staatsmann. Hofers „Bauernregiment" war von seiner tiefen Religiosität, seiner konservativen Lebenseinstellung und seinem dualistischen Weltbild geprägt: hier böse Bayern und Franzosen, da gute Tiroler und die Habsburgermonarchie, mit der sich Tirol wieder vereinigen solle. Seiner Meinung nach vertrat er den österreichischen Kaiser und Erzherzog Johann.

Mit dem Frieden von Schönbrunn Mitte Oktober 1809 hatte Napoleon alle Hände frei für Tirol. Der Friedensschluss und die Generalamnestie für die Aufständischen wurden in Tirol bekannt gemacht. Nur glauben konnte man es nicht. Viele Tiroler klammerten sich nach wie vor an die Zusage des österreichischen Kaisers, keinen Frieden zu schließen, der Tirol von der Habsburgermonarchie trennte. Doch genau das war geschehen. Wieder entbrannte ein Richtungsstreit zwischen „Falken" und „Tauben". Hofer wurde zum Weiterkämpfen gedrängt. Am 1. November kam es zu einer weiteren Schlacht am Bergisel. Andreas Hofer fiel schlussendlich durch den Verrat seines Versteckes in französische Hände und wurde am 20. Februar 1810 in Mantua hingerichtet. Vereinzelte lokale Widerstände zogen sich noch über die folgenden Monate hin. Im Grunde war es aber vorbei. Die Tiroler konnten nicht mehr auf Erfolge hoffen, auf sich allein gestellt hatten sie gegen die napoleonischen Truppen keine Chance.

Am Ende stand die Aufteilung Tirols: Napoleon beließ Bayern nur den nördlichen Teil des Landes, den Rest teilte er auf sein Königreich Italien und die Illyrischen Provinzen auf.

Begrenzter Volkskrieg Was in Tirol im Vergleich zu Spanien besonders auffällt, ist, dass sich alle Parteien um Mäßigung und Deeskalation bemühten. Anarchie als Nährboden für Exzesse und Mord sollte unterbunden werden, die Behörden – gleich, wer gerade die Oberhand gewonnen hatte – sollten ihre Arbeit fortsetzen. In der Kriegsführung war man darauf bedacht, sich an die üblichen Regeln zu halten. „Ihr seyd kein zügelloser Haufen, sondern ein herrliches Verein biederer Männer“[136], die sich nicht dem Vorwurf aussetzen sollten, Wehrlose zu misshandeln, mahnte Hormayr die Tiroler am 14. April. Aus gutem Grund, hatten sich die Bauern doch bei der Einnahme Innsbrucks kurz zuvor einiges zuschulden kommen lassen. Der Tiroler Priester Josef Daney berichtet von den „schändlichsten Räubereien“[137] der Insurgenten. „Vor allem wurden die Burg, die Kasernen und die Häuser der Juden gestürmt und geplündert. Nachdem sich die erste Plünderungswut etwas gelegt, so dachten die Stürmer ans Essen und Trinken, und ganze Truppen quartierten sich willkürlich in Wirts- und Privathäusern ein. [...] Unter dem Vorwande, sie wären, das Vaterland zu retten, weit hergereist und hätten einen großen Rückmarsch zu machen, wußten sie mit so einer gebieterischen Siegermiene sich nebenbei noch ein Reisegeld zu

Im Mai drangen die Bayern vor, schlugen Chasteler bei Wörgl und rückten in Schwaz ein, wo sie „auf einmal von einem Kugelregen aus allen Fenstern und Thüren begrüßt [wurden]. Ich sah Knaben von 12–14 Jahren, welche mit Pistolen auf uns schossen; ich bemerkte Männer und Weiber auf den Dächern, welche Ziegel und Steine auf uns herabschleuderten“[138], beschrieb der bayerische Offizier Friedrich Mändler. Der Ort geriet kurz darauf in Flammen. „Zwar wurde schon Abends von einigen Regimentern Mannschaft zum Löschen nach Schwaz beordert; aber statt zu löschen, plünderte man, wobei aber auch mancher Plünderer in den brennenden Häusern seinen Tod fand [...] Wie viele unschuldige Familien mögen wohl darunter gewesen sein, die ihr Habe und Gut jetzt von den Flammen verzehren sahen! Das sind die traurigen Folgen einer Insurrection! [...] Auf dem Marsche nach Innsbruck begegneten uns viele Tyroler Bauern mit ihren Stutzen, die ihre Unterwerfung ausgesprochen hatten und in ihre Heimath zurückkehrten. Den Soldaten wurde jedes Schimpfen, jede Mißhandlung, überhaupt jedes feindselige Benehmen gegen diese an uns vorübergehenden Insurgenten auf das Strengste untersagt; dessenungeachtet aber erhielt mancher Tyroler beim Vorübergehen von unseren Soldaten einen derben Puff oder es wurde ihm etwas gesagt, was er lieber nicht gehört hätte.“[139]

erzwingen, daß man froh sein mußte, wenn man sich mit einigen Gulden von diesen ehrenvollen Vaterlandsrettern loskaufen konnte."[140]

Auch der bayerische König verzichtete auf ein hartes Durchgreifen. Obwohl die Erhebung als Rebellion gegen den rechtmäßigen Herrscher verurteilt und den Aufständischen von französisch-bayerischer Seite der Rechtsstatus von Kombattanten abgesprochen wurde, waren standrechtliche Erschießungen von Tiroler Kämpfern „die absolute Ausnahme".[141] Max I. Joseph versuchte, seine irregeleiteten Untertanen mit Gnade und Nachsicht zu befrieden, wofür auch die Generalamnestie sprach, die den Aufständischen im Zuge des Friedens mit Österreich gewährt wurde. An einer Verheerung seines eigenen Landes konnte er kein Interesse haben. Selbst der im Zuge von Kampfhandlungen niedergebrannte Ort Schwaz wurde von den Bayern keineswegs absichtlich angezündet, obwohl dies von der österreichischen Propaganda so behauptet wurde.

Mitte Oktober wurden die bayerischen Truppen erneut nach Tirol kommandiert, um den wieder aufgeflammten Aufstand niederzuschlagen. „Unsere Mannschaft war nach der Verkündigung dieser Marschordre so erbittert gegen die Tyroler, daß sie gegenseitig schwuren, sobald sie nach Tyrol gedrungen wären, dort Niemand, nicht das Kind im Mutterleibe, zu schonen und auch keinen Stein auf dem andern zu lassen", berichtete Mändler. „Allein ein strenger Divisions-Commando-Erlaß bedrohte Jeden, der sich in einem Hause betreten lasse, oder überhaupt sich nur die kleinsten Exzesse beigehen ließe, mit dem Tode."[142] Nur kein zweites Spanien!

4 Von Moskau nach Paris: Europas Befreiungskampf als Gemeinschaftsprojekt

Mit seiner Karriere konnte Napoleon zufrieden sein: siegreich in jedem Krieg. Seine Familie war von ihren korsischen Anfängen in die besten Kreise vorgestoßen. Er war stolzer Vater eines geliebten Söhnchens und der mächtigste Mann der Welt. Bis 1812 erreichte das *Grand Empire* seine größte territoriale Ausdehnung. Gegenüber dem bayerischen General Karl Philipp Wrede hatte Napoleon 1811 zuversichtlich geäußert: „Noch drei Jahre, und ich bin Herr des Universums."[143]

Napoleon gegen Väterchen Frost

Was dem Bündnis zwischen Zar Alexander und Napoleon fehlte, war eine solide Basis – dass es in Tilsit 1807 ausgerechnet auf einem Floß auf dem Niemen (Memel) geschlossen wurde, mag dafür sinnbildhaft wirken. Risse zeigten sich schnell. Beide Großmächte waren auf Expansion aus und prallten in territorialen Fragen aufeinander, beispielsweise bei den ehemals polnischen Gebieten. Während Napoleon sein *Empire* erweiterte, versuchte er zugleich, Russlands Ambitionen auszubremsen. Napoleon grollte Alexander wegen seiner halbherzigen Beteiligung am Krieg gegen Österreich und den fadenscheinigen Ausreden, mit denen ihm die angestrebte Heirat mit einer Großfürstin verwehrt wurde. In der russischen Aristokratie stieß das Bündnis, von dem Napoleon mehr profitierte als Alexander, überwiegend auf Ablehnung. Auch wenn der Zar im Vergleich zu anderen Monarchen seiner Zeit autokratisch herrschte und weder durch Stande noch ein Parlament eingeschrankt war, tat er im eigenen Interesse gut daran, die Meinung der Elite zu berücksichtigen: Denn es gehörte fast schon zur russischen Tradition, einen politischen Kurswechsel durch Zarenmord zu erzwingen. Alexander wollte in dieser Hinsicht keinesfalls in die Fußstapfen seines Großvaters Peter III. oder seines Vaters Paul I. treten. Bezeichnend für den Einfluss der Eliten war, dass Alexander Ende März 1812 den als Premierminister agierenden Michail Michajlowitsch Speranskij entließ, der sich mit seinen Reformplänen und Modernisierungsvorhaben unbeliebt gemacht hatte. Angesichts des nahen Krieges brauchte Alexander den Rückhalt bei den Mächtigen.

Verhängnisvoll wirkte sich die Kontinentalsperre aus, der beizutreten sich Alexander im Frieden von Tilsit verpflichtet hatte. Sie schadete Russlands Wirtschaft enorm, denn die klassischen Exportgüter wie Holz, Getreide und Hanf ließen sich nur schwer schmuggeln. Der Livländer Woldemar von Löwenstern berichtete von der „gedrückte[n] Lage, in der sich damals alle Güterbesitzer [...] durch den gesperrten Handel, das Sinken der currenten Geldzeichen und durch das Ueberwältigende einer immer wachsenden Schuldenlast befanden".[144] Napoleon selbst durchlöcherte die Kontinentalsperre 1810 durch mehrere Dekrete wie jene von Trianon und Fontainebleau. Gegen teure Lizenzen wurde die Ausfuhr von Holz, Getreide oder Branntwein aus französischer Produktion erlaubt, ebenso die Einfuhr der begehrten Kolonialwaren. Das deklarierte Ziel der Wirtschaftsblockade (und auch rechtfertigende Argument für die Annexion von Küstenregionen) – England zum Frieden zu zwingen – wurde ad absurdum geführt; dafür schwemmten die Lizenzverträge reichlich Geld in die französische Staatskasse. Da konnte sich Alexander, gelinde gesagt, etwas veräppelt fühlen. Ende 1810 erließ er einen Ukas, der russische Häfen für neutrale Schiffe öffnete und französische Luxusartikel mit Zoll belegte.

Seit dem Sommer 1810 stand fest, dass ein Krieg zwischen Frankreich und Russland nur eine Frage der Zeit sein würde. Man begann auf beiden Seiten Truppen auszuheben und im Grenzraum zu konzentrieren. Zugleich versuchten russische Diplomaten und Offiziere, an den europäischen Höfen Stimmung für Russland und gegen Frankreich zu machen und um Verbündete zu werben, wobei nebenbei auch noch der traditionell mit der Diplomatie einhergehende Spionageauftrag zur Geltung kam: In Paris bemühten sich vor allem der künftige russische Außenminister Karl von Nesselrode und der spätere Kriegsminister Alexander Iwanowitsch Tschernyschew darum, sich Einblicke in Politik, Militärwesen und die Operationspläne Frankreichs zu verschaffen.

Mit dem entsprechenden Kleingeld konnte man durchaus geheime Dokumente und brisante Memoranden erwerben, wobei als Verkäufer unter anderem Talleyrand und Fouché infrage kamen. Dabei wurde ersichtlich, dass sich Napoleon durch den spanischen Krieg nicht von einem Angriff auf Russland würde abhalten lassen – und dass er einen kurzen Krieg führen sowie die schnelle Entscheidung suchen wolle. Gut zu wissen!

Das Zarenreich stand dem *Grand Empire* Napoleons, also einem Großteil Europas, gegenüber. Seine Macht über Europa demonstrierte Napoleon – ähnlich wie 1808 in Erfurt vor dem Krieg gegen Österreich – bei einem Fürstentreffen Ende Mai 1812 in Dresden, wobei zu den Gästen auch Kaiser Franz und König Friedrich Wilhelm von Preußen gehörten. So klar, wie es hier den Anschein hatte, war die Lage jedoch nicht.

Aus Gründen der Existenzsicherung versuchte der preußische Staatsminister Hardenberg seit seinem erneuten Amtsantritt 1810, außenpolitisch Anschluss an Frankreich zu finden. Während mit Frankreich über ein Bündnis verhandelt wurde, drängten Männer wie Gneisenau oder Scharnhorst den preußischen König zum Krieg gegen Napoleon und schlugen dabei erneut Volksbewaffnung und Aufstände vor. Gneisenau arbeitete im November 1811 unter anderem einen Plan zur Errichtung einer deutschen Legion aus, die von England finanziert und in Norddeutschland aktiv werden sollte. Trotz seiner Sympathien für den Zaren schreckte Friedrich Wilhelm vor einem neuerlichen Kampf gegen Frankreich zurück, zumal sich die *Grande Armée* schon in und um Preußen sammelte. Im Februar 1812 wurde die preußisch-französische Allianz unterzeichnet. Friedrich Wilhelm erklärte Alexander, dass ihm keine Wahl bliebe, als sich Napoleons Druck zu beugen und sich Frankreich anzuschließen, und meinte: „Wenn der Krieg ausbricht, werden wir uns nicht mehr Schaden zufügen als unbedingt nötig [...].“[145]

Ebenso wenig wie Preußen ließ Napoleon Österreich die Option der Neutralität. Auf französischen Druck hin schloss der Wiener Hof am 14. März 1812 einen Bündnisvertrag. Um die Habsburgermonarchie als Gegner auszuschalten und im Rücken Napoleons eine weitere Front zu eröffnen, zog Alexander im Frühjahr 1812 sogar die Initiierung einer vom Balkan ausgehenden slawischen Erhebung oder die Unterstützung unzufriedener Ungarn in Erwägung. Dieser Plan erübrigte sich nach diskreten diplomatischen Gesprächen: In Wien hatte man auch nicht die Absicht, Frankreichs Kampf ernsthaft zu unterstützen. Karl Philipp Fürst zu Schwarzenberg, Kommandant des österreichischen Hilfskontingents in der Stärke von 30 000 Mann, wurde angewiesen, den Russen möglichst nicht in die Quere zu kommen. Es gelang ihm, das Korps aus den Kämpfen weitgehend herauszuhalten und es nach dem Abschluss eines Waffenstillstands Ende Januar 1813 in recht gutem Zustand nach Österreich zurückzuführen. Weitere diplomatische Erfolge für das Zarenreich waren das im April 1812 abgeschlossene Bündnis mit dem schwedischen Thronfolger, dem ehemals französischen Marschall Jean-Baptiste Bernadotte, dem als Entschädigung für den Verlust Finnlands Norwegen versprochen wurde, sowie die Beendigung des russisch-türkischen Krieges im Juni 1812.

Angriff oder Verteidigung Die russischen Truppen waren im Grenzgebiet zum Angriff aufgestellt, doch für Alexander und seine militärischen Berater stellte sich die Frage: Sollte man offensiv vorgehen oder dem Gegner die Initiative überlassen? Bereits im März 1810 entwarf der neue Kriegsminister Michail Boganowitsch Barclay de Tolly eine erste Denkschrift über die Verteidigung der Westgrenze. Er schlug den Rückzug der russischen Truppen nach Litauen und Weißrussland sowie die Taktik der verbrannten Erde vor. Diese Strategie empfahl auch der inoffizielle Berater des Zaren, der ehemalige preußische Offizier Karl Ludwig von Pfuel. Den Plan, „daß der eigentliche Widerstand erst später und tiefer im Lande erfolgen könne, weil man an der Grenze nicht stark genug sein würde“[146], hielt Clausewitz grundsätzlich für gut, wobei dem Zaren die Parallele zu Wellingtons Feldzug 1811 in Portugal, wo dieser die Linie der *Torres Vedras* halten konnte, gefiel. Ein offensives Vorgehen hätte andere Vorteile. Dadurch würde man vermutlich Preußen gewinnen, könnte die Kriegskosten auf die Nachbarländer abwälzen und sich vielleicht sogar die von Napoleon angelegten großen Magazine in Warschau und Ostpreußen verschaffen.

Im März 1812 wusste man auf russischer Seite, dass dem französischen Kaiser für eine erste Angriffswelle etwa 450 000 Mann zur Verfügung standen.[147] Dagegen summierten sich die Kräfte der Ersten Armee unter

Barclay de Tolly, der Zweiten unter General Pjotr Iwanowitsch Bagration und der auf der Südflanke gebundenen Dritten Armee unter General Alexander Petrowitsch Tormasow zusammen mit den Kosaken auf etwa 242 000 Mann.[148] Angesichts dieser Zahlenverhältnisse gewann die Rückzugsstrategie an Attraktivität; trotzdem schlug beispielsweise Bagration dem Zaren noch am 18. Juni einen Präventivschlag vor.

Am 24. Juni begann Napoleon die Offensive. Während sein linker Flügel unter Marschall Jacques MacDonald im Verein mit den preußischen Truppen im Norden operierte und nach Riga vorstieß, sollten die Österreicher und die Sachsen den rechten Flügel im Süden sichern. Napoleon selbst führte die Hauptmacht an. Er wollte einen Krieg gewinnen und nicht Land erobern, er suchte die Schlacht. Die Russen verwehrten ihm diese. Eine kluge Entscheidung: Der beste Weg, nicht von Napoleon geschlagen zu werden, war eben der, keine Schlacht anzunehmen. Den auf russischer Seite ursprünglich ins Auge gefassten Plan, den Feind bei Wilna aufzuhalten, ließ man „bei der ungeheuern Uebermacht des Gegners"[149] wieder fallen, so Woldemar von Löwenstern, der 1812 im russischen Hauptquartier Dienst tat. Napoleon war enttäuscht. Er hatte mit dem Kampf gerechnet, zumal die Russen bewusst auch die Meldung verbreiteten, dass sie sich stellen wollten. Ihm blieb nichts anderes übrig, als den sich zurückziehenden Gegner in forcierten Märschen zu verfolgen.

Auf dem Rückzug würde der russische „General Winter" mit seiner Eiseskälte zuschlagen; auf dem Vormarsch Richtung Moskau jedoch machten Napoleons Soldaten unerträgliche Hitze und Wassermangel zu schaffen. Schlimmer als in Ägypten, empfand so mancher Veteran. Falsches Futter, Erschöpfung, Hunger und Durst, Regen und Krankheiten dezimierten die Mannschaften, noch mehr aber die Pferde, die zu Tausenden verendeten, sodass Napoleons Kavallerie und das Nachschubsystem empfindlich geschwächt wurden. Als man Napoleon von den Verlusten berichtete, glaubte dieser, dass man ihm gegenüber übertreibe. „Das ist unmöglich! [...] Soldaten, die unter einem tüchtigen Kommando stehen, sterben niemals den Hungertod. [...] [I]ch brauche nur *einen* Sieg; und wenn mir auch nicht mehr übrig bleibt als gerade nötig ist, um ihn zu erfechten, so ist es genug"[150], soll er laut Philippe Comte de Ségur geantwortet haben.

Aber auch bei den Russen lief nicht alles wie geplant: Während Alexander und seine Generäle in den ehemals polnischen Gebieten an der Loyalität der Bewohner zweifelten und es für klüger hielten, nicht bei Wilna den Kampf aufzunehmen, hatten sie keineswegs vor, die Franzosen in das Herz des Zarenreichs vordringen zu lassen. Dem Operationsplan nach sollte sich die Armee von der Grenze nur bis Drissa zurückziehen und den Feind dort stoppen. Aber die Verteidigungsstellung erwies sich als völlig ungeeignet, Drissa wurde Mitte Juli aufgegeben und der Rückzug nach Witebsk fortgesetzt.

Der Zar verließ die Armee, um in Moskau die Verteidigung seines Reichs zu organisieren und Adel, Klerus und Volk zum Kampf aufzurufen. Nachdem sich Alexander mit Barclay besprochen hatte, „rief er ihm mit einem Händedruck die Worte zu: ‚Leben Sie wohl, General, und noch einmal leben Sie wohl. Ich empfehle Ihnen meine Armee, und vergessen Sie nie, daß ich nur diese Armee habe'".[151]

Anscheinend wollte sich Barclay bei Witebsk dem Kampf stellen; auf die Nachricht hin, dass Bagration schon auf dem Weg nach Smolensk war, zog er sich aber weiter zurück. Am 2. August gelang die Vereinigung der beiden Armeen in Smolensk, wofür Napoleon seinem Bruder Jérôme die Schuld gab. In Smolensk befand man sich auf altrussischem Boden. Bagration und der Zar drängten darauf, von der Defensive in die Offensive zu wechseln. Dabei spielten weniger militärische Überlegungen eine Rolle, denn Smolensk war weit davon entfernt, eine starke Stellung zu bieten; wichtiger war die Stimmung in Armee und Bevölkerung. Denn je weiter die *Grande Armée* vordrang, desto mehr Land, Höfe, Städte und Dörfer wurden verwüstet – ob durch die Russen oder die plündernden Franzosen war dabei für jene, die den Schaden hatten, einerlei. Wollte Barclay tatenlos zusehen? „Kein Mensch hatte vorher überlegt oder geglaubt, daß man bis Smolensk zurückgehen könne, ohne ein ernsthaftes Gefecht zu versuchen"[152], schrieb Clausewitz, doch hatte Barclay dies damit gerechtfertigt, dass seine Erste Armee alleine nicht stark genug war; nun aber erblasste er bei dem Gedanken, „was die Russen dazu sagen würden, wenn er trotz der Vereinigung [mit Bagrations Zweiter Armee] die Gegend von Smolensk [...] verließe, ohne sich geschlagen zu haben".[153] Die heftigen Kämpfe am 17. August forderten hohe Opferzahlen auf beiden Seiten, Smolensk stand in Flammen.

Gegen den lautstarken Widerstand vieler Generäle wie auch Bagrations brach Barclay am nächsten Tag den Kampf ab und zog die Truppen weiter in Richtung Moskau zurück.

Die unerwartete Defensivstrategie der russischen Führung stieß bei vielen Offizieren und Soldaten auf Misstrauen und Ablehnung. Die Armee, die zum Abwehrkampf an der Grenze aufgestellt worden war, zog sich zurück und gab das Land kampflos dem Feind preis. Weder bei Witebsk noch in Smolensk wurde Napoleon aufgehalten. Das konnte nur das Werk von Verrätern sein! Der Verdacht fiel auf die Ausländer in den eigenen Reihen. Im russischen Kernland wurden Fremde zum Teil präventiv verhaftet und aus dem Kriegsgebiet entfernt. Doch „Nicht-National-Russen“[154] fanden sich auch als Berater des Zaren oder ranghohe Offiziere in der Armee – was ihnen Einfluss und Einblicke gewährte. Konnte man ihnen trauen?

Der Rückzug stieß in der Armee auf Unverständnis. „Nahe bei Smolensk wurde uns das Zarenmanifest verkündet, in dem es hieß, daß der Herrscher unseren Mut nicht länger zügele und uns die Freiheit gebe, uns am Feind für den Verdruß des unfreiwilligen Rückzugs zu rächen, der bisher notwendig gewesen sei. Unsere Soldaten hüpften vor Freude, und die Blicke von allen entbrannten vor Mut und Vergnügen. ‚Endlich!‘ sagten die Offiziere. ‚Jetzt sind wir an der Reihe, ihnen nachzujagen! [...] Smolensk ist dem Gegner überlassen worden! [...] Wir ziehen uns immer weiter zurück! Wozu hatte man uns vorgelesen, der Herrscher zügele nicht länger unseren Mut? Wie es scheint, hat man unsere Tapferkeit auf keine allzu harte Probe gestellt. Wie ich sehe, ziehen wir uns in Rußlands Tiefe zurück. [...] War es etwa nicht möglich, dem Gegner noch an der Grenze unseres Landes entgegenzutreten und ihn zu schlagen? Wozu solche gefährlichen Manöver? Wozu den Feind so weit in die Mitte unseres Landes führen? [...] Vielleicht geschieht das mit einem wunderbaren Ziel; aber ehe es erreicht oder erraten ist, kann das Heer den Mut verlieren; schon jetzt sind von allen Seiten Schlüsse und Mutmaßungen zu hören, von denen eine immer trauriger und unsinniger als die andere ist“[155], so Nadesha Durowa, die verkleidet als Offizier in der russischen Kavallerie diente.

Nach der von Napoleon erzwungenen Verkleinerung des preußischen Heeres in der Pariser Konvention 1808 waren viele Offiziere in russischen Dienst übergetreten; nicht zuletzt empört über die französisch-preußische Allianz 1812 kamen Gegner Napoleons wie Clausewitz, Chasot oder Gneisenau nach Russland, wobei Letzterer bald nach England reiste, um dort um Unterstützung zu werben. Die deutschen Offiziere verstanden meist kein Russisch, unterhielten sich untereinander deutsch oder innerhalb des Offizierskorps mit den Angehörigen anderer Nationen französisch. Besonders verdächtig wirkte auf viele Barclay, ein Livländer mit schottischen Wurzeln, in den Augen der Russen ein Deutscher, zumal er besser und lieber deutsch als russisch sprach. „Da nach der Russen Meinung Alles aufs Äußerste schlecht ging, so glaubte man auch Alles den verrätherischen Rathschlägen dieses Fremden zuschreiben zu müssen, man zweifelte nicht daß Barklay nur nach seinen geheimen Einflüsterungen handele“[156], berichtete Clausewitz. Von seinen Soldaten als „Boltai da Tol'ko“[157] („nichts als Geplapper“) verspottet, verteidigte der keineswegs feige General seine Rückzugsstrategie mit der notwendigen Bewahrung der Armee. Seine Entscheidungen traf er aus rein militärischen Beweggründen; selbst Moskau bedeutete ihm „nicht mehr wie jede andere Stadt“, berichtete Löwenstern. „Solche Aeußerungen gewannen ihm eben nicht die Neigung der Vornehmen und Einflußreichen, die in den Hauptstädten ihre Paläste hatten; und ihre Meinungen bestimmten die des Landes.“[158]

Was man im russischen Hauptquartier nach der Vereinigung der beiden Armeen brauchte, war ein allgemein anerkannter Oberbefehlshaber. Die Wahl fiel auf Michail Illarionowitsch Kutusow, den Alexander zwar nicht mochte, der aber die Eliten Moskaus und Sankt Petersburgs hinter sich hatte. Mit bald siebzig Jahren war er nicht mehr der Jüngste, aber er besaß Charisma, gab sich bewusst leutselig und wurde von den meisten Soldaten, die ihn *Batjuschka* („Väterchen“) nannten, geliebt. Barclay akzeptierte den Führungswechsel; Bagration und der Generalstabschef Levin von Bennigsen hingegen waren der Meinung, zum Kommando besser geeignet zu sein als Kutusow, der sich seinerseits Ruhm und Ehre von keinem Untergebenen stehlen lassen wollte. Was in jenem Augenblick zählte, war aber weniger militärische Kompetenz, sondern die Wirkung auf die Kriegsmoral in Heer und Volk: „[D]er böse

Dämon des Fremden [Barclay] war durch einen ächten Russen [...] beschworen und man bezweifelte nicht daß unverzüglich die Schlacht erfolgen würde in welcher man den Kulminationspunkt der französischen Offensive sah.“[159]

Anfang September bezog Kutusow eine Stellung bei Borodino. Der am 7. September ausgetragene Kampf, von Napoleon „Schlacht an der Moskwa“ genannt, um die Nähe zu Moskau zu verdeutlichen, war besonders verlustreich; unter anderem wurde Bagration tödlich verwundet. Doch der Kampf brachte keine klare Entscheidung, beide Seiten feierten sich als Sieger. Die Invasoren waren immer noch beeindruckend stark, zumal der französische Kaiser seine Garde nicht eingesetzt hatte. Kutusow entschied sich dazu, die Schlacht am nächsten Tag nicht fortzusetzen, sondern sich zurückzuziehen – und Moskau aufzugeben. Barclay wurde für seine Rückzugstaktik als feiger Verräter beschimpft; Kutusow, als Hoffnungsträger begrüßt, von dem man sich die Rettung Moskaus erwartete, tat das Gleiche. Er war jedoch schlau genug, die Schuld daran Barclay anzuhängen, mit dem Argument, dass der Fall von Smolensk auch jenen Moskaus nach sich gezogen habe.

Am 15. September zog Napoleon in der Hauptstadt ein, nahm im Kreml sein Quartier und wartete auf ein Friedensangebot des Zaren. „Der Friede ist in Moskau. [...] Die Schlacht wird meinem Bruder Alexander die Augen öffnen, und das gleiche wird mit seinem Senat bei der Einnahme von Moskau geschehen“[160], war er überzeugt. Er irrte. Der Fall Moskaus und vor allem ein verheerender Brand der Hauptstadt, für den die Russen Napoleon verantwortlich machten, empörten die Elite, die Armee, das Volk. „[V]on dem Augenblick an sagte sich jeder: jetzt beginnt für uns der Krieg erst recht!“[161], hielt Löwenstern fest. Nun musste man keine Rücksicht mehr auf die Bewahrung Moskaus nehmen. Frieden schließen? Da hätte Alexander gleich Selbstmord begehen können.

Nachdem vom Zaren kein Friedensangebot kam, wagte Napoleon den ersten Schritt und versuchte, Verhandlungen einzuleiten, doch die Russen verweigerten sich. Der Winter nahte, ein Friede war nicht in Sicht. „Eine Armee von 90,000 Mann mit erschöpften Menschen und zu Grunde gerichteten Pferden [...] um sich herum ein bewaffnetes Volk, genöthigt nach allen Weltgegenden Fronte zu machen, ohne Magazine, ohne hinreichende Munitionsvorräthe, mit einer einzigen ganz verwüsteten Verbindungsstraße – das ist keine Lage in der man überwintern kann"[162], stellte Clausewitz fest. Napoleon läutete den Rückzug ein. Der russische Angriff auf Joachim Murats Truppen bei Tarutino am 18. Oktober dezimierte Napoleons Kavallerie empfindlich und unterstrich die Notwendigkeit des Abzugs, der am Tag darauf begann. Die Nachricht rief im russischen Hauptquartier größte Freude hervor. Kutusow war erleichtert: „Gott, mein Schöpfer, endlich hast Du unsere Gebete erhört. Von diesem Augenblick an ist Rußland gerettet."[163]

Napoleon wandte sich zuerst nach Süden, vielleicht wollte er einen Weg durch reichere Provinzen suchen. Nach hitzigen Gefechten bei der Stadt Malojaroslawez schwenkte er auf die Route um, die ihn nach Moskau geführt hatte. Der Rückzug führte die *Grande Armée* mitsamt den zahlreichen Flüchtlingen, die sich aus Angst vor russischen Vergeltungsakten angeschlossen hatten, über leichenübersäte Schlachtfelder, unter russischem Feuer Ende November über die Beresina und schließlich durch Wilna zurück an die rettende Grenze. Nur ein Bruchteil dieser Menschen überlebte. Hunger, eisige Kälte, Krankheiten, Erschöpfung, ständige Bedrängung durch Kosaken und feindselige Bauern, Verfolgung durch die feindliche Armee: eine Tragödie. Napoleon selbst verließ Anfang Dezember seine Armee. „Meine Rückkehr [nach Paris] ist von der Notwendigkeit geboten; ich muß Österreich überwachen, ich muß Preußen im Zaum halten"[164], erklärte Napoleon seinen Generälen am 5. Dezember 1812.

Der Vaterländische Krieg Gegen eine Invasionsarmee von mehreren hunderttausend Mann unter der Führung des erfolgreichsten Feldherrn seiner Zeit wollte man auch in Russland alles aufbieten, was möglich war. Das Manifest des Zaren, das am 6. Juli veröffentlicht wurde, verkündete, dass Napoleon die „große Nation"[165] zerstören wolle; ein Kampf auf Leben und Tod. Volksbewaffnung, Milizen, Nationalkrieg. Was im Trend der Zeit lag, stellte Russland vor eine noch größere Herausforderung als zuvor die Habsburgermonarchie. Die Gesellschaft unterschied sich wesentlich von jener der anderen Großmächte. Von Gleichheit, Freiheit und Brüderlichkeit war man hier noch weiter entfernt als im Rest Europas. Einer dünnen aristokratischen Schicht stand eine Masse weitgehend rechtloser Leibeigener gegenüber. Die Invasion Napoleons löste bei den Eliten Angst vor Bauernunruhen, einer Revolution, dem gewaltsamen Aufstand der Beherrschten aus. Zum Glück für den Adel hatte Napoleon die Französische Revolution und ihre Ideale weit hinter sich gelassen. Weder wollte er die Leibeigenen durch Freiheitsversprechen aufwiegeln noch auf russischer Seite einen Volkskrieg wie in Spanien auslösen. Er wollte kein in Anarchie versinkendes Russland, sondern einen reumütig an seine Seite zurückkehrenden Zaren. So sahen sich auch die polnischen Patrioten, die auf eine Wiederherstellung ihres Staates hofften, von Napoleon enttäuscht.

1812 wurden auf russischer Seite in Summe etwa eine Million Mann mobilisiert, wovon aber nur ein Teil aktiv an den Kämpfen teilnahm.[166] Die Armee war dank der Heeresreformen seit 1808 unter den Kriegsministern Alexander Araktschejew und Barclay, der ihm 1810 nachfolgte, größer, stärker und moderner als noch 1805. Durch die Friedensschlüsse mit der Türkei und Schweden standen die dort eingesetzten erfahrenen Truppen nun für den Kampf gegen Napoleon zur Verfügung. Dazu kamen die Kosaken; sie bewährten sich besonders im kleinen Krieg, hinderten den Feind am Fouragieren, also dem Herbeischaffen von Lebensmitteln und Futter, und setzten ihm auf seinen Märschen unermüdlich zu. In einer Schlacht waren sie jedoch weder der Kavallerie noch der Infanterie des Gegners gewachsen.

Trotz der Bedenken hinsichtlich ihrer Loyalität wurden in den Jahren 1807 und erneut ab 1812 Bauern zur Miliz eingezogen; Adlige dienten als Offiziere. Im Unterschied zum Militärdienst, der auf 25 Jahre ausgelegt und somit de facto lebenslänglich war, blieb der Milizdienst zeitlich begrenzt. Die Bauernmilizen hatten kaum militärische Erfahrung und leisteten vor allem Hilfsdienste, bewachten Kriegsgefangene und entlasteten so das Heer. In Kämpfen wie bei Borodino schafften sie die Verwundeten vom Schlachtfeld und bildeten eine Absperrung hinter den Linien, damit die russischen Soldaten nicht aus Versehen die falsche Richtung einschlugen.

Von Anfang an war dem Zaren und seinen Beratern klar, dass neben der militärischen Aufrüstung auch die Bevölkerung als solche für den Kampf gewonnen werden musste. Die Liebe zu Gott, Kaiser und Vaterland sowie der Nationalstolz sollten die Russen zum Abwehrkrieg und zu Opfern motivieren. Dazu gehörte, dem Feind jede Unterstützung zu verwehren, Lebensmittel fortzuschaffen oder zu verbrennen. Diese Taktik war problematisch, da sich die Bauern selbstverständlich gegen die Zerstörung ihrer Dörfer und ihrer Lebensgrundlage wehrten und teils auch den russischen Truppen Widerstand leisteten. Dem Zaren kam aber das Verhalten der *Grande Armée* zugute: Plünderungen, Vergewaltigungen und Kirchenschändungen, niedergebrannte Dörfer und vernichtete Ernten fachten den Widerstandsgeist an.

Auf russischer Seite setzte man nach den großen Schlachten auf den kleinen Krieg durch Verbände der regulären Armee, Bauern und Kosaken. Diese Form der Kriegsführung wirkte sich auf die *Grande Armée* verheerend aus. Napoleon hielt sich etwa zwei Monate auf altrussischem Boden auf; dabei war die Armee hauptsächlich im Raum Moskau konzentriert und musste sich aus dem Land verpflegen, was immer schwieriger und gefährlicher wurde. In einem Brief an seinen Generalstabschef Louis-Alexandre Berthier von Anfang September beklagte Napoleon die Verluste, die der Armee entstanden: „Die Zahl der vom Feind gemachten Gefangenen beträgt täglich mehrere hundert [...]. Es ist unbedingt notwendig, daß die Furageure von der Kavallerie vollständig geschützt werden.“[167] Dazu kam, dass russische Einheiten im Rücken der Franzosen operierten, was Napoleons Kommunikationswege beeinträchtigte und auch die militärische Aufklärung verhinderte. Beispielsweise führte der Husarenoffizier Denis Dawydow eine Abteilung aus Kosaken und Husaren an und stützte sich bei seinen Aktionen auch auf die Bevölkerung. „Diese Parteigänger fügten den Franzosen unsäglichen Nachtheil zu“, berichtete Löwenstern. „Sie schränkten sie auf immer engere Kreise ein, wiegelten die Bauern gegen sie auf, überfielen die kleinen feindlichen Abtheilungen, fingen die Kouriere auf, und brachten mehr Gefangene ein, als eine Hauptschlacht geliefert hätte. Kutusow ermunterte ihre Unternehmungen, denn ihre Thaten füllten die Zeitungen und erlaubten ihm unthätig zu bleiben [...].“[168]

Warum ließ man Napoleon auf seinem Rückzug entkommen? Zar Alexander und hochrangige Offiziere wie Bennigsen oder der im Hauptquartier weilende englische Verbindungsoffizier Sir Robert Wilson drängten darauf, den Gegner einzukreisen; man publizierte einen Steckbrief Napoleons. Einem geballten Angriff der russischen Truppen hätten die demoralisierten und dezimierten napoleonischen Soldaten vermutlich nicht standhalten können, selbst wenn sie sich noch in den Kämpfen an der Beresina bewährten. Aber auch die russische Armee befand sich in einem schlechten Zustand. Die Männer litten bei der Verfolgung „durch Mangel an Lebensmitteln, Brennholz und Kleidung fast ebenso sehr wie ihre Gegner“[169], hielt Wilson fest; dazu kam eine Typhusepidemie. Mit einem Großteil seiner Soldaten in den Lazaretten hatte Kutusow nur noch etwa die Hälfte seiner ursprünglichen Armee zur Verfügung.[170] „Das Übrige war todt, krank, verwundet oder erschöpft zurückgeblieben.“[171]

Außerdem hatten die meisten Befehlshaber noch gehörigen Respekt vor Napoleons Genie. Ihn in die Enge zu treiben, erschien riskant. Clausewitz: „Keiner wollte sich von ihm schlagen lassen.“[172] Kutusow lehnte Vorschläge seiner Offiziere, die auf Attacken drängten, meist ab. Als sich Napoleons Heer auf dem Rückzug befand, vertrat er die Meinung: „Was sollen wir Leute opfern, [...] die Umstände, Hunger, Elend, Frost thun ja schon mehr als unsere Waffen. Sie werden alle umkommen, ohne daß wir eine Hand zu rühren brauchen.“[173] Immerhin gelang es Kutusow, ein zweites Austerlitz zu verhindern.

Deutschland durch Deutsche befreien

Im russischen Hauptquartier stellte sich die Frage, ob der Krieg beendet war oder erst so richtig beginnen sollte. Jene Russen, die eine Beschränkung der Politik auf das Zarenreich bevorzugten und sich aus den Querelen Europas heraushalten wollten, sahen das Kriegsziel erreicht: Die Invasion war abgewehrt. Man könnte sich noch ein Stück von Polen holen, sollte den Rest von Europa aber sich selbst überlassen. Gegen die Weiterführung des Krieges sprach vieles, wie unter anderem Kutusow aufzeigte: die geschwächte russische Armee, die leeren Kassen; die westlichen Provinzen Russlands waren ausgeblutet und konnten die Truppen nicht versorgen, während Napoleon über Reserven verfügte. Zar Alexander sah sich allerdings auf einer göttlichen Mission und wollte den Krieg als Kreuzzug gegen den Antichrist fortsetzen (und sich als kleine Belohnung dafür das Großherzogtum Warschau gönnen). Da es den Überresten der napoleonischen Armee nicht gelang, sich in Ostpreußen zu sammeln und zur Verteidigung einzurichten, die Russen aber im Januar 1813 über die Grenze vorstießen, war laut Clausewitz die „im großen russischen Hauptquartier [...] vielfach besprochene Frage ob man die Grenze überschreiten solle oder nicht faktisch entschieden“[174] worden.

Alexanders Ziel war die Befreiung Europas und ein dauerhafter Frieden, der – wie auch sein Berater Karl von Nesselrode meinte – nur erreicht werden könne, wenn Frankreich in seine natürlichen Grenzen verwiesen würde. Um es mit Napoleon aufnehmen zu können, brauchte man jedoch Unterstützung. Nesselrode, der als erfahrener Diplomat Beziehungen zu den Höfen Österreichs und Preußens unterhielt, strebte eine traditionelle Koalition an und wollte die Regierungen gewinnen. Einen revolutionären Weg versuchte hingegen der Freiherr vom Stein einzuschlagen. Er war vor Kriegsausbruch Mitte Mai 1812 auf persönliche Einladung des Zaren ins russische Hauptquartier nach Wilna gereist. Für Alexander zählten Steins Expertenwissen und seine Insiderkontakte zu den führenden Männern Preußens und Österreichs; seine Beteiligung an diversen Insurrektionsplänen, zuletzt in Verbindung mit dem österreichischen Krieg von 1809, war hinreichend bekannt. Stein, der sich als ehemaliger preußischer Staatsmann in den letzten Jahren auf dem politischen Abstellgleis befunden hatte und im Exil lebte, erkannte die Chance, wieder aktiv in die europäische Politik einzugreifen. Er bestärkte Alexander darin, den Krieg über die Grenzen Russlands hinaus nach Europa zu tragen, und bombardierte ihn im Sommer und Herbst 1812 geradezu mit Denkschriften. Ohne offizielle Position stand er laut seinem Mitarbeiter Ernst Moritz Arndt „in der äußerlichen sichtlichen Stellung [...] hier in Petersburg gleichsam als Stellvertreter Deutschlands“.[175]

Im Juni 1812 wurde in Sankt Petersburg das Komitee für deutsche Angelegenheiten eingerichtet, zu dem auch Stein sowie Herzog Peter Friedrich Ludwig von Holstein-Oldenburg, ein Schwager des Zaren, dessen Territorium ebenfalls von Napoleon annektiert worden war, gehörten. Allerdings vertraten die beiden sehr unterschiedliche Sichtweisen, was die Vorgehensweise in Deutschland betraf. „Der Herzog wollte Alles allein mit durch und für die Fürsten anfangen und in ihrem Namen Deutschland! rufen, Stein aber meinte mit einem sehr spanischen Gefühl, auch den Fürsten müsse man erst lehren, wieder deutsch zu gehorchen und nicht zu glauben, daß Gott allein für sie die Welt geschaffen habe"[176], schilderte Arndt die Standpunkte. Stein beklagte sich beim Zaren und erreichte, dass der Herzog mehr oder weniger aus den Beratungen ausgeschlossen wurde. Das Komitee sollte enge Verbindung zu Deutschland halten und dort Propaganda betreiben; vor allem aber sollte eine russisch-deutsche Legion als Vorhut einer deutschen Erhebung organisiert werden.

Russisch-deutsche Legion Der Plan einer deutschen Legion, in der sich die Gegner Napoleons zu militärischen Aktionen sammeln konnten, beschäftigte schon seit Jahren die Vertreter der preußischen Kriegspartei und wurde nun auch von Stein wieder aufgegriffen. Mit dem profranzösischen Kurs ihrer Regenten unzufriedene deutsche Soldaten und Offiziere sollten unter dem Banner des drachentötenden heiligen Georg zum Kampf gegen Napoleon vereint werden. Der Chefpropagandist Arndt lieferte die passenden Worte: „Auf! auf! gekommen ist die Zeit,/Es fällt der bunte Drache,/Aus allen Landen weit und breit/Erklingt der Ruf der Rache."[177] Tatsächlich kamen nach dem Allianzvertrag König Friedrich Wilhelms mit Napoleon im Februar 1812 weitere preußische Offiziere, „um in Rußland ihre Säbel an Franzosenköpfen zu erproben".[178] Im Komitee erwartete man nun einen steten Zustrom zur Legion, obwohl der Preußenkönig seinen Untertanen verboten hatte, Freikorps zu bilden oder in solche einzutreten. Unter russischer Schirmherrschaft und mit finanzieller Unterstützung Englands sollte (endlich!) die Legion realisiert werden, durch welche die Patrioten ihr Ziel zu erreichen hofften: Deutschland durch Deutsche zu befreien. „Die Bestimmung der Russisch-Deutschen Legion sollte seyn, als Avantgarde in Deutschland zu erscheinen, um bey ihrem Erscheinen als Deutsche Truppe, den deutschen Völkern Gelegenheit zu geben, die Waffen zu ergreifen und sich ihr anzuschließen"[179], trug Oberstleutnant Wilhelm Gustav Friedrich Wardenburg, der im russischen Hauptquartier am Krieg teilnahm, in sein Tagebuch ein.

Nach dem Kriegsbeginn 1812 wurden vorrangig die Deutschen in der *Grande Armée* aufgerufen, überzulaufen und sich der Legion anzuschließen. Die Proklamation Barclays vom Juli 1812, beruhend auf einem vom Zaren redigierten Entwurf Steins, appellierte an die Deutschen, sich dem Beispiel der Spanier und Portugiesen folgend gegen Napoleon zu erheben: „[V]erlaßt also die Fahnen der Knechtschaft, sammelt Euch unter denen des Vaterlandes“ in der Legion, welche die „Wiedereroberung der Freiheit Deutschlands“ zum Ziel habe. Nach dem Sieg winkten ihnen Belohnungen im dankbaren Vaterland. „Ist der Erfolg nicht ganz glücklich“, würden sie durch den Zaren „Wohnsitze und eine Freistätte unter dem schönen Himmelsstrich des südlichen Rußlands“[180] erhalten. Ähnliche Proklamationen wurden an die Italiener, Spanier und Portugiesen gerichtet.

Die Initiatoren der deutschen Legion rechneten mit einem starken Zulauf von 10 000 bis 20 000 Mann in den ersten Monaten ihres Bestehens. Doch diese Hoffnung erwies sich als trügerisch. Lediglich ein paar hundert Deserteure liefen über; nur in Ausnahmefällen wechselten ganze Einheiten die Seiten wie fast das gesamte königlich-sächsische Regiment Prinz Maximilian. Da man mit Propaganda und Überzeugungsarbeit nicht viel weiterkam, griff man zu anderen Methoden. Man begann, verstärkt unter deutschen Kriegsgefangenen zu werben und sie vor die Wahl zu stellen: entweder als Mitglied der Legion zurück in die Heimat ziehen oder nach Sibirien marschieren. Aber selbst das brachte keine eindrucksvollen Ergebnisse. Neben der mangelnden Bereitschaft der Kriegsgefangenen stellte deren schlechte Verfassung ein großes Problem dar: Von ihren Bewachern oft bis aufs Hemd ausgeplündert und misshandelt, halb verhungert, erfroren und krank trafen sie an den vorgesehenen Sammelplätzen in Reval und Kiew ein. „So ist wenig Frisches und Gesundes für die Legion übrig geblieben“[181], klagte Arndt. Wenn sie überhaupt ankamen, denn viele russische Behörden und Militärs misstrauten den Deutschen, unterstützten den Aufbau der Legion nur widerwillig und transportierten die deutschen Gefangenen wie die anderer Nationen ins Landesinnere.

Der Vorschrift nach durften nur Angehörige deutschsprachiger Länder in die Legion aufgenommen werden. Allerdings gab es damals keinen PISA-Test und so mancher Angehörige einer anderen Nation sah in der Legion die Chance, der Kriegsgefangenenschaft zu entgehen. „Wer nur einige Worte deutsch sprach, wurde angenommen. Unter den 800 Mann, die ich zuerst in Königsberg zur Completierung aus dem Depot erhielt, waren sehr viele Holländer, Schweizer, Polen u.s.w., die kaum deutsch verstehen konnten, obgleich es die Bestimmung war, daß die Legion nur aus Deutschen bestehen sollte“[182], berichtete Wardenburg.

Ende 1812 war die russisch-deutsche Legion nur etwa 2000 Mann stark; dagegen war in einem russischen Aufruf *An die deutschen Fürsten* von März 1813 von „zwanzigtausend braven Männern“[183] die Rede. Im Frühjahr 1813 begann der Marsch in den Westen. Der Kampf um Deutschlands Freiheit fing für die Legionäre mit einer Waffenruhe an, da Napoleon und seine Gegner Anfang Juni einen Waffenstillstand geschlossen hatten. Auch im weiteren Verlauf des Krieges sahen sich die Mitglieder der Legion enttäuscht. An den entscheidenden Kämpfen gegen Napoleon hatten sie keinen Anteil. Sie kämpften als Teil der Nordarmee in Holstein, das der schwedische Thronfolger Bernadotte als Pfand für das ihm zugesprochene dänische Norwegen besetzen wollte. Später zogen sie in die Niederlande und wurden schließlich noch in Hessen zur Bekämpfung der dortigen Opposition eingesetzt. Mitte 1814 wurden alle nichtpreußischen Untertanen aus der Legion entlassen und der Rest derselben in die preußische Armee eingegliedert. Im April 1815 wurde die bisher noch „Deutsche Legion“ genannte Einheit endgültig aufgelöst.

Der preußische König rief, als die Russen kamen

Der größte Erfolg in der Werbung um Überläufer war zweifellos die Konvention von Tauroggen vom 30. Dezember 1812. Der gebürtige Preuße Johann von Diebitsch, seit 1798 in russischem Dienst, nahm in der Einheit unter Ludwig Adolf Peter von Wittgenstein am Krieg teil. Es gelang ihm, mit General Hans David Ludwig Yorck von Wartenburg, der das preußische Hilfskorps befehligte, Verhandlungen zu führen, an denen auch Clausewitz als Unterhändler beteiligt war. Ungeklärt bleibt, ob Yorck einem geheimen Befehl Friedrich Wilhelms folgte, wie schon Zeitgenossen vermuteten; selbst wenn, „so ist doch ausgemacht“, meinte Clausewitz, „daß diese [Instruktion] nichts enthielt wodurch der Schritt welchen der General York zu thun im Begriff war im mindesten gerechtfertigt würde“.[184] Eigenmächtig erklärte Yorck sein Korps für neutral. Dieses umfasste zwar nur ungefähr 20 000 Mann, konnte jedoch angesichts der ungeheuren Verluste der *Grande Armée* Anfang 1813 durchaus militärisch entscheidend sein, sodass seine Erhaltung Friedrich Wilhelm erfreuen musste. Doch Tauroggen war erst der Anfang. „Durch die York'sche Kapitulation änderte sich plötzlich die Lage der Dinge“[185], urteilte der sächsische Offizier Karl Wilhelm Ferdinand von Funck. In der *Grande Armée* waren viele Offiziere davon ausgegangen, in Ostpreußen und im Großherzogtum Warschau die Stellung zu halten; das war nun nicht mehr möglich. Die Russen rückten vor.

In Königsberg übernahm Stein die Interimsverwaltung Ostpreußens. „Stein träumte wußte dachte Tag und Nacht nichts Anderes als Erhebung und Aufstand des ganzen deutschen Volkes gegen den bösesten Feind, als baldigstes Bündnis zwischen Kaiser Alexander und König Friedrich Wilhelm, und dann geschwindesten Marsch über Weichsel und Oder zur Elbe und zum Rhein“[186], so Arndt. Stein und Yorck gelang es, auf dem einberufenen Landtag die Kooperation der ostpreußischen Landstände zu gewinnen. Mit der beschlossenen Einrichtung von Landwehr und Landsturm wurden zwei in den letzten Jahren von den Heeresreformern hitzig diskutierte Elemente einer neuen Wehrverfassung realisiert. Man rüstete zum Krieg gegen Napoleon. Wer nicht gefragt wurde, war der König.

„Mich juckts in alle Finger, den Säbel zu ergreifen. Wenn es jetzt nicht Sr. Majestät unseres Königs und aller übrigen deutschen Fürsten und der ganzen Nation Führnehmen ist, alles Schelmfranzosenzeug mitsammt dem Bonaparte und all seinem ganzen Anhang vom deutschen Boden weg zu vertilgen: so scheint mich, daß kein deutscher Mann mehr des deutschen Namens werth sei. Jetzo ist wiederum die Zeit zu duhn, was ich schon Anno 9 angerathen, nämlich die ganze Nation zu den Waffen anzurufen, und wann die Fürsten nicht wollen und sich dem entgegensetzen, sie sammt dem Bonaparte wegzujagen. Denn nicht nur Preußen allein, sondern das ganze deutsche Vaterland muß wiederum heraufgebracht und die Nation hergestellt werden“[187], schrieb Gebhardt Leberecht von Blücher am 5. Januar 1813 an Scharnhorst. Mit seinen 71 Jahren zeigte sich Blücher nicht nur auf dem Papier angriffslustig – Ende Februar übernahm er das Kommando über die Schlesische Armee.

„Der König rief, und alle, alle kamen“[188], feierte Carl Heun im gleichnamigen Gedicht vom Mai/Juni 1813 den preußischen Herrscher als Urheber des deutschen Befreiungskrieges. Doch bevor er seine Stimme erhob, räusperte sich Friedrich Wilhelm recht lange. Die Konvention von Tauroggen, von der er in den ersten Januartagen erfuhr, zwang ihn erneut zur unliebsamen Entscheidung: dem verhassten Napoleon treu bleiben oder ins russische Lager wechseln? Nur nichts überstürzen! „Baron Hardenberg hatte gezeigt daß er geschickt zwischen Klippen zu steuern wisse“[189], beschrieb Clausewitz die preußische Außenpolitik seit 1810. „Es wurde also beschlossen in diesem schwierigen Augenblick einer entscheidenden Erklärung nach Möglichkeit auszuweichen und so gut zu laviren als man könne.“[190] Noch waren die Russen fern, die Franzosen gefährlich nahe, eine große Garnison befand sich in Berlin. Friedrich Wilhelm beeilte sich, die Konvention von Tauroggen öffentlich abzulehnen und Napoleon seine Loyalität zu bekunden, bevor er im Januar 1813 mit seiner Familie nach Breslau reiste, angetrieben von der Angst, in französische Geiselhaft zu geraten und dadurch seinen politischen Handlungsspielraum zu verlieren. Stein, Clausewitz, Gneisenau, Scharnhorst und andere drängten zum Krieg gegen Frankreich. Doch nach wie vor galt für den Preußenkönig nur ein Grundsatz, nämlich seine politische Existenz zu retten. Friedrich Wilhelm wünschte nichts mehr, als sich aus dem Konflikt zwischen Russland und Frankreich heraushalten zu können, wobei er seine Hoffnungen auf die Friedensvermittlung durch Österreich setzte. Er war aber realistisch genug, um gleichzeitig Verhandlungen mit Russland führen zu lassen und Preußens Streitkräfte zu mobilisieren; gegen wen, war zu diesem Zeitpunkt noch unentschieden. Anfang Februar erfolgte der Aufruf zur Bildung Freiwilliger Jägertruppen. Eine Verordnung vom 9. Februar 1813 hob alle bisherigen Ausnahmen von der Wehrdienstverpflichtung auf.

Während sich die diplomatischen Verhandlungen mit Russland bis in den Februar hineinzogen, mussten die preußischen Truppen neutral und damit untätig bleiben. Die russischen Kommandanten Kutusow und Wittgenstein entschieden sich dafür, das auf russischem Boden erfolgreiche Konzept des kleinen Krieges in Deutschland fortzusetzen, und sandten *Partheygänger* aus: Unter dem gebürtigen Österreicher Friedrich von Tettenborn stieß eine Einheit nach Norddeutschland vor,

Tschernyschew bewegte sich in Richtung Posen, Alexander Benckendorff operierte in der Berliner Region. Am 4. März rückten die Russen in Berlin ein. Die Franzosen zogen sich hinter die Elbe zurück. Zum militärischen Erfolg kam ein diplomatischer: Friedrich Wilhelm unterzeichnete Ende Februar 1813 die Konvention von Kalisch, ein Schutz- und Trutzbündnis mit Russland. Der preußische König konnte alles verlieren – oder alles gewinnen. Der Vertrag mit Russland sicherte ihm die Wiederherstellung Preußens in einstiger Größe zu. Falls Napoleon besiegt wurde.

Preußens Nationalkrieg Am 16. März 1813 erklärte Preußen Frankreich den Krieg. Die von Napoleon auferlegten Beschränkungen wie die maximale Heeresstärke von 42 000 Mann oder das Verbot von Milizen und Bürgergarden galten nicht länger. Für den „letzte[n] entscheidende[n] Kampf, den wir bestehen für unsere Existenz, unsere Unabhängigkeit unsern Wohlstand“[191], wie es im königlichen Aufruf *An mein Volk* vom 17. März hieß, brauchte man eine Nation in Waffen: „Große Opfer werden von allen Ständen gefordert werden.“[192] Friedrich Wilhelm gab dem hartnäckigen Drängen der Heeresreformer nach, die nun ihr ambitioniertes Programm umsetzen konnten. Für die Dauer des Krieges waren bereits am 9. Februar alle bisherigen Exemtionen aufgehoben worden. Damit waren theoretisch alle tauglichen Männer wehrpflichtig; nur war man sich bewusst, auf welche Widerstände man stoßen würde, wollte man versuchen, die bisher ausgenommenen Bevölkerungsgruppen in die Mannschaften der Linienarmee zu pressen.

Dem Besitz- und Bildungsbürgertum bot man daher eine attraktive Alternative: Für die Freiwilligen Jägerdetachements wollte man „besonders diejenige Klasse der Staatsbewohner, welche nach den bisherigen Kantongesetzen vom Dienste befreit und wohlhabend genug sind, um sich selbst bekleiden und beritten machen zu können, in einer ihrer Erziehung und ihren übrigen Verhältnissen angemessenen Form zum Militairdienst“[193] auffordern. Schon 1807 hatte Scharnhorst eine Nationalmiliz angeregt, um „die Ruhe des Landes zu erhalten, die Polizei zu unterstützen, das Land gegen die Plünderungen der Marodeure zu decken, um feindliche Streifereien zu verhindern“[194], deren Umsetzung am Verbot Napoleons gescheitert war. Am 17. März 1813 wurde die

Landwehr als selbstständige Formation neben dem stehenden Heer eingerichtet. Die *Verordnung über den Landsturm* vom 21. April berücksichtigte die Erfahrungen der letzten Volkskriege wie in der Vendée, in Spanien, Tirol und auch Russland. Sie propagierte ganz im Geiste Gneisenaus und Scharnhorsts den kleinen Krieg und verpflichtete im Falle einer Invasion jeden Staatsbürger zur Teilnahme am organisierten Volksaufstand. „Die Anwendung des Landsturms und bewaffneter Volkshaufen kann und soll nicht gegen die feindliche Hauptmacht, auch nicht gegen beträchtliche Korps gerichtet sein", erläuterte Clausewitz, der zugleich auf die Notwendigkeit militärischer Führung und „Unterstützung durch etwas Truppen des stehenden Heeres" hinwies, denn ohne diese „wird es den Einwohnern meistens an Vertrauen und an Trieb fehlen, zu den Waffen zu greifen".[195]

Freikorps, Landsturm und ähnliche Formierungen standen außerhalb der regulären Armee. Allerdings bemühte man sich, die Anerkennung ihrer Mitglieder als legitime Kombattanten durchzusetzen, da die Leute vom Gegner sonst als Aufständische hart bestraft werden könnten. Die entsprechenden Passagen der Landsturmverordnungen wurden in den Zeitungen publik gemacht, beispielsweise in der *Allgemeinen Zeitung* vom 27. Mai 1813: „Sollte ein zum Landsturm aufgerufener Mann in Gefangenschaft gerathen, und der Feind sich beikommen lassen, denselben härter zu behandeln, als andere Gefangene aus dem stehenden Heere; so erklären Se. könig. Majestät [Friedrich Wilhelm] hiemit feierlich, daß die allerstrengsten Repressalien ohne jeden Verzug gebraucht werden sollen."[196]

Den Volksbewaffnungskonzepten der Heeresreformer stand der Großteil der Beamten und Offiziere skeptisch bis ablehnend gegenüber. Im Gegensatz zu den leidenschaftlichen Befürwortern von Volkserhebungen rechnete der König selbst mit wenig Enthusiasmus in der Bevölkerung. „Mir schwindelt bey solchen Tollhäuseleien, die nur eine bis zur Raserey erhitzte Einbildungskraft bilden kann, und die sich Ideale und Vollkommenheiten träumt, da wo keine denkbar sind, nie existiert haben und schwerlich je existieren werden"[197], schrieb er im Juli 1811 an Hardenberg. Gneisenaus Ideen zur Miliz waren seiner Ansicht nach nur „[a]ls Poesie gut".[198] „Ein paar Exekutionen und die ganze Sache hat ein Ende, alles wird sich bald zerstreuen [...]."[199] Vor allem am Landsturm schieden sich die Geister. Den meisten schienen die Ideen eines Scharnhorst und Gneisenau viel zu extrem; Spanien war ihnen kein Vorbild, sondern ein abschreckendes Beispiel für Anarchie und Terror. Noch im Juli 1813 wurde das Landsturmedikt gegen den Protest der Heeresreformer modifiziert und die allzu revolutionären Elemente ausradiert: „Aus den Landsturmmännern soll für die Landwehr eine Reserve gebildet und stets vollzählig erhalten werden, die hinreichend sei, den Abgang bei der Landwehr immer aufs Schnellste zu ersetzen.“[200] Nur noch das Militärgouvernement durfte auf vorherigem Befehl des Königs den Landsturm aufbieten. Nach dem Sieg über Napoleon wurde am 27. Mai 1814 die allgemeine Wehrpflicht in Preußen wieder aufgehoben.

Möge jeder Deutsche sich anschließen

Die preußisch-russische Allianz war ein Anfang. Man hoffte auf Verstärkung, entweder durch den Beitritt Österreichs zur Koalition oder durch Aufstände und Unruhen in Mitteleuropa und Italien. So wie im Jahr zuvor die deutschen Soldaten in der *Grande Armée* zum Eintritt in die russisch-deutsche Legion aufgefordert wurden, hieß es nun in der Proklamation Kutusows von Kalisch am 25. März: „Möge jeder Deutsche, der des Namens noch würdig seyn will, rasch und kräftig sich anschließen; möge Jeder, er sey Fürst, er sey Edler, oder stehe in den Reihen der Männer des Volks, den Befreiungs-Plänen Rußlands und Preußens beitreten [...].“[201] Friedrich Wilhelm rief Anfang April seine ehemaligen Untertanen in jenen Gebieten, die er im Frieden von Tilsit hatte abtreten müssen, auf: „Auch Ihr seid von dem Augenblick an, da Mein treues Volk für Mich, für sich selbst und für Euch die Waffen ergriff, nicht mehr an den erzwungenen Eid gebunden, der Euch an Eure neuen Beherrscher knüpfte. [...] Ergreifet das Schwert, bildet Eure Landwehr und Euren Landsturm nach dem Beispiel Eurer hochherzigen Brüder.“[202]

Der Russlandfeldzug war ein Desaster, aber er brachte das *Grand Empire* nicht ins Wanken. „Außer sich selbst, seinen vornehmsten Generalen und ein Paar Tausend Offizieren hat er [Napoleon] nichts Namenswerthes von dem ganzen Heere zurückgebracht“[203], so Clausewitz. Aber genau die zählten, denn sie bildeten den Kern und die Führungsriegen der neuen Armee, die Napoleon in Frankreich aus dem Boden stampfte.

Wichtige Festungen wie Danzig oder Thorn waren ebenfalls noch französisch besetzt; eine Räumung derselben kam für Napoleon nicht infrage, denn dann hätte er zugeben müssen, dass sein *Grand Empire* schrumpfte. Seine Verbündeten wie die Rheinbundfürsten blieben ihm treu und hoben Rekruten für ihn aus, teils mehr als gefordert. Unter anderem folgte Mainz dem Beispiel anderer Städte und stellte im Februar 1813 „228 freiwillige Jäger nebst Pferden. Die Stadt Mainz und einige Nachbar-Gemeinden hatten diese Leute [...] auf eigne Kosten ausgerüstet."[204]

Napoleon wusste, dass die Bedrohung nicht nur von den russischen Truppen ausging. „Sie müssen sich nicht bloß gegen den äußeren Feind sicherstellen, sie haben einen noch gefährlicheren zu fürchten, den Geist des Aufruhrs und der Anarchie"[205], warnte er am 18. Januar 1813 seinen Bruder Jérôme wie auch die anderen Fürsten des Rheinbundes. Wenige Tage später brachen in den norddeutschen Gebieten erste Unruhen aus. Im Großherzogtum Berg und im Königreich Westphalen konnten diese recht rasch durch das Militär niedergeschlagen werden.

Anfang Februar spitzte sich in Hamburg die Lage zu. Befeuert durch die Nachricht, dass russische Truppen anrückten, begann am 24. Februar ein Aufstand, der sich auf Lübeck, Lüneburg und andere norddeutsche Städte ausweitete. In Verbindung mit dem Vormarsch der Russen führte dieser dazu, dass sich die Franzosen für etwa zwei Monate zurückziehen mussten. Napoleon sandte seinen bewährten General Louis-Nicolas Davout, der zuerst Lüneburg einnahm und im Mai Hamburg angriff. In der Nacht vom 29. auf den 30. Mai musste sich Tettenborn zurückziehen.

Trotz der steigenden Unzufriedenheit in der Bevölkerung und der anheizenden Proklamationen der Alliierten kam es in den Rheinbundstaaten zu keiner effektiven Volksbewegung, die Napoleons Herrschaft ernsthaft gefährdet hätte. Dennoch fand Jérôme seine Lage alles andere als lustig: Er hielt angeblich immer eine Kutsche bereit, um beim ersten Anzeichen für einen Aufstand fliehen zu können.

Am 17. April 1813 traf Napoleon in Mainz ein. Den Frühjahrsfeldzug 1813 mussten Preußen und Russen weitestgehend allein bestreiten. „Leider gab es auch noch diesmal deutsche Fürsten die ihre Schaaren zu dem Heere der Unterdrücker stoßen ließen; leider blieb das übrige

Die französische Propaganda betonte die noch immer bestehende militärische Überlegenheit Napoleons gegenüber den Russen und warnte die Deutschen davor, sich dem Feind anzuschließen. Am 14. Februar 1813 verkündete General Lauriston in Hamburg: „Ein barbarischer Feind, der den Angriff der französischen Armeen nie aushalten konnte, und von welchem die Ebenen von Zürich, von Austerlitz, von Friedland und an der Moskwa bezeugen, wie wenig er denselben gewachsen ist, hat die Strenge des Klima's und einen freiwilligen Rückzug benutzt, um vorübergehende Vortheile über eine Armee zu erhalten, vor welcher er zu fliehen gewohnt war. [...] Weit entfernt von uns sey der Gedanke, daß diese Ruhe durch die unsinnigen Schriften gestört werden könnte, welche die Uebelgesinntheit verbreitet, um zur Empörung und Insultirung gegen die Regierung aufzufordern. England und Rußland streuen bloß lügenhafte Gerüchte aus, um Deutschland unter einem Haufen von Trümmern zu begraben [...] Die friedlichen Einwohner können mit Vertrauen in ihrer Heimath bleiben. Sie können sich auf Napoleons Genie rücksichtlich der Sorge für ihre Vertheidigung verlassen; sie werden sich mit ihren Obrigkeiten vereinigen, um diejenigen zu verhaften und im Zaume zu halten, welche die Verblendung verleiten möchte, England zu Agenten zu dienen [...].“[206]

Deutschland in furchtsamer Stille, den Augenblick der Befreiung mit Sehnsucht erwartend, aber ohne den Muth ihn selbst herbei zu führen; leider hatte Östreich seine Anstalten noch nicht beendigt“[207], bedauerte Clausewitz. In den folgenden Gefechten, beispielsweise im Mai bei Lützen und Bautzen, zeigte sich Napoleon überlegen, allerdings gelang es den Alliierten, sich vor entscheidenden Niederlagen aus dem Kampfgeschehen zurückzuziehen. Das Unvermögen, eine Schlacht zu gewinnen, und die Notwendigkeit des Rückzuges nach Schlesien erschütterten den Zaren wie den preußischen König; das alles erinnerte in erschreckender Weise an die Jahre 1806/07. Barclay übernahm nach dem krankheitsbedingten Tod Kutusows Ende April und einem kurzen Zwischenspiel Wittgensteins Ende Mai das Oberkommando und plädierte aufgrund des schlechten Zustands der russischen Armee sogar dafür, sich nach Polen abzusetzen.

Zum Glück für die Verbündeten hatten aber auch Napoleons Truppen stark gelitten. Beide Seiten brauchten eine Verschnaufpause, um ihre Kräfte zu sammeln. Daher schlossen Napoleon und seine Gegner am 4. Juni den Waffenstillstand von Pläswitz. Die Nachricht davon wurde zwiespältig aufgenommen: Die einen begrüßten „das wahrscheinliche Ende aller Drangsale mit Jubel“[208]; von manchen Gegnern Napoleons wie Arndt wurde die Meldung jedoch als „dunkelste Trauerbotschaft“ aufgenommen, da man einen erneuten „jämmerlichen Frieden“[209] befürchtete. Doch erwies sich der Waffenstillstand als Glücksfall für die Alliierten, während Napoleon ihn später als seine größte Dummheit bereute.

Österreich Angesichts der politischen Konstellationen in Europa kam Österreich eine wichtige Rolle zu. Von russischer und preußischer Seite drängte man seit Anfang 1813 auf den Kriegseintritt Österreichs. „Das Vaterland hat keinen Schwiegersohn“[210], hieß es im Frühjahr 1813 in einem anonymen, vermutlich aus preußischer Feder stammenden Gedicht. Napoleon hingegen war davon überzeugt, dass Kaiser Franz dem Bündnis treu bleiben würde. Armand Augustin Caulaincourt, Adjutant Napoleons und bald darauf auch Außenminister, hatte diesen auf seiner Rückreise von Russland nach Paris begleitet. Er berichtete, wie der Kaiser ihn davon zu überzeugen versuchte, „daß alle Kabinette Europas, selbst die durch die französische Machtentfaltung am meisten betroffenen, ein großes Interesse daran hätten, daß die Kosaken nicht über den Njemen kämen: ‚Die Russen müssen allen Völkern als eine Geißel erscheinen. [...] Der österreichische Kaiser und Herr von Metternich empfinden das deutlich; sie haben es mir in Dresden oft gesagt. [...] Man sollte nur noch einen Feind in Europa sehen; dieser Feind ist der russische Koloß.‘“[211]

Da sich Österreich, wie Metternichs Mitarbeiter Gentz richtig beurteilte, „in keiner unmittelbaren Lebensgefahr“[212] befand, konnte man eine Entscheidung hinauszögern. Die Sympathien für Napoleon hielten sich in engen Grenzen. Aber erneut einen Krieg gegen ihn wagen? Das schien äußerst riskant. So sehr man Napoleon verabscheute und seine hegemoniale Stellung in Europa – vor allem in den Interessensgebieten der Wiener Politik im ehemaligen Alten Reich und Italien – brechen wollte: War die russische Alternative besser? Österreichische Ambitionen und russische Expansionsgelüste prallten am Balkan, im Osten der Habsburgermonarchie und in den ehemals polnischen Gebieten aufeinander. Unbedingt wollte man in Wien verhindern, dass die französische Hegemonie in Europa durch eine russische ersetzt wurde. Abgeschreckt fühlten sich Metternich und sein Kaiser zudem von der preußisch-russischen Rhetorik des Befreiungskrieges: Die revolutionären Aufrufe zur Volkserhebung, die Appelle an einen deutschen Nationalismus und die Missachtung der fürstlichen Gewalt stießen am Hof auf Argwohn.

Allerdings fanden sich auch in Österreich Männer, die unbedingt am Krieg gegen Napoleon teilnehmen wollten und Metternichs abwartende Politik hassten. Das 1809 fehlgeschlagene Projekt sollte neu aufgelegt werden: Eine von den Alpenländern einschließlich Tirol ausgehende Volkserhebung wie in Spanien war das Ziel der sogenannten Alpenbundverschwörung, in der wiederum Erzherzog Johann und der „Kriegszündler"[213] Hormayr die Führung übernahmen. Im Frühjahr 1813 wollte man losschlagen. Die Verschwörung wurde jedoch Anfang März aufgedeckt, Erzherzog Johann unter polizeiliche Aufsicht gestellt und Hormayr verhaftet.

Wichtig war Metternich, Österreich aus der politischen Abhängigkeit von Frankreich zu lösen, um eine eigenständige Außenpolitik führen zu können. Nur dadurch könnte die Habsburgermonarchie wieder in die erste Liga aufsteigen. Napoleon sollte ruhig Kaiser der Franzosen bleiben; ihn zu stürzen machte aus österreichischer Sicht wenig Sinn, zumal man den Trost hatte, dass Napoleon nicht ewig leben würde – und sein Thronfolger war immerhin ein halber Habsburger. Metternich vollbrachte ein diplomatisches Meisterwerk: Es gelang ihm, im Einverständnis mit Napoleon die Habsburgermonarchie sukzessive aus dem bestehenden Bündnis mit Frankreich zu lösen und in eine neutrale Position zu manövrieren, um aus dieser heraus als Mediator zwischen den Parteien zu agieren. Allerdings wurde gleichzeitig gerüstet. Der Kutscher Europas, wie Metternich später genannt wurde, wollte durch Verhandlungen mit beiden Seiten das napoleonische Frankreich in ein erneuertes europäisches Gleichgewichtssystem einbauen.

Am 26. Juni 1813 trafen Napoleon und Metternich zu einem mehrstündigen Vier-Augen-Gespräch in Dresden zusammen. Vereinbart wurden eine Verlängerung des Waffenstillstands bis zum 10. August und ein Friedenskongress in Prag. Am 27. Juni verpflichtete sich der Wiener Hof in der Konvention von Reichenbach gegenüber den Alliierten, in den Krieg einzutreten, falls Napoleon die von Österreich formulierten Bedingungen für einen „*Vor*frieden"[214] ablehnen sollte. Es handelte sich dabei um Forderungen wie die Auflösung des Großherzogtums Warschau, die Vergrößerung Preußens oder die Rückgabe der Illyrischen Provinzen an Österreich, welche die Basis für ein erstes Verhandlungsstadium bilden sollten.

Auf diesem Wege sollte sondiert werden, ob Napoleon überhaupt zu Friedensverhandlungen bereit war. Es war aber klar, dass weder Zar Alexander noch König Friedrich Wilhelm auf die Auflösung des Rheinbundes verzichten würden, auch das Schicksal Hollands oder Italiens fand hier noch keine Erwähnung.

Während es mit den Friedensverhandlungen nicht richtig voranging, entwickelte sich die Stellung Österreichs im Mächtesystem umso besser; diese schätzte Metternich Mitte Juli 1813 so ein: „Im abstracten Sinn - die Monarchie allein gerechnet - sind wir weit entfernt, so stark zu sein, wie wir es früher waren; aber als Gewicht in die Wagschale ist die Partei, welche Oesterreich ergreift, die überwiegende [...]."[215] Dabei gab es für Metternich nur die Wahl zwischen bewaffneter Neutralität oder einem Bündnis mit den Alliierten. Der Friedenskongress in Prag war eine Farce. Napoleon schickte seinen Bevollmächtigten Caulaincourt erst Ende Juli und ohne Vollmachten. Am 8. August übermittelte Metternich die österreichischen Forderungen in der Form eines Ultimatums. Als ein französischer Bote erst nach Ablauf der Frist am 11. August unbefriedigende Gegenvorschläge überbrachte, antwortete Metternich: „Gestern waren wir Vermittler, aber nicht mehr heute. Französische Vorschläge müssen von nun ab an die drei *verbündeten* Höfe adressiert sein."[216] Der Krieg war erklärt. Feldmarschall Schwarzenberg wurde als Oberbefehlshaber bestimmt. Im Armeebefehl vom 17. August verkündete er: „Wir stehen in einer Reihe mit allem, was Europa dem mächtigen Widersacher seiner Freiheit und Ruhe Großes und Wirksames entgegen zu stellen hat. Oesterreich, Rußland, Preußen,

Schweden, England, Spanien – Alle richten Ihre vereinten Anstrengungen auf einen gemeinschaftlichen Zweck, auf einen wohlgegründeten, dauerhaften Friedensstand, eine billige Vertheilung der Kräfte unter den Staaten, die Unabhängigkeit jeder einzelnen Macht. Nicht gegen Frankreich, nur gegen französische Obergewalt außerhalb der Grenzen Frankreichs, erhebt sich dieser große Bund.“[217] Aber noch Ende August konnte Napoleon sich in der Schlacht bei Dresden behaupten.

Seitenwechsel der Rheinbundstaaten Der Rheinbund sollte aufgelöst und jene Fürsten, die sich nicht fristgerecht der Koalition gegen Napoleon anschlossen, abgesetzt werden, hieß es in einem gemeinsamen Aufruf Alexanders und Friedrich Wilhelms vom 19. März 1813. Doch die deutschen Fürsten, die sich seit 1805 mit Napoleon verbanden und sich zu „Dienern der Finsternis und Unterdrückern des Lichts“[218], so Arndt, erniedrigten, dachten gar nicht daran, das Lager zu wechseln. „Was man von den Völkern und deutschen Fürsten erwartet hatte, trat nicht ein“, schrieb Clausewitz, „und wenn auch das ganze Gebäude des Eroberers in Deutschland einen Augenblick schwankte und umzustürzen drohte, so wußte der kräftige Arm des Kaisers [Napoleon] es doch bald wieder festzustellen.“[219] Landespatriotismus und die Loyalität zum eigenen Fürsten dominierten die Haltung der Bevölkerung. Die Entscheidung, ob mit oder gegen Napoleon, blieb weitgehend die Sache der Regierungen. Nur die Fürsten von Mecklenburg-Strelitz und Mecklenburg-Schwerin entsagten im März 1813 dem Rheinbund und schlossen sich den Verbündeten an. Hierbei dürften aber weniger Appelle an das deutsche Nationalgefühl als die Tatsache, dass sich die Franzosen an Elbe und Saale zurückgezogen hatten, den Ausschlag gegeben haben.

Es wäre Unsinn, den Rheinbundfürsten Verrat an „Deutschland“ vorzuwerfen, weil sie nicht sofort auf die Seite Preußens und Russlands traten. Es gab weder einen Gesamtstaat noch die eine deutsche Nation, auf die man sie verpflichten konnte. „Deutschland? Aber wo liegt es? Ich weiß das Land nicht zu finden. Wo das gelehrte beginnt, hört das politische auf“[220], hieß es 1797 noch zur Zeit des Alten Reichs in den *Xenien* Johann Wolfgang von Goethes und Friedrich Schillers. Auch wenn die Propaganda den Befreiungskrieg aller Deutschen für das deutsche Vaterland postulierte, so entsprach das nicht der politischen Realität jener Zeit. „Ein ‚Deutschland' existierte [um 1800] weder als Staat noch als eindeutige geographische Einheit, geschweige denn als politische Nation in dem unlängst in Amerika und Frankreich aktualisierten modernen Sinn."[221] Die Regenten Bayerns, Badens und wie die Staaten alle hießen, betrieben an erster Stelle bayerische, badische, ... Politik, auch wenn sie sich sehr wohl als Deutsche im Sinne einer „Kulturnation" verstanden. Das jeweilige Staatsbewusstsein, der „Nationalgeist"[222], bezog sich zumeist auf den Einzelstaat. Selbst Preußen bildete trotz seiner Führungsrolle im Kampf gegen Napoleons Vorherrschaft keine Ausnahme. In der Befreiung Deutschlands sah der Prinzenerzieher Johann Peter Friedrich Ancillon weniger das Ziel als das Mittel, um Preußen zu befreien und zu sichern. In seiner Denkschrift für den König vom 4. Februar betonte er: „Erinnern wir uns, daß wir in erster Linie und vor allen Dingen Preußen sind."[223]

Der Russlandfeldzug und der 1813 fortgesetzte Kampf forderten den Rheinbundstaaten große Opfer ab. Sie mussten Napoleon weitere Truppenkontingente stellen; unter anderem zehrten Einquartierungen und Verpflegung des Militärs an den Ressourcen, Handel und Wirtschaft litten. Dazu kam die Sorge, dass die eigenen Gebiete zum Kriegsschauplatz wurden. Nichts war begehrter als der Friede. Die aggressiven Proklamationen der Preußen und Russen, welche ihre Untertanen zum Aufstand aufforderten und ihnen selbst den Thronverlust androhten, wirkten auf die Rheinbundfürsten wenig vertrauenerweckend. Auch die in Aussicht gestellte Erneuerung des Alten Reichs klang kaum verlockend: Was würde das für ihre Gebietsgewinne der letzten Jahre, die neuen Würden von Napoleons Gnaden, für ihre Souveränität bedeuten? Verluste! War es da nicht klüger, sich auf Napoleons Feldherrntalent zu verlassen, auf die viel beschworene Sonne von Austerlitz zu hoffen? Für die Sache der Alliierten war es kein Schaden, dass der Zar im Frühjahr 1813 mehr und mehr Metternich die Verhandlungen mit den süddeutschen Fürsten überließ und auf österreichischen Wunsch hin auch den aggressiven Ton der Propaganda drosselte.

Aufgrund der exponierten Lage Sachsens fand sich Friedrich August I. in einer prekären Situation. Seine Berater plädierten zunehmend für den Bündniswechsel. Wie alle anderen Herrscher richtete aber auch der König von Sachsen seine Politik danach aus, was das Beste für ihn und sein Land war. Von Napoleons Gnaden hatte er das Großherzogtum Warschau erhalten und musste fürchten, dass es die Alliierten zurückfordern würden. Die Aufrufe zur Volkserhebung und zum deutschen Befreiungskrieg erschreckten ihn: Es wirkte so, als ob Friedrich Wilhelm in Preußen die Kontrolle über seine Untertanen verloren hätte. Revolution! Ende März reiste er nach Regensburg, um den sich nähernden Preußen und Russen auszuweichen, und ließ sich auf Unterhandlungen mit dem Wiener Hof ein. Mitte April wurde eine Konvention zwischen Sachsen und Österreich ausgehandelt und Friedrich August begab sich nach Prag auf habsburgisches Territorium. Vermutlich hoffte er, in Anlehnung an Österreich, das eine neutrale Vermittlerrolle einnehmen konnte, einen Ausweg zu finden und sich so dem Krieg entziehen zu können. Doch dann besiegte Napoleon Anfang Mai die Alliierten bei Lützen, die sich daraufhin bis in die Oberlausitz zurückzogen. Französische Truppen rückten in Dresden ein; Napoleon stellte Friedrich August ein Ultimatum, seinen Verpflichtungen als Rheinbundfürst nachzukommen, sonst würde er ihn als Verräter betrachten. Der sächsische König beteuerte seine Loyalität, stritt den geheimen Bündnisvertrag mit Österreich ab und reiste zurück nach Dresden. Er wagte es nicht mehr, mit den Alliierten zu liebäugeln – was ihm schließlich zum Verhängnis werden sollte. Er hatte auf das falsche Pferd gesetzt und verlor auf dem Wiener Kongress sein halbes Reich.

In den Verhandlungen mit den süddeutschen Fürsten zeigte sich Metternich sehr entgegenkommend. Im österreichisch-russischen Bündnisvertrag von Teplitz vom September 1813 wurde seitens der Alliierten hinsichtlich der Neuordnung Deutschlands die Unabhängigkeit der Einzelstaaten festgehalten sowie eine künftige Föderation ins Auge gefasst. Auf dieser Basis ließ sich leichter verhandeln, zumal man in Wien nicht ernsthaft an einer Wiederbelebung des Alten Reichs interessiert war. Gelänge es, den Rheinbund aufzulösen und Napoleons Einfluss zurückzudrängen, könnte der Wiener Hof auch ohne römisch-deutsche Kaiserwürde in einem eher losen Verband der deutschen Staaten seine Vormachtstellung ausbauen.

Durch den Kriegsbeitritt Österreichs im August geriet nach Sachsen nun auch Bayern in die Schusslinie. Bedroht von der Invasion einer überlegenen Macht und ohne Aussicht auf Unterstützung durch Napoleon führte König Max I. Joseph geheime Verhandlungen mit den Alliierten und wechselte am 8. Oktober die Seiten. Der Vertrag von Ried zwischen Österreich und Bayern sicherte dem König volle Souveränität sowie seinen territorialen Besitzstand zu; für Tirol, das an die Habsburgermonarchie zurückgegeben werden sollte, wurde ihm Kompensation zugesagt. In der Kriegserklärung vom 14. Oktober klingt durch, dass Max I. Joseph aufgrund der militärischen Lage keine andere Wahl gehabt hatte, als die Seiten zu wechseln. „Glänzende Fortschritte krönten beim Anfang des Feldzugs [1813] die so oft siegreichen Waffen des Kaisers Napoleon."[224] Doch mit dem Beitritt Österreichs zur Allianz „wurde Baierns Lage äußerst kritisch. [...] Aber die französische Armee, welcher der Kaiser den Namen Observationsarmee von Baiern beigelegt, und die sich bei Würzburg und in der umliegenden Gegend versammelt hatte, erhielt, statt die baierische Armee zu unterstützen und ihre Operationen mit ihr zu kombiniren, plötzlich eine andere Bestimmung"[225], und „so gänzlich verlassen"[226] musste Max I. Joseph an die Rettung seines Landes denken, zumal die Alliierten Bayerns Grenzen garantierten und Krieg um des Friedens willen führten.

Die Völkerschlacht von Leipzig vom 16. bis 19. Oktober brachte den Verbündeten den Sieg und die große Wende in Mitteleuropa. Nach dem Abfall Bayerns schockierte Napoleon, dass in der Schlacht ganze sächsische Verbände zu den Alliierten überliefen, was zwar militärisch nicht wirklich bedeutend war, aber großen Symbolcharakter besaß. Auf die Deutschen war kein Verlass mehr! Nach der Niederlage rettete sich Napoleon mit seinen französischen Truppen über den Rhein; den Bayern gelang es nicht, ihm Ende Oktober bei Hanau den Weg zu versperren. Jetzt war es für Jérôme höchste Zeit, in Westphalen seine Kutsche zu besteigen; das Großherzogtum Berg, Frankfurt und Sachsen wurden besetzt. Das Ende der napoleonischen Modellstaaten wurde durch den Kriegsverlauf besiegelt, nicht durch Volksbewegungen. Die deutschen Fürsten beeilten sich, angesichts der veränderten Machtverhältnisse und nach der offensichtlichen Preisgabe des Rheinbundes durch Napoleon Allianzverträge mit den Siegern zu schließen. Württemberg erreichte im Vertrag von Fulda ähnlich günstige Bedingungen wie Bayern. Die übrigen Rheinbundstaaten zogen im November in den Frankfurter

Akzessionsverträgen nach; ihnen wurde die Souveränität mit Vorbehalt zugestanden und man verwies auf die ausstehende Neuregelung der deutschen Frage.

Der Seitenwechsel der Rheinbundfürsten hatte wenig mit (deutsch-) nationalen Gefühlen oder dem Willen des Volks zu tun, sondern wurde von traditionellen Motiven bestimmt: vom Gang der militärischen Ereignisse und dem Erfolg diplomatischer Verhandlungen, die den Herrschern ihren Besitzstand und ihre Souveränität garantierten. Inwieweit das Bündnis den Wünschen der Handelnden entsprach, muss dahingestellt bleiben; am Misstrauen gegenüber Österreich oder Russland hatte sich kaum etwas geändert. Gut möglich, dass die Staatsmänner der deutschen Rheinbundländer ähnlich wie jene Österreichs und Preußens Anfang 1812 nur aufgrund ihrer Zwangslage handelten, sich dem Druck der Gegebenheiten beugten und – wie es ihrer Pflicht entsprach – ihren jeweiligen Staat möglichst heil in den nächsten Frieden retten wollten.

Mit dem Rückzug der Franzosen und dem Übertritt der deutschen Fürsten zu den Alliierten war das erklärte Kriegsziel – die Befreiung Deutschlands – erreicht. Revolutionäre Aufrufe zur Volkserhebung erübrigten sich nun. Russland, Preußen und Österreich ergänzten ihre regulären Truppen durch Milizen. Preußische Landwehreinheiten wurden zum Teil in die Feldarmee inkorporiert; österreichische Landwehrbataillone wie auch die russische Miliz sollten vor allem Hilfsaufgaben erfüllen. Auch die neuen Verbündeten sollten das Volk nach preußischem Vorbild als reguläres Heer, Freiwillige, Landwehr und Landsturm aufbieten. Die Fürsten legten dabei teilweise ein sehr gemächliches Tempo vor, ihre Skepsis gegenüber der Volksbewaffnung war deutlich erkennbar.

Europa gegen Napoleon

Nach dem Russlandfeldzug 1812 und dem deutschen Befreiungskrieg 1813 schlug 1814 Frankreichs Stunde. Napoleon sah sich der größten Koalition gegenüber, mit der es Frankreich seit Beginn der Revolutionskriege zu tun hatte. Erstmals in den Koalitionskriegen waren Österreich, Preußen und Russland vereint; der Erzfeind Großbritannien, obwohl gleichzeitig mit den USA im Krieg, mischte nicht nur mit Subsidien – 1814 waren es 10 Millionen Pfund[227] – und Waffenlieferungen mit, sondern besaß in Sizilien und auf der Iberischen Halbinsel wertvolle Stützpunkte. Spanien war weiterhin in Aufruhr, der Rheinbund verloren. Die Bewohner der Niederlande rebellierten im November, begrüßten die alliierten Truppen als Befreier und die provisorische Regierung bot Wilhelm Friedrich von Oranien den Thron an. Im Norden standen sich Dänemark und Schweden gegenüber, wodurch die Region quasi „neutralisiert“[228] wurde. In Italien erwies sich Napoleons Stiefsohn Eugène als Vizekönig loyal, was man von seinem Schwager Joachim Murat, dem die Sicherung seines Königsthrons von Neapel über alles ging, nicht behaupten konnte: Er führte seit dem Spätsommer 1813 geheime Verhandlungen mit den Alliierten und schloss im Januar 1814 einen Bündnisvertrag. Das änderte den Kriegsverlauf in Italien und band dort die wertvollen Kräfte Eugènes.

Napoleon sah sich gezwungen, die Zahl seiner Gegner zu reduzieren. Ende November 1813 teilte er seinem Bruder Joseph mit, dass es am besten wäre, auf Spanien zu verzichten. Dessen Herrschaft war im Grunde bereits beendet. Er kehrte zwar am 2. November 1812 noch einmal nach Madrid zurück, aber am 23. März 1813 verließ er mit seinem Gefolge endgültig die Hauptstadt. Am 21. Juni 1813 besiegte das englisch-portugiesisch-spanische Heer die Franzosen bei Vittoria; die Alliierten profitierten davon, dass Napoleon immer mehr Truppen für den Kampf in Mitteleuropa abzog. Josephs Glück war es, dass seine vielen Wägen mit Schätzen reich beladen waren – und die angreifenden Soldaten sich lieber auf diese stürzten als auf den fliehenden König. So konnte er über die Pyrenäen entkommen. *Wellington was not amused.*

Obwohl französische Truppen bis ins Jahr 1814 hinein in Teilen Kataloniens stationiert blieben, war der spanische Krieg zu Ende. Im Oktober 1813 stieß Wellington über die Pyrenäen auf französischen Boden vor. Napoleon wollte einen Zweifrontenkrieg dadurch verhindern, dass er sich mit Ferdinand VII. verständigte. Dieser hatte die letzten Jahre in recht komfortabler Gefangenschaft in Talleyrands Schloss bei Valençay verbracht und Komplotte zu seiner Befreiung zurückgewiesen. Napoleon war bereit, ihn als spanischen König einzusetzen, unter der Bedingung, dass die französischen Truppen unbehelligt abziehen konnten,

Ferdinand die Briten und Portugiesen außer Landes verwies, einen Friedensvertrag mit Frankreich schloss und der Kontinentalsperre beitrat; sogar eine Ehe Ferdinands mit der ältesten Tochter Josephs wurde ins Auge gefasst. Der entsprechende Vertrag von Valençay vom Dezember 1813 stieß jedoch in Spanien auf entschiedene Ablehnung. Die Vertreter der *Cortes* ließen Ferdinand Wochen später ausrichten, dass seine Entscheidungen als nichtig gewertet würden, solange er Napoleons Gefangener sei. Dennoch erlaubte Napoleon im Frühjahr 1814 Ferdinands Rückkehr nach Spanien. Was hätte es auch genützt, ihn weiter in Frankreich festzuhalten? Auch der Papst wurde im Januar 1814 aus seiner Gefangenschaft in Fontainebleau entlassen, ein neues Konkordat konnte seine Wirkung jedoch nicht mehr entfalten.

In den Frankfurter Vorschlägen vom 10. November 1813 stellten die Alliierten Napoleon erneut die natürlichen Grenzen Frankreichs – was aber Russland und England vermutlich nicht akzeptiert hätten – als Basis für Friedensverhandlungen in Aussicht, als Anreiz, um vom Schlachtfeld an den Konferenztisch zu wechseln. Ein Kompromissfriede wäre den meisten Monarchen und Staatsmännern vermutlich lieber gewesen als die Fortsetzung des Krieges auf französischem Boden. Man fürchtete den Feldherrn Napoleon, mehr noch die *Grande Nation*. Was Spanien für Napoleon war, könnte Frankreich für die Verbündeten werden. Ein Alptraum.

„Krieg nicht gegen Frankreich, sondern gegen jene laut verkündete Uebermacht, welche der Kaiser Napoleon außerhalb der Gränze seines Reichs ausgeübt hat; Unabhängigkeit des französischen Reichs und Bestätigung seiner Ausdehnung seines Gebiets, wie sie Frankreich nie unter seinen Königen hatte“[229], hieß es in der Proklamation der verbündeten Mächte Anfang Dezember in Frankfurt. Den Franzosen wurde Friede und Schonung versprochen; keine Rede war von der Abtretung französischer Gebiete oder vom Sturz ihres Kaisers. Napoleon glaubte aber, durch Friedensverhandlungen Schwäche zu signalisieren. Er hatte im Gespräch mit Metternich in Dresden klargestellt: „Eure Herrscher, geboren auf dem Throne, können sich zwanzigmal schlagen lassen und doch immer wieder in ihre Residenz zurückkehren; das kann ich nicht, ich, der Sohn des Glücks! Meine Herrschaft überdauert den Tag nicht, an dem ich aufgehört habe, stark und folglich gefürchtet zu sein.“[230]

Alle für Einen! Auf der Seite der Alliierten hatte man aus den vergangenen Kriegen gegen Napoleon seine Lehren gezogen. Auf militärischem Gebiet bedeutete das, dass es ab März 1813 keine Partei allein mit Napoleon aufnahm, sondern einer Schlacht lieber auswich. Einigkeit und Zusammenhalt waren gefordert. „Alle Eifersucht, jedes Vorurtheil, jede sonst gehegte Abneigung zwischen den Völkern, muß von nun an verschwinden vor dem großen Zweck, die Unabhängigkeit der Nationen zu sichern“[231], betonte der schwedische Kronprinz Carl Johann (Bernadotte) Mitte August 1813 gegenüber seinen Soldaten. Ebenso beschwor der Oberbefehlshaber Schwarzenberg am 15. Oktober vor der Völkerschlacht bei Leipzig die Truppen: „Russen, Preußen, Oesterreicher! Ihr kämpft für eine Sache, kämpft für die Freiheit Europens [...] Alle für Einen! Jeder für Alle!“[232]

Auf dem politischen Parkett bemühte man sich, Eintracht zu demonstrieren. Doch unter der Fassade brodelte es in der Koalition gewaltig. Die Großmächte verfolgten durchaus unterschiedliche Ziele: In Teplitz wurde vereinbart, dass Preußen und Österreich in ihrer Größe von 1805 wiederhergestellt werden sollten; über die Zukunft Polens und Deutschlands wollte man sich vernünftigerweise erst nach dem Krieg Gedanken machen. England war vor allem daran interessiert, dass die Niederlande sowie Italien und Spanien frei von französischer Dominanz wurden. Bernadotte wollte die Position Schwedens in Skandinavien ausbauen, Murat sich seine Herrschaft in Neapel auch über den Niedergang Napoleons hinaus von den Verbündeten garantieren lassen. Es war nicht leicht, alle Begehrlichkeiten unter einen Hut zu bringen und sich auf gemeinsame Kriegsziele zu einigen, zumal sich die Koalitionspartner gegenseitig misstrauten und argwöhnisch beobachteten. Keiner sollte sich auf Kosten des anderen mehr Vorteile aus dem Kampf gegen Napoleon sichern; ebenso wachte man eifersüchtig über die gerechte Verteilung der Kriegsanstrengungen. Dazu kam die Angst, dass es Napoleon erneut gelingen könnte, die Koalition durch einen Separatfrieden zu sprengen. In den Allianzverträgen von Teplitz hatten sich Preußen, Russland und Österreich am 9. September 1813 gegenseitig versprochen, „ohne Ihren Alliirten weder Frieden noch Waffenstillstand schließen [zu] wollen, damit dieser nicht aus Haß, wegen der geleisteten Hülfe, angegriffen werden könne“.[233] Tinte auf Papier.

Die brennende Frage, die seit Mitte Januar 1814 im Lager der Alliierten diskutiert wurde, lautete aber: Wollte man Napoleon auf dem Thron belassen oder nicht? Der Zar drängte darauf, nach Paris zu marschieren und Napoleon zu stürzen; mit ihm sei, so Alexanders Argument, kein dauerhafter Friede möglich. Als Alternative auf dem französischen Thron fasste er Bernadotte ins Auge, der sich mit dem Gedanken gut anfreunden konnte. Staatsmänner wie Metternich oder Robert Stewart Castlereagh, Marquess of Londonderry, seit 1812 britischer Außenminister und mittlerweile im Hauptquartier eingetroffen, waren bereit, Napoleon die Herrschaft über Frankreich zu belassen, sofern er sich in das europäische Gleichgewicht einfügte. Für den Wiener Hof kam auch eine Regentschaft Marie Louises für ihren minderjährigen Sohn infrage. Castlereagh konnte sich als Alternative zu Napoleon nur die Wiedereinsetzung der Bourbonen vorstellen. Doch noch war Napoleon nicht besiegt.

Spaziergang nach Paris

Napoleon fehlten Geld, Waffen, Pferde und erfahrene Soldaten; noch immer waren in Spanien oder in Festungen Mitteleuropas Truppen gebunden. Er befahl ab Oktober 1813 weitere Truppenaushebungen und hoffte, den blutjungen Rekruten – *Marie-Louises* genannt, da die Kaiserin das entsprechende Dekret in Vertretung Napoleons unterzeichnet hatte – zumindest bis zum Frühjahr eine militärische Grundausbildung zuteilwerden lassen zu können. Was er brauchte, war Zeit. Genau die wollten ihm Generäle wie Schwarzenberg oder Blücher nicht geben. Sie drängten darauf, so schnell wie möglich in Frankreich einzumarschieren, bevor Napoleon eine neue Armee aufgestellt hatte oder die Volksbewaffnung organisieren konnte. Die psychologische Komponente war auch nicht zu unterschätzen: Nach dem Sieg bei Leipzig und der Flucht der Franzosen über den Rhein war die Kriegsmoral in den verbündeten Truppen so hoch wie nie zuvor, während die Franzosen schockiert und entmutigt waren. Lieber ein beschwerlicher Winterfeldzug, als Napoleon Zeit schenken!

Bereits im Dezember 1813 überquerten die Alliierten die Grenzen nach Frankreich. Schwarzenberg führte die Hauptarmee, Blücher die Schlesische Armee, Bernadotte die Nordarmee. Die militärischen Ope-

Zeit war für Napoleon essenziell. „Das kriegerische Volk [der Franzosen] konnte gefährlich werden mit der Zeit, aber nicht im ersten Augenblick; außerdem war auf die deutschen Einwohner bis zur alten französischen Grenze mehr für die Alliirten als für Bonaparte zu rechnen", erläuterte Clausewitz. „Aber nicht bloß für seine neuen Formationen, sondern für den ganzen Feldzug war Bonaparten die Zeit bis auf einen gewissen Punkt von unendlichem Werthe. Alles was man von dem Widerstande des Volkes von der einen Seite und von der gewöhnlichen Uneinigkeit einer alliirten Armee auf der andern erwarten konnte, reifte erst mit der Zeit. Diese Schwierigkeiten wurden umgangen, die neuen Formationen wurden größtentheils unmöglich, die spanischen und italienischen Truppen mußten zu spät ankommen, wenn man unaufhaltsam den Trümmern des französischen Heeres nachdrang, ihnen die letzte Schlacht abnöthigte oder ihre Reorganisation durch beständiges Verfolgen unmöglich machte und also mit dem Siege von Leipzig selbst bis zum Frieden reichte."[234]

rationen waren jedoch, so Clausewitz, „nicht frei [...] von diplomatischen Rücksichten die wie fremdartige Theile das rasche Feuer schwächen".[235] Auch die Monarchen Franz, Friedrich Wilhelm und Alexander, vor allem der Letztere, mischten sich ein. Parallel zum Feldzug wurden die Verhandlungen fortgesetzt, wobei die gegenseitige Beeinflussung deutlich wird: Der vorsichtig agierende Schwarzenberg wurde teilweise aus diplomatischen Überlegungen heraus von Metternich gebremst. Hingegen zeigten sich Blücher und sein Chef des Generalstabs, Gneisenau, offensiv. Am 1. Februar gewann Blücher die Schlacht bei La Rothière, doch war der Sieg nicht so überwältigend, dass er den Krieg selbst entschieden hätte. Immerhin wurden am 4. Februar in Châtillon-sur-Seine Friedensverhandlungen eingeleitet. Allerdings fühlte sich Napoleon durch eine rasche Serie von Siegen über Blücher stark und zum Pokern ermuntert. Er forderte wieder die natürlichen Grenzen Frankreichs und versuchte, mit seinem Schwiegervater Franz einen Separatfrieden zu erreichen. Napoleon verspielte alles.

Der Zar wollte den völligen Sieg über Frankreich, die Einnahme von Paris, um dann den Frieden diktieren zu können. Metternich, Castlereagh und Hardenberg verständigten sich im Geheimen darauf, Frankreich nicht zu sehr zu schwächen; es sollte weiterhin ein Gegengewicht zu Russland bilden, damit das Zarenreich nicht zu stark wurde. Balance. „Das Unglück hatte die verschiedenen Heere eng verbunden: jetzt da die Aussichten immer heller wurden und niemand mehr am Erfolg zweifelte, traten auch alle selbstsüchtigen, entzweienden Leidenschaften in den Vordergrund: der Russe traute dem Oestreicher nicht, der Preuße nicht dem Russen; der Oestreicher, seinen eigenen Gang gehend, weder dem einen noch dem andern“[236], so Woldemar von Löwenstern. Napoleons Erfolge nach La Rothière erschütterten die Alliierten – und schweißten sie aus purer Notwendigkeit enger zusammen. Man einigte sich darauf, wie bisher militärisch und diplomatisch vorzugehen. Napoleon sollte, wenn er einen akzeptablen Frieden schloss, seine Herrschaft behalten, sofern die Franzosen ihn nicht ablehnten. Sonst sollte ihn nur ein Bourbone ersetzen können. Anfang März unterzeichneten die Vertreter Österreichs, Preußens, Russlands und Englands den Vertrag von Chaumont als Defensivallianz gegen Frankreich, um „durch die Wiederherstellung eines gerechten Gleichgewichts der Mächte“[237] die Ruhe Europas wiederzugewinnen. Das Interessante an dieser Quadrupelallianz ist, dass sie auf zwanzig Jahre abgeschlossen wurde. Man fürchtete, dass Frankreich weiterhin eine Bedrohung sein und noch weitere Koalitionskriege folgen könnten.

Kaiser ohne Franzosen Napoleon hoffte, jene Volkskräfte mobilisieren zu können, die bereits im Ersten Koalitionskrieg ganz Europa erzittern ließen. Damals kämpften die Revolutionäre gegen nahezu den Rest der Welt, um ihre Freiheit, Gleichheit und Brüderlichkeit zu verteidigen. Frankreich stieg zur Supermacht auf. Das wollte Napoleon wiederholen. Nach dem Russlandfeldzug verlangte er von den Franzosen hohe Opfer an Menschen und Geld – und konnte sie auf dem Frühjahrs- und Herbstfeldzug in Deutschland nicht mit dem entscheidenden Sieg belohnen. An der Jahreswende 1813/14 wurde Frankreich nach fast zwanzig Jahren wieder selbst zum Kriegsschauplatz. Der Kaiser rief zum Abwehrkampf. Bewusst erinnerte er die Nation an ihren Mut und ihre Opfer der 1790er-Jahre, an die *levée en masse*, die Bürgersoldaten. In den Straßen von Paris erklang die *Marseillaise*. Doch die Franzosen eilten keineswegs freudig zu den Waffen. In den ersten drei Koalitionskriegen war es darum gegangen, die Revolution und ihre Errungenschaften zu bewahren, die neue Ordnung zu sichern und gegen die Mächte des *Ancien Régime* zu behaupten. Aber seit 1808 führte Napoleon Krieg in eigener Sache, motiviert durch seinen Ehrgeiz, zum Wohle seiner Brüder und Vertrauten, die mit europäischen Thronen beschenkt wurden. Was hatten die Franzosen von den Eroberungen ihres Kaisers? Nur die Lasten! Obwohl sich keine effektive Oppositionsbewegung bildete, nahmen passiver Widerstand und Verweigerung in Frankreich zu. Napoleon verlor den Rückhalt in der Nation, bei den Notabeln wie den Bauern gleichermaßen, gefördert durch den Einfluss vieler Geistlicher, die sich gegen weitere Eroberungskriege aussprachen und Frieden forderten. Nachdem die Franzosen Erfolge ihres Kaisers gewöhnt waren, wirkten sich die Nachrichten vom Russlandfeldzug, von den Niederlagen in Deutschland und die verlorene Schlacht von Leipzig sowie der Anblick der über den Rhein fliehenden Truppen verheerend auf die Moral aus. Zudem legten die Alliierten überzeugend dar, dass die Franzosen Frieden haben könnten, jeder Invasionsversuch abgeschmettert wäre, Frankreich größer bliebe als vor der Revolution - wenn Napoleon auf seine Vormachtstellung in Europa, auf einen Gutteil seiner Eroberungen verzichtete. Dazu war er nicht bereit.

Zwischen Oktober 1813 und Januar 1814 befahl Napoleon die Aushebung weiterer Soldaten oder Nationalgardisten in der Stärke von über 900 000 Mann[238] - wovon aber nur etwa jeder achte Mann tatsächlich zum Einsatz kam. Es fehlten Waffen, Ausrüstung und seitens der betroffenen Männer der gute Wille, viele entzogen sich der Verpflichtung. Napoleon griff auf die Gendarmerie zurück und befahl in den bedrohten Grenzgebieten die *levée en masse*. Beruhend auf seinen Erfahrungen mit Spanien zögerte er, einen unkontrollierten Aufruhr zu entfachen, denn bewaffnetes Volk war, so seine Erkenntnis, nur in Verbindung mit dem Militär und unter straffer Führung von oben effektiv. Am 5. März rief der Kaiser von Fismes aus die Franzosen im Verein mit den Truppen zum kleinen Krieg gegen die Invasoren auf: „Alle französischen Bürger sind nicht nur autorisirt zu den Waffen zu eilen, sondern selbst aufgefordert es zu thun, Sturm zu läuten, wenn sie den Kanonendonner unsrer Truppen sich nähern hören, sich zu sammeln, die

Wälder zu durchstreifen, die Brücken abzuwerfen, die Straßen abzuschneiden, und die Flanken und den Rücken des Feindes anzufallen […].“[239] Wie in der preußischen Landsturmverordnung kündigte auch Napoleon Vergeltung für jeden als Aufständischen hingerichteten französischen Bürger an.

Nach der Schlacht von Arcis-sur-Aube am 20./21. März informierte Napoleon sowohl seine Gemahlin wie auch seinen Generalstabschef Berthier über seine Absicht, sich nach Saint-Dizier zurückziehen zu wollen, um die Alliierten von Paris wegzulocken. Dumm, dass diese Briefe von Kosaken abgefangen wurden. Berücksichtigte man auch die Nachrichten über die steigende Unzufriedenheit der Pariser, wird nachvollziehbar, warum der Zar im Kriegsrat den Marsch auf Paris durchsetzen konnte. Kaiser Franz und Metternich konnten an dieser Besprechung nicht teilnehmen, da sie vom Hauptquartier abgeschnitten worden waren. Auf nach Paris!

In Napoleons Abwesenheit regierte Marie-Louise, besser gesagt Napoleons Bruder Joseph. In Paris hatte Napoleon eine *Armée de réserve* stationiert, sowohl zur Verteidigung wie auch zur Aufrechterhaltung der inneren Ordnung. Zusammen mit den regulären Truppen, die es vor den Alliierten in die Stadt schafften, und Freiwilligen standen etwa 42 000 Mann zur Verteidigung zur Verfügung. Am 29. März verließ die Kaiserin mit dem Thronfolger die Stadt. Nach Kämpfen am 30. März zogen die Alliierten, angeführt vom Zaren, in Paris ein. Ausgeschlossen von der Parade blieben jene, welche unter der Kampagne am meisten gelitten hatten, verwundet waren oder zerlumpte Kleidung trugen. Das rief nicht nur in der Schlesischen Armee Erbitterung hervor. Doch die militärische Führung wollte, musste! den Schein wahren und die Pariser von der Stärke und Überlegenheit der verbündeten Armeen überzeugen. Es galt, strahlende Sieger in ihren schönsten Uniformen zu präsentieren: Franzosen, ein weiterer Krieg ist zwecklos.

Am 1. April erklärte Alexander im Namen der verbündeten Monarchen, nicht mehr mit Napoleon verhandeln zu wollen. Der Zar beriet sich mit Talleyrand, der sich an die Spitze der provisorischen Regierung stellen konnte; Napoleon wurde abgesetzt. Noch hatte der Senat die Restauration der Bourbonen nicht abgesegnet, aber es gab keine wirkliche Alternative zu Ludwig XVIII.

Napoleon konzentrierte seine Armee in Fontainebleau. Er hatte noch etwa 70 000 Mann und war entschlossen, weiterzukämpfen, obwohl der Verlust der Hauptstadt mit ihren Ressourcen ein schwerer Schlag war. Sein Ende kam schneller als erwartet. Er verlor den Rückhalt in seiner Armee, zumal der Senat Soldaten und Offiziere formell von ihrem Treueeid entband. Am 6. April dankte Napoleon ab, nachdem ihm die Marschälle in der Nacht zuvor erklärt hatten, keine weiteren Befehle von ihm entgegennehmen zu wollen. Im Vertrag von Fontainebleau vom 11. April erhielt er immerhin die Insel Elba und ein jährliches Einkommen zugesprochen. Die Bourbonen wurden wieder eingesetzt; allerdings sollte es keine Rückkehr zu den Verhältnissen vor der Revolution geben, sondern Frankreich zur konstitutionellen Monarchie nach dem Vorbild Großbritanniens werden. Der Verfassungsentwurf der provisorischen Regierung wurde vom neuen König, nicht Kaiser, abgelehnt. Ludwig XVIII. setzte seine *Charte Constitutionelle* durch.

Für seinen Schwiegersohn hatte Franz wenig übrig. „Die Hauptsache ist, den Napoleon aus Frankreich, und wollte Gott, weit weg zu bringen [...] Die Insel Elba ist mir nicht recht [...] Napoleon bleibt zu nahe an Frankreich und Europa“[240], schrieb der Kaiser am 12. April an Metternich. Zumindest seine Tochter hatte er wieder, denn sie kehrte zusammen mit ihrem Sohn nach Wien zurück. Der Erste Pariser Friede vom 30. Mai 1814 fiel für Frankreich sehr günstig aus und stand ganz im Zeichen des Gleichgewichts der Großmächte auf dem Kontinent. Innerhalb von zwei Monaten sollte in Wien ein allgemeiner Kongress stattfinden, auf dem über die Neuordnung Europas und die Sicherung des Friedens verhandelt werden würde.

Ein kurzes Nachspiel gab es noch, als Napoleon Ende Februar 1815 von Elba auf das Festland zurückkehrte. Aber seine Herrschaft der Hundert Tage konnte das neue System Europas nicht mehr ins Wanken bringen. Aufseiten der Alliierten fürchtete man ihn nicht länger und erklärte ihn für geächtet. Waterloo.

5 Der Kampf um die öffentliche Meinung: Kriegspropaganda

Propagandisten versuchen gezielt und systematisch, die Meinungen und Verhaltensweisen anderer durch Kommunikation und unter dem Einsatz publizistischer Mittel zu beeinflussen und zu steuern. Welche pressepolitischen Mittel und Wege zu Beginn des 19. Jahrhunderts zur Verfügung standen und wie die Eliten diese handhabten, soll hier skizziert werden. Vor allem interessiert die Frage: Mit welchen Strategien und Argumenten sollte die Bevölkerung der Kriegsparteien zum Kampf mobilisiert werden?

Sender, Empfänger und Vermittler

Um 1800 setzte sich an den europäischen Höfen die Erkenntnis durch, dass die öffentliche Meinung eine nicht zu unterschätzende Macht darstellte; Metternich verglich ihre Wirkkraft gar mit der Religion.[241] Hardenberg setzte sich bereits als preußischer Minister in Ansbach und Bayreuth dafür ein, nicht nur unerwünschte Inhalte zu unterdrücken, sondern aktiv die gewünschte Sichtweise zu verbreiten. Der Freiherr vom Stein versprach sich in der Auseinandersetzung mit Napoleon viel von patriotischer Publizistik und ihrer mobilisierenden Wirkung. „Sollte daher auch das Schlechte durch die Gewalt der Waffen einen momentanen Sieg davontragen, so kann es doch durch die Idee und die Meinung wieder gestürzt werden."[242]

Pressepolitisch konnte man auf „bewährte" Methoden zurückgreifen. Das wichtigste Instrument war und blieb die Zensur. Durch sie versuchten die Obrigkeiten die Medien zu überwachen und eine nicht konform gehende oder unkontrollierte öffentliche Meinungsbildung zu verhindern. In der Praxis dominierte die Vorzensur, das heißt, Manuskripte wurden vor der Drucklegung geprüft. Die Zensur widersprach zwar den Prinzipien der Aufklärung, aber sie wurde gern mit dem Schutz der Untertanen, der Religion und der guten Sitten vor schädlichen Einflüssen und Ideen begründet. Im Alten Reich gab es bis zu den Karlsbader Beschlüssen 1819 keine einheitliche Zensur; was in einem Land verboten war, konnte jenseits der Grenze im nächsten Ort gedruckt werden. Neben der Zensur hatte die Obrigkeit noch weitere Möglichkeiten, die Presse zu steuern: Die Verleger waren wirtschaftlich oft von staatlichen Förderungen, Lizenzen oder dem lukrativen Monopol auf amtliche Bekanntmachungen abhängig und mussten schon deshalb regierungsfreundlich agieren. Unliebsame Herausgeber und Autoren wurden mit Publikationsverbot, finanziellen oder körperlichen Strafen bedroht.

Die Presse hatte für den Staat aber auch ihre guten Seiten. Man musste sie nur zu mehr als dem banalen Publizieren von Dekreten zu nutzen wissen. Durch geschickte Öffentlichkeitsarbeit sollte in der Bevölkerung Akzeptanz, besser noch Zustimmung für die Maßnahmen der Regierung erreicht werden. Dazu musste man aktiv werden, mit eigenen Zeitungen und überzeugenden PR-Texten aus Meisterhand. „Sie müssen sich der Schriftsteller versichern, sie sind eitel und habgierig; ihre Gewalt ist ungeheuer, ich glaube, daß mittels der Zeitungen eine einzige Feder die Welt umgestalten könnte, während ein einziger Degen das niemals fertig brächte“[243], schrieb Napoleon von Elba aus an einen Freund. Das wussten seine Gegner auch. „Laßt uns die Gelehrten aller Provinzen auffordern, daß sie die öffentliche Meinung erhalten, und jene freche Schmähschriften [des Gegners], die voll Lug und Trug sind, widerlegen“[244], hieß es in einem Aufruf der *Junta* von Sevilla Ende Mai 1808. Stein riet 1812 dem Zaren, deutsche Gelehrte und Dichter für die Propaganda zu gewinnen, da „bei einer so leselustigen Nation“, wie es die Deutschen seien, „die Schriftsteller durch ihren Einfluß auf die öffentliche Meinung eine Art von Macht“[245] darstellten.

Für die Propaganda wurden gern gebildete Männer herangezogen, die schon im Staatsdienst standen, erwiesen loyal waren und die Feder zu führen verstanden. Pedro Cevallos Guerra war bereits unter Karl IV. spanischer Außenminister und von Ferdinand VII. im Amt belassen worden, wobei er in Bayonne an den Verhandlungen, die zum Thronverzicht führten, beteiligt war. Kurze Zeit war er sogar zur Zusammenarbeit mit Joseph Bonaparte bereit, bevor er – nach den spanischen Erfolgen von Saragossa, dem Sieg bei Bailén und vielleicht auch, weil Joseph ihn entlassen wollte – ins Lager der Patrioten wechselte. Im August 1808 verfasste er seine *Authentische Darstellung der Begebenheiten in Spanien* in Form eines diplomatischen Berichts und dokumentierte vor den Spaniern und ganz Europa die Unrechtmäßigkeit der Ereignisse von Bayonne.

Joseph von Hormayr war Historiker, leitete als Beamter das Geheime Staats-, Hof- und Hausarchiv und war ab 1805 Redakteur der *Wiener Zeitung*. Begeistert setzte er sich für eine volkstümliche Geschichtsschreibung ein. Er wollte Patriotismus durch Vaterlandskunde fördern, wie es auch in den deutschen Ländern zur selben Zeit beispielsweise von den Geschichtsprofessoren Heinrich Luden oder Karl von Rotteck angestrebt wurde, die Nationalgeschichte zur Nationalerziehung einsetzen wollten. Wesentlich für den bevorstehenden Krieg waren nach Hormayrs Meinung heroische Vorbilder aus der Vergangenheit, Leitbilder vor allem für die Jugend. Diese präsentierte er dem Publikum unter anderem in seinem *Österreichischen Plutarch*, einer seit 1807 periodisch erscheinenden Sammlung von Biographien habsburgischer Regenten, berühmter Feldherrn und dergleichen. Zudem regte er befreundete Dichter dazu an, historische Stoffe zu verarbeiten. Zu seinem Bekanntenkreis gehörte unter anderem Heinrich Joseph Franz Vinzenz Stephan von Collin, ein strebsamer Beamter, der sich in seiner Freizeit als Dichter und Dramatiker betätigte. Er erhielt von höherer amtlicher Stelle den Auftrag, passende Lieder für die österreichische Landwehr zu dichten, die in die jeweiligen Landessprachen des Vielvölkerreichs übersetzt werden sollten. Sie stellten eine Art Verhaltenskatalog für die Landwehrmänner wie auch ihre Angehörigen dar, propagierten Mut im Gefecht, Stolz der Familie auf den Landwehrmann und seinen etwaigen Heldentod. Das Ziel der Staatsführung wurde in Collins Gedicht *Österreichs Landwehre* auf den Punkt gebracht: „Habsburgs Thron soll dauernd stehen, Östreich soll nicht untergehen!“[246]

Theodor Gottlieb von Hippel war hoher Beamter im preußischen Staatskanzleramt; er verfasste 1813 beispielsweise den königlichen Aufruf *An mein Volk*, den Hardenberg eigenhändig redigierte, wie auch die Landsturmverordnung. Der ehemalige Admiral Alexander Semjonowitsch Schischkow verfasste im russischen Staatsdienst in den Jahren 1812 bis 1814 patriotische Propagandaschriften, unter anderem übersetzte er das Manifest, das Anfang Juli in Polozk publiziert wurde.[247] Der berühmte, in Weimar geborene Lustspieldichter August von Kotzebue, dessen Stücke im 19. Jahrhundert weit häufiger aufgeführt wurden als die von Goethe oder Schiller, stand seit dem ausgehenden 18. Jahrhundert in russischen Diensten. 1813 schrieb er zahlreiche Aufrufe für General Wittgenstein, die Posse *Der Flußgott Niemen und Noch Jemand* und im Auftrag des russischen Hauptquartiers das freche *Russisch-Deutsche Volksblatt.*

Ernst Moritz Arndt studierte Theologie, Geschichte sowie Erd- und Völkerkunde und war Professor in Greifswald. Berühmt war seine Schrift über den *Geist der Zeit.* Der zweite Teil erschien passend zum österreichischen Kriegsbeginn im März 1809 (Neuauflage 1813), analysierte die Lage Europas und kam zu dem Schluss: „So offen, so geheim [...] ringt dieser gewaltige Mensch [Napoleon] nach der Herrschaft Eu-

Ernst Moritz Arndt: „Meine Stellung war also die eines Schreibers, an der Hand und unter dem Schirm des großen Steinschen Namens, wenn man vornehmer sprechen will, die Stellung eines deutschen Schriftstellers“[248], wobei Stein ihn „als einen literarischen Mitläufer oder Beiläufer in dem Budget seines Departements mit aufgeführt“[249] hat. Arndt hatte viel zu tun, „theils aus dem eignen Herzen theils im unmittelbaren Auftrage des Kabinetts und des Kriegslaufes hin und her Einzelnes durch den Druck ausfliegen zu lassen: kleine Pamphlets Aufforderungen Verkündigungen Gegenschriften und Widerlegungen napoleonisch-französischer Verkündigungen und Berichte – Einiges, wie es aus russischem Sinn und Sprache geflossen gemessen und zugeschnitten war, das Meiste jedoch mehr im deutschen – darf ich sagen? – im steinschen Sinn. Solches ward gelegentlich deutsch gedruckt und hin und her ausgegeben, auch wohl ausgeworfen oder versandt; zuweilen hat man’s auch in französischer Uebersetzung laufen gelassen. Solche Blätter fliegen wie ausgestreute Funken, von welchen gehofft wird, sie werden hie und da ein pulvergefülltes Herz finden und zünden, damit es weiter zünde.“[250]

ropas."[251] Er kritisierte die ehrlosen deutschen Fürsten, die sich sogar durch dynastische Ehebande erniedrigt hätten, und rief zum Kampf unter der Führung Österreichs auf.[252] In solchen Worten entdeckte der Freiherr vom Stein so manche Übereinstimmung mit seinen eigenen Überzeugungen, sodass er ihn als Mitarbeiter heranzog. Arndt wurde einer der wichtigsten Propagandisten der deutschen Befreiungskriege; seine Schriften erreichten Auflagen von bis zu 100 000 Stück und wurden meist kostenlos an Soldaten und an die Bevölkerung verteilt.

Es gab viele Schriftsteller, die auf ein Zubrot angewiesen waren oder auf einen Posten im Staatsdienst hofften; denn vom literarischen Schreiben allein konnte man damals nicht leben. Der spätere Mitarbeiter Metternichs, Friedrich von Gentz, war als preußischer Beamter unglücklich mit seiner „sklavische[n] und mechanische[n] Arbeit".[253] Er machte sich als politischer Publizist, der bewusst nicht für die breite Masse, sondern für ein elitäres Publikum schrieb, einen Namen als vehementer Gegner Frankreichs. Seine politischen Ansichten passten jedoch immer weniger zur preußischen Neutralitätspolitik, sodass er sich neu orientierte und in der Habsburgermonarchie eine Anstellung als kaiserlicher Rat fand, ohne in den Behördenapparat eingebunden zu werden. Er sollte bei Bedarf als Propagandist tätig werden. Sowohl 1809 wie auch 1813 verfasste Gentz die österreichischen Kriegsmanifeste, offizielle Proklamationen und Aufrufe wie auch anonyme Flugschriften.

An vorderster Front dabei war im Krieg 1809 der Frühromantiker und Philosoph Friedrich Schlegel, berühmt-berüchtigt vor allem für seinen autobiographischen und als unsittlich abgestempelten Skandalroman *Lucinde*. Im Gegensatz zu heute war mit literarischen Einblicken in das eigene Liebesleben und dessen Feuchtgebiete keineswegs das große Geschäft zu machen. Nach einem unsteten Wanderleben quer durch Europa kam er 1808 in der Hoffnung auf eine Staatsanstellung nach Wien, bereit, „jede Stelle in Österreich als Anfang, wenn es nur ausführbar und möglich wäre"[254], anzunehmen. Im März 1809 wurde er Sekretär der kaiserlichen Hof- und Staatskanzlei, wobei er schon zuvor inoffizielle Aufträge für die Staatskanzlei erledigt haben dürfte. Als die Hauptarmee unter Erzherzog Carl nach Süddeutschland zog, musste Schlegel mit, obwohl er – so der Romantiker Clemens Brentano hämisch – vom Militär nicht viel mehr wusste, als „daß die Kavallerie Trara ist".[255] Schlegel verfasste die Tagesberichte der Armee, Aufrufe im Namen Erzherzog Carls und vermutlich auch anonyme Flugblätter. Nach der Schlacht von Aspern redigierte Schlegel die *Österreichische Zeitung*, eine Armeezeitung. Nach dem Friedensschluss gelang es ihm allerdings nicht, dauerhaft im österreichischen Dienst Fuß zu fassen.

Ebenso erhoffte sich Heinrich von Kleist angesichts seiner Geldsorgen eine Anstellung in Wien. Seine politischen Propagandaschriften der Jahre 1808/09 verfasste er höchstwahrscheinlich für die im Sommer 1809 geplante, aber nicht mehr realisierte Zeitschrift *Germania*. Sie wollte „der erste Atemzug der deutschen Freiheit sein"[256] und in Norddeutschland zur Erhebung gegen Napoleon aufrufen. Den umfangreichsten Text dafür stellt der *Katechismus der Deutschen, abgefasst nach dem spanischen, zum Gebrauch für Kinder und Alte* dar, in dem die Verbindung zur Habsburgermonarchie besonders deutlich wird; „Franz der Zweite, der alte Kaiser der Deutschen"[257] wird in der Rolle des „Vormunds, Retters und Wiederherstellers der Deutschen"[258] gepriesen.

Obwohl mehrheitlich Männer namentlich bekannt sind, traten auch Frauen ins Licht der Öffentlichkeit. Bekannt ist Caroline Pichler, in deren bürgerlichem Wiener Salon Patrioten und Dichter wie Hormayr oder Collin zusammentrafen. Pichler war selbst und durchaus erfolgreich als Schriftstellerin tätig. Für den Volkskrieg verfasste sie beispielsweise den Aufsatz *Ueber den Volksausdruck in unserer Sprache: Ein ganzer Mann*, der Mitte April 1809 in den *Vaterländischen Blättern für den österreichischen Kaiserstaat* publiziert wurde: „Nur dadurch, daß jeder Bürger Soldat und jeder Soldat Bürger ist, der ein Eigenthum und Vaterland zu vertheidigen hat, nur dadurch, daß alle unsre Kräfte geübt und angestrengt werden, können wir hoffen, das, was unser Fleiß erwarb, mit Erfolg zu vertheidigen, und dann mit doppelter Lust zu genießen."[259]

„Vier feindliche Zeitungen richten mehr Unheil an als 10000 Männer auf dem Felde"[260], so Napoleon. „Der Kaiser ist strenge, er läßt sich nicht ungestraft beleidigen"[261], soll sein Stiefsohn Eugène Beauharnais gesagt haben. Feindselige Publizisten ließ Napoleon durch die namentliche Nennung in seinen Medien öffentlich brandmarken; eine eindeutige Warnung: Ich weiß, wer du bist und was du tust. Mit dem Schicksal des Nürnberger Buchhändlers Johann Philipp Palm vor Augen – er war 1806 auf Betreiben Napoleons hingerichtet worden, weil er den Autor der im

Mai 1806 erschienenen Schrift *Deutschland in seiner tiefen Erniedrigung* nicht preisgegeben hatte – suchten betroffene Verleger und Publizisten meist ihr Heil in der Flucht, wenn die Truppen der *Grande Armée* anrückten.

Publikum Die Zielgruppe staatlicher Propaganda hatte sich durch die neuzeitlichen Massenmedien und die zunehmende Alphabetisierung um 1800 stark ausgeweitet. Wie viele Menschen damals tatsächlich lesen konnten, kann nicht exakt beantwortet werden. In der Literatur werden meist 25 Prozent angegeben, laut Detailstudien konnte die Rate aber selbst in ländlichen Gegenden weit höher liegen. Lesegesellschaften ermöglichten es, die Kosten für Zeitungsabonnements und Bücher aufzuteilen; auch wer nicht lesen konnte, erfuhr von wichtigen Neuigkeiten, beispielsweise durch Vorlesen. Das Publikum bildete keine homogene Masse, nicht eine Öffentlichkeit, sondern viele. Die Propagandisten mussten gezielt vorgehen, was die Wahl des Mediums oder den Stil betraf. Die Gebildeten aus Adel und Bürgertum nahmen für sich die Fähigkeit zur qualifizierten Meinungs- und Urteilsbildung in Anspruch, „die zur Zeit der Aufklärung eben nur der ‚Aufgeklärte' besaß".[262] Im Vergleich dazu wurde die öffentliche Meinung, die sich im Volk ausbildete, als unqualifiziert abgetan. Es galt jedoch, beide Gruppen zu berücksichtigen: Die einen wollten in ihrer zunehmend staatstragenden Funktion mit stichhaltigen Argumenten überzeugt werden; die Masse hingegen wurde sowohl verachtet, als auch als Wurzel von Aufständen und Revolutionen gefürchtet, doch erschien sie steuerbar. „[D]as Volk ist und bleibt ja doch immer nur eine Maschine, von der wir kein Beispiel haben, daß sie sich je von selbst in Bewegung gesetzt hätte"[263], betonte der Tiroler Priester Josef Daney in seiner Schilderung der Tiroler Erhebung. (Vorgetäuschte?) Wertschätzung durch die Propaganda erfuhr das gemeine Volk in Krisen. Im Kampf gegen das napoleonische Frankreich, im Namen von Volks- und Befreiungskriegen, wurde, wie Franz Schneider es für das Jahr 1813 so treffend ausdrückte, „der Pöbel in ‚mein Volk' umfunktioniert"[264] und wurden die „mittleren und unteren Volksschichten in den Rang des Vaterlandsretters"[265] erhoben.

Ziel der Propagandisten war es, den Eindruck zu erwecken: Alle denken so. Kritiker und Zweifler sollten im Namen des Patriotismus durch Befehle und soziale Ächtung zum Verstummen gebracht werden. „So wie ein muthiger und kühner Redner Tausende zu edlen Gesinnungen zu entflammen vermag, so kann ein kleinmüthiger Zweifler, alles was in seinem Kreis geräth, lähmen, selbst das Feuer des eifrigsten Patrioten dämpfen, und die heitersten Aussichten mit trüben Wolken überziehen. Solchen Zweiflern muß jetzt unerläßlich Stillschweigen geboten werden; [...] wer nun noch seine Zweifel an den Erfolg der guten Sache laut werden läßt, verdient als ein Feind des Vaterlandes behandelt zu werden"[266], verkündete Friedrich Perthes in der Flugschrift *Patriotische Beherzigungen* im Frühjahr 1813. Auch in der Proklamation Chastelers und Hormayrs vom 4. Mai 1809 an die Tiroler wurde klargestellt: „Der Furchtsame, der Zweifler in der Stunde des heiligen Kampfes ist ein Feind des Vaterlandes", und wer sich dem Aufstand widersetze, „wird hiemit der gerechten Wuth des Volkes preisgegeben".[267] Napoleon drohte Anfang März 1814 jedem die Bestrafung als Verräter an, der es wagen sollte, den Widerstandsgeist abzukühlen statt anzuheizen.[268]

Angesichts der staatlichen Kontrolle über die Medien stellt sich die Frage, wie hilflos die Empfänger der Propaganda ausgeliefert waren. Wie konnten die Menschen sich alternative Informationen beschaffen und diese weitergeben? Wenn möglich, versuchte man das Meinungsmonopol des Staates zu durchbrechen, indem man ausländische Zeitungen las.

Selbstverständlich belegte die Obrigkeit gerade die interessantesten Presseprodukte – also ausländische Zeitungen, die sich abseits der Regierungslinie bewegten, und jene der politischen Gegner – mit Einfuhrverboten. Diese waren aber nur bedingt wirksam. Zeitungen wurden ins Land geschmuggelt, kursierten unter der Hand und ihre Inhalte wurden auf anderen Kommunikationswegen weiter verbreitet. Handgeschriebene Zeitungen waren im Umlauf, (länderübergreifende) Privatkorrespondenzen enthielten oft brisanten Inhalt. Ebenso nutzte man die modernen Methoden des Drucks, um beispielsweise illegal Flugschriften zu verbreiten. Fouché teilte Napoleon am 1. September 1808 mit: „Die Arbeiterklasse bekennt lautstark ihre Unzufriedenheit mit der Konskription. Man hat kleine versiegelte Schriften unter sie verteilt, die handgeschriebene Hetzereien enthielten; sie waren an die Frauen, die Töchter, an jedermann gerichtet."[269]

Die öffentliche Meinung sollte durch geschickte Pressepolitik, durch Kontrolle der Medien und der Informationen gelenkt und beeinflusst werden; das funktionierte aber auch in umgekehrter Richtung: Die Meinung in Armee und Bevölkerung war eine Macht, die Herrscher und Generäle bei ihren Entscheidungen zunehmend berücksichtigen mussten. Zar Alexander und Barclay sahen sich durch die Stimmung unter den Russen dazu gedrängt, in die Offensive zu gehen; auch „Kutusow hätte gewiß die Schlacht von Borodino nicht geliefert, von der er doch wahrscheinlich keinen Sieg erwartete, wenn ihn nicht die Stimme des Hofes, des Heeres und ganz Rußlands dazu genöthigt hätte“[270], so Clausewitz. Mit dem Hinweis auf die öffentliche Meinung und die antifranzösische Stimmung in der Armee drängte die preußische Kriegspartei Friedrich Wilhelm 1813 zum Bündniswechsel. Ihr Argument: Würde er die Allianz mit Frankreich aufrechterhalten, drohe neben der Rache des Zaren die Revolution. Vorgänge wie in Ostpreußen, wo sich die Stände ohne Rücksicht auf die Wünsche des Königs zum Krieg gegen Napoleon rüsteten, könnten sich im ganzen Land wiederholen. Der englische Verbindungsoffizier Robert Wilson hielt in seinem Tagebuch fest: „The king would have been dethroned if he had not declared against France.“[271]

Die öffentliche Meinung als Kritikerin der Regierungen war Politikern und ihren Beratern schon vor 200 Jahren ein Dorn im Auge. „Alles wohl überlegt, fühle ich doch ein weit größres Bedürfnis, die öffentliche Meinung zu beherrschen oder zu reformieren, als Gesetze von ihr anzunehmen. So wie sie ist, darf sie nicht bleiben [...] Es muß wieder geglaubt, es muß wieder gehorcht, es muß tausendmal weniger als jetzt räsoniert, oder es kann nicht mehr regiert werden. Dies Übel hat eine Riesengestalt angenommen und bedroht uns mit radikaler Auflösung“[272], mahnte Friedrich von Gentz im Juni 1813.

Medien Mit der „Medienrevolution“[273] an der Wende vom Mittelalter zur Neuzeit durch den Druck mit beweglichen Lettern konnten Presseprodukte schneller, billiger und in größerer Menge hergestellt werden. Die modernen Massenmedien spielen als Vermittler in der Kommunikation zwischen dem Propagandisten und dem Zielpublikum eine wesentliche Rolle. Entsprechend groß waren und sind die Bemühungen der Mächtigen, Einfluss auf die Medien zu gewinnen, sie zu kontrollieren oder eigene Botschaften in unabhängigen Presseerzeugnissen zu platzieren. Zu den wichtigsten Medien zur Zeit der antinapoleonischen Kriege zählen Flugschriften, die seit der Reformationszeit als politisches Agitationsmittel eingesetzt wurden und eine große Reichweite besaßen. Sie waren leicht herzustellen – fast jede Armee führte eine Felddruckerei mit – und zu verteilen. Während die Zeitungen in erster Linie als seriöse Nachrichtenträger etabliert werden sollten, konnten anonyme Flugblätter einen polemischen Ton anschlagen. Sie stammten oft aus derselben bezahlten Feder wie offizielle Proklamationen.

Zeitungen waren bis zum 18. Jahrhundert zum wichtigsten Informationsmedium aufgestiegen. Offizielle Staatszeitungen und offiziöse Blätter, die meist mehrmals wöchentlich erschienen, dienten als Sprachrohr der jeweiligen Machthaber. Im Kriegsverlauf standen die Redaktionen je nach Waffenglück unter wechselndem Einfluss. Die *Innsbrucker Zeitung* musste sich Anno Neun gleich mehrmals umstellen; der *Leipziger Zeitung* erging es 1813 nicht besser; mit der Besetzung Wiens übernahmen die Franzosen 1805 wie 1809 die Redaktion der *Wiener Zeitung*. Der österreichische Sieg von Aspern am 21./22. Mai 1809 ließ die Kriegspartei neue Hoffnung schöpfen, die in verstärkten propagandistischen Bemühungen Ausdruck fand. Als Ersatz für die *Wiener Zeitung* erschien ab dem 24. Juni die *Österreichische Zeitung*.

Armeeberichte und Armeezeitungen lieferten nach dem Vorbild der napoleonischen *Bulletins* direkt aus dem Feldlager Meldungen über den Kriegsverlauf. Offizielle Kriegsmanifeste richteten sich mit rationalen Gründen für den Krieg an die Fürsten und Staatsmänner der europäischen Höfe sowie an die gebildeten Schichten.

Gedichte, Lieder und Bühnenstücke wirken vor allem auf der Gefühlsebene. Verstärkt wird dies durch das Erleben in einer Gruppe, als Publikum in einem Theater oder beim gemeinsamen Singen, denn der Einzelne zeigt sich in einer Menge sehr viel anfälliger für Propaganda. „[U]nd mit welchem Enthusiasmus die kräftigen Lieder Collins auf genommen wurden!“, berichtete der Komponist Johann Friedrich Reichardt über die Aufführung der *Landwehrlieder* am 28. März 1809 in Wien, bei der das Publikum begeistert mitsang. „Und nun gar in dem Liede: Österreich über alles: dessen Strophen mit den Worten anheben:

wenn es nur will, da stieg der Enthusiasmus aufs höchste; Klatschen, Rufen, lautes Aufschreien, Jubeln und Schluchzen ward von dem kaiserlichen Sitze bis in den Saal hinab und rundum ganz allgemein. Ich habe nie eine größere Sensation erlebt."[274] Gedichte wurden massenhaft als Flugschriften verteilt, mit eingängigen Melodien vertont und sollten als Ohrwürmer durch stete Wiederholung für die Verinnerlichung der Botschaft sorgen. Gerade die Dichtkunst der Befreiungskriege der Jahre 1812 bis 1815 ist als politische Lyrik zu charakterisieren, die ganz bewusst als Teil der Pressekampagne zur „politische[n] Meinungs- und Willensbildung"[275] herangezogen wurde.

Selbstverständlich wurde auch die unterhaltsame Boulevardpresse nicht vergessen, die sowohl vom einfachen Volk als auch in den höheren Kreisen gelesen wurde und damit über eine enorme Reichweite verfügte. In der Klatschpresse ließen sich politische Botschaften sogar noch besser verstecken. In Wien waren beispielsweise Joseph Richters satirische *Briefe des jungen Eipeldauers an seinen Herrn Vettern in Kakran* beliebt. In ihnen berichtete ein fiktiver Bauerntölpel aus Eipeldau über seine Erlebnisse in der Großstadt; zugleich baute Richter Schleichwerbung für Veranstaltungen und Lokalitäten ein. Warum nicht auch für die Regierung? Im Rahmen der österreichischen Kriegspropaganda 1808/09 erhielt Richter von der Polizeihofstelle Meldungen zugesandt, die er im Stil des Eipeldauers umschrieb. Für seine obrigkeitstreue Haltung bekam er ein monatliches Gnadengehalt von 30 Gulden aus den geheimen Polizeigeldern. Richters Zusammenarbeit mit der Polizeihofstelle wurde so gut vertuscht, dass sogar manche Zensoren nichts davon wussten.

Schon damals versuchten die politischen Machthaber, dem Publikum PR-Texte als objektive redaktionelle Beiträge zu verkaufen. Denn wenn das Lob auf die Staatsführung und ihre Maßnahmen von regierungsunabhängiger Seite kam, wog es gleich doppelt so schwer. Was auf *BILD*-Niveau funktionierte, wurde genauso in Qualitätsmedien für ein elitäres Publikum umgesetzt.

Die *Vaterländischen Blätter für den österreichischen Kaiserstaat*, offiziöses Presseorgan der Wiener Regierung, sollten durch ausführliche Beiträge zu Land und Leuten Patriotismus durch Vaterlandskunde fördern und den Bürgern im In- und (vorrangig deutschen) Ausland beweisen:

Österreich ist fortschrittlich, modern und besser als das napoleonische Frankreich. Die *Vaterländischen Blätter* wurden der Öffentlichkeit als eine unabhängige Zeitschrift von Gebildeten für Gebildete präsentiert. In umfangreichen Aufsätzen setzten sich – so hatte es den Anschein – Experten und Autoritäten kritisch und unbeeinflusst mit dem Staatswesen auseinander. Ganz bewusst wurde sogar ab und zu Kritik an der Regierung geäußert, um – wie es im Rundschreiben der k. k. Polizeihofstelle vom 5. Januar 1809 hieß – „durch eine bescheidene Freimütigkeit das Vertrauen auf die Wahrheit dessen, was dort gesagt wird, zu gründen und zu befestigen".[276] Laut Polizeihofstelle war der Zweck der *Vaterländischen Blätter*, „mit Entfernung des Scheines von offizieller Tendenz Tatsachen und Ideen, deren Verbreitung Wunsch und Wille der Staatsverwaltung ist, in Umlauf zu bringen".[277]

Im publizistischen Kampf zwischen England und Frankreich spielten Karikaturen eine große Rolle, wobei hier die britische Pressefreiheit fördernd wirkte. Der *Engraver's Act* von 1735 gestand den Verfassern und Verlegern Rechtssicherheit zu, sodass sich die politischen Karikaturen zu einem lukrativen Geschäft entwickeln konnten. Auf dem Kontinent waren die satirischen Bilder ebenso beliebt, teilweise wurden englische Motive verbreitet, so etwa die berühmten Werke von James Gillray. Doch unterlagen die Karikaturen hier den strengen Zensurgesetzen. Erst ab 1813 ließen die Alliierten im Kampf gegen Napoleon vermehrt Schmähschriften und Spottbilder publizieren, die reißenden Absatz fanden.

Neben den Druckmedien behielt die mündliche Vermittlung von Informationen einen hohen Stellenwert. Daher war es wichtig, die lokalen Autoritätspersonen und Meinungsführer – Geistliche, Lehrer, Amtmänner, Grundherren oder auch Landwehroffiziere – zu gewinnen, die dann in einer Art Schneeballeffekt ihr soziales Umfeld beeinflussten und im günstigsten Fall als gutes Beispiel vorangingen. Die wichtigste Rolle in der staatlichen Propaganda spielte wie in den Jahrhunderten zuvor der Klerus, denn der Geistliche war zugleich „staatlicher Verwaltungsbeamter"[278]: Sowohl das Wort Gottes als auch die Befehle des Landesherrn wurden von der Kanzel verkündet. Im Krieg sollten auf staatliche Anordnung hin Bitt- und Dankgottesdienste, Kriegsandachten und Prozessionen Gottes Beistand im Kampf erwirken.

Was die Prediger dem preußischen Volk bei Kriegsausbruch auf Anordnung der Regierung sagen sollten, beschrieb Gneisenau in einer Denkschrift für Hardenberg vom August 1811: „Der Prediger rede von den nicht zurückgegebenen Festungen, obgleich man mit Anstrengung die Kontributionszahlungen geleistet habe [...] Er rede von des Kaisers Napoleon nie rastender Eroberungssucht, wie er friedliche Völker mit Heeresmacht überzogen und sie Frankreich einverleibt habe, wo sie unter einer Last von Abgaben erliegen; von dadurch nimmer aufhörendem Seekriege, folglich dadurch gestörtem Handel, der allein unsern Staat wohlhabend machen könne und dessen Vernichtung unsern Staat und dessen Bewohner in die bitterste Armut stürzen würde. Er rede von bevorstehenden Truppendurchsendungen nach Spanien und andern noch zu erobernden weit entfernten ungesunden Ländern, von der bevorstehenden Aussaugung des Landes durch uns zugedachte unerschwingliche Abgaben [...] Nach dem Gottesdienst werde nun der Gemeinde der Eid der Treue für den König, der Folgsamkeit gegen die zur Landesverteidigung nötigen Maßregeln und der Schwur, daß sie dem Feinde keine Lieferung anders, als durch Waffengewalt dazu gezwungen, leisten wollen, abgenommen. [...] Eine Gehaltserhöhung für diejenigen Prediger [...] möchte sehr zeitgemäß sein, um diesen Stand für die Maßregeln der Regierung zu gewinnen.“[279]

Gerüchte waren ein Teil der mündlichen Kommunikation, wobei diese auch Eingang in die Presse finden konnten. Sie konnten spontan entstehen, unter Umgehung des staatlichen Nachrichtenmonopols oppositionelles Gedankengut verbreiten, ebenso gut aber für propagandistische Zwecke bewusst „ausgestreut“ werden. Fehlten (offizielle) Nachrichten, kochte die Gerüchteküche über. „Die allerunwahrscheinlichsten und wirklich lächerlichen Gerüchte werden geglaubt“, schrieb Dorothea Schlegel am 1. Mai 1809 aus Wien. „‚Schärding ist bombardirt und eingeäschert; die Franzosen sind in Linz; sie kommen her; sie gehen nach Italien,‘ und dergleichen unzählige mehr; unter andern auch folgendes: Der Churfürst von Hessen hat nur 200 Mann zusammengebracht; er schickt alles fort, was keinen Zopf trägt. Die ungarische Insurrektion kann nicht kommen, weil sie keine Sättel haben u. m. dgl.“[280]

Die Bevölkerung reagierte sensibel auf Indizien und beobachtete Handlungen. Wenn die Herrscherfamilie in Kriegszeiten die Hauptstadt verließ, Schätze und Archive evakuiert wurden, dann wussten die Menschen auch ohne offizielle Nachrichten, was es geschlagen hatte.

Propaganda als psychologische Kriegsführung

Propaganda begleitet den Krieg in allen seinen Phasen, von der Vorbereitung über die Durchführung und noch darüber hinaus, wenn Geschichte geschrieben und Mythen geschaffen werden. Es war die Aufgabe der Propagandisten, wie Joseph von Hormayr als Intendant in Tirol 1809 betonte, „das Volk unaufhörlich zu bearbeiten, und (was wahrlich keine kleine Aufgabe war) in jener Spannung, in die es einmal versetzt war, zu erhalten".[281] Kriegspropaganda soll vor der ganzen Welt die eigene Position als die moralisch bessere präsentieren, die eigene Bevölkerung zum Krieg motivieren und den Gegner demoralisieren und täuschen. Das zugrunde liegende Schema ist denkbar einfach: Wir sind die Guten, die anderen die Bösen.

Zur Legitimation des Krieges greift man selbst heute noch gern auf das Argument des gerechten Krieges zurück. Aufbauend auf dem römischen Recht entwickelten Theologen wie Augustinus in der Spätantike oder Thomas von Aquin im Mittelalter die Lehre vom gerechten Krieg (*bellum iustum*) als christliche Moralphilosophie, um die Frage zu beantworten, in welchen Fällen ein Christ trotz der pazifistischen Grundhaltung seines Glaubens zur Waffe greifen dürfe. Zu Beginn des 17. Jahrhunderts setzte sich, nicht zuletzt dank Hugo Grotius, die Auffassung durch, dass jeder souveräne Herrscher seinen Krieg gerecht nennen konnte, solange er den formalen Kriterien entsprach. Das Hauptziel eines bewaffneten Konflikts muss demnach die Erlangung des Friedens sein; er muss von einem rechtmäßigen Herrscher erklärt, aus einem gerechten Grund und mit Verhältnismäßigkeit geführt werden. Selbstverteidigung war immer legitim, das Streben nach territorialem Zugewinn nicht.

In den Proklamationen und Manifesten der antinapoleonischen Propaganda wurde immer wieder betont: „Unsere Sache ist gerecht."[282] Ziel sei ein dauerhafter Friede für Europa. In den diversen Kriegsmanifesten wurde ausführlich Anklage gegen das Unrecht erhoben, das Napoleon begangen hatte. Die Schuld am Krieg trug laut Propaganda immer der andere. In Spanien löste Napoleons Heimtücke, mit der er die Bourbonen stürzte, den Krieg aus. Der Kaiser der Franzosen betonte in seinem Tagesbefehl vom 22. Juni 1812 Russlands Treulosigkeit: „In Tilsit schwor Rußland ewiges Bündnis mit Frankreich und Krieg gegen England. Heute bricht es seine Schwüre. [...] Marschieren wir also! Gehen wir über den Njemen und tragen den Krieg auf russischen Boden."[283] Dass Napoleon die Initiative ergriff, erleichterte Zar Alexander die Argumentation: „Indem der Kaiser der Franzosen bei Kowno unerwartet Unsere Truppen angriff, hat er zuerst den Krieg erklärt."[284] Die anschließenden deutschen Befreiungskriege und die Invasion in Frankreich waren demnach nur die Weiterführung des Konfliktes. Selbst die österreichische Propaganda bezeichnete 1809 Napoleon als Aggressor und Auslöser des Krieges und berief sich auf Notwehr, um dem französischen Angriff zuvorzukommen.[285] Doch auch Napoleon präsentierte sich stets als friedenswillig, für die ständigen Kriege auf dem Kontinent schob er England die Schuld zu: Die Briten wollten Europa dominieren und wiegelten die Regierungen durch Bestechung und Lügen zum Kampf gegen Frankreich auf, von dem nur Großbritannien profitiere.

Auch im Krieg selbst und danach wurden dem Gegner Rechtsverstöße und Gräueltaten vorgeworfen, während die eigene Seite als diszipliniert und sittlich überlegen dargestellt wurde. Alles, um die Kriegsmoral auf der eigenen Seite zu stärken und den Gegner zu demoralisieren. „Im Kriege zeigt sich die Macht der Opinion in ihrem ganzen Umfange. Bei gleichen Verhältnissen verdankt man oft den Sieg der bloßen Überzeugung der Soldaten von ihrer physischen oder moralischen Überlegenheit über den Feind"[286], so Erzherzog Carl von Österreich. Auch Napoleon erzählte auf St. Helena, dass er auf den Feldzügen in Italien zahlenmäßig immer unterlegen gewesen sei, doch „[d]ie moralische Stärke ist entscheidender für den Sieg als die Zahl".[287]

Lügen wie gedruckt Propaganda erhebt keinen Anspruch auf Wahrheit. Von der bewiesenen Tatsache bis zur glatten Lüge wird alles eingesetzt, um das Publikum zu beeinflussen. Eine wesentliche Rolle im Krieg spielt die Täuschung des Gegners, also die Kriegslist, beispielsweise durch vorgetäuschte Truppenbewegungen. Ein erster Grundsatz des Krieges war laut Napoleon, die eigene Stärke zu übertreiben: „Wenn ich 40 000 Mann auf Pferde setze, weiß ich sehr wohl, daß ich nicht auf dieselbe Zahl von guten Reitern hoffen darf, aber ich untergrabe so die Moral des Feindes, der durch seine Spione, über Gerüchte oder die Zeitungen erfährt, daß meine Kavallerie 40 000 Mann stark ist“, erklärte er vor Beginn des Russlandfeldzugs; da Größe und Qualität seiner Truppen in Gerüchten noch übertrieben würden, sei ihm zu Beginn des Feldzuges „eine psychologische Kraft“ vorausgeeilt, „die die wirkliche militärische Stärke ergänzt“[288] habe. Allerdings verstanden seine Untergebenen diese Strategie nicht immer. Am 19. Februar 1813 beklagte sich Napoleon beim Polizeiministerium, dass die Pressemitteilungen falsch gehandhabt worden seien: Während er selbst überall verkündet habe, dass ihm 300 000 Mann im Kampf gegen die Alliierten zur Verfügung stünden, habe man in der Zeitung lesen können, dass er dem Gegner zahlenmäßig unterlegen gewesen sei und ein Gefecht nur deshalb gewonnen habe, weil er den Feind überrascht habe.[289] Nicht ganz das, was Napoleon propagieren wollte.

Belogen wurde nicht nur der Gegner, sondern auch die eigene Bevölkerung. Österreich begann den Krieg 1809 ohne Verbündete auf dem Festland; es kamen auch keine hinzu. In offiziellen Proklamationen wurde jedoch schon vor Kriegsbeginn auf die Existenz mächtiger Bundesgenossen hingewiesen. Ganz ohne Beweis erzielte die bloße Behauptung, einen starken Partner zu haben, die erwünschte Wirkung. Am 6. April 1809 schrieb Dorothea Schlegel ihrem Mann Friedrich, der den Armeebefehl des Generalissimus Carl verfasst hatte, von der begeisterten Aufnahme desselben: „Man spricht von nichts als von diesem Tagsbefehl, man weint, man lacht, man gratulirt sich, es ist eine recht auffallende Erscheinung. Die Worte, dass ‚fremde Kriegsvölker sich mit uns vereinigen würden‘, geben zu tausend Vermuthungen Anlass, alles wird gehofft und alles gewünscht, erwartet und gefürchtet. Man will durchaus errathen, wer diese fremden Aliirten sein können, man erräth auf die Russen, die Bayern &c. &c.“[290]

Eine ehrliche und objektive Berichterstattung über den Kriegsverlauf war Illusion. Heinrich von Kleist prangerte in seinem 1809 verfassten satirischen *Lehrbuch der französischen Journalistik* die Manipulationen der napoleonischen Nachrichten an, wobei die Gegenseite aber wohl nicht viel anders verfuhr. Die obersten Grundsätze seien: *„Was das Volk nicht weiß, macht das Volk nicht heiß"* und *„Was man dem Volk dreimal sagt, hält das Volk für wahr"*. Jede gute Nachricht solle übertrieben verkündet werden, bei schlechten Neuigkeiten warte man, „bis sich die Umstände geändert haben [...] sobald sich die Umstände geändert haben, welches niemals ausbleibt (§ 21), und irgendein Vorteil, er sei groß oder klein errungen worden ist: gebe man (§ 14) eine pomphafte Ankündigung davon; und an ihren Schwanz hänge man die schlechte Nachricht an".[291] Mit Meldungen über Erfolge und Siege konnte man die Moral auf der eigenen Seite heben, da übertrieb man gern. Denn es wirkte. Die Schlacht von Borodino war unentschieden und wurde von beiden Seiten als Sieg beansprucht. Kutusow „verkündete überall den nahen Untergang des feindlichen Heeres [...] und ließ es an Prahlerei keiner Art fehlen [...] Auf diese Weise schmeichelte er der Eitelkeit des Heeres und

Ende April 1813 erschien im *Preußischen Correspondenten* Barthold Georg Niebuhrs eine von Gneisenau zugesandte, vermutlich von Arndt verfasste *Uebersicht des Krieges,* welche die Deutschen zum Befreiungskrieg ermuntern sollte: „Ueberall regt sich der gute Geist, der da siegen wird, wenn auch noch so zahlreich der Feind, und mannigfach seine Mittel und Ränke. England giebt den Deutschen Waffen und Pulver, dessen bedürfen sie; denn es sind schon mehr Männer versammelt oder bereit, als Waffen sie zu rüsten. Aus den einzelnen Berichten werden unsere Leser den Zustand der französischen Armee sehen; ungewiß und unsicher in allen ihren Bewegungen und Entwürfen scheint sie zerstört in ihrer wahren Kraft, und dem innewohnenden Geiste. [...] Früher wußten sie alle geheimen Stege und Hinterhalte, den Zustand des Gegners und seine Stellungen besser als die eignen Krieger des Landes. Schlauheit und Ausspäherei war von je her ihre Natur. Der Verrath kam ihnen zu Hülfe; jetzt werden sie überall auf ihnen unbegreifliche Weise überfallen, und wissen durchaus nichts von unsern Armeen, ihrer Stärke und Stellung. Alle ihre Nachrichten sind falsch, ihre Furcht ist so groß, daß sie wünschen und ängstlich hoffen, nur nicht zur Schlacht gezwungen zu werden, ehe Napoleon ankommt."[293]

Volkes; durch Proklamationen und religiöse Anregungen suchte er auf ihr Gemüth zu wirken, und so entstand eine neue Art von Vertrauen", wenn auch nur ein Erkünsteltes: „So war dieser Leichtsinn und diese Marktschreierei des alten Schlaukopfs in der That nützlicher als Barklays Ehrlichkeit gewesen wäre."[292]

Der negative Eindruck von Niederlagen wurde abgeschwächt. Wenn sich Napoleon nach dem Russlandfeldzug noch immer als siegreich und stark präsentierte, war das kein Zeichen für Realitätsverlust, sondern er musste vor seiner Armee, vor Frankreich, vor ganz Europa Überlegenheit demonstrieren. Seine Verluste erklärte er mit der unerwarteten Kälte, aber auch Joachim Murat, dem er bei seiner Abreise das Kommando übertragen hatte, schob er die Schuld in die Reiterstiefel: „Er hat nicht eine vernünftige Anordnung getroffen. Die Armee, die Garde sind vor ein paar Kosaken davongelaufen! Die Kälte hat allen den Verstand geraubt [...] Eine solche kopflose Flucht, eine solche Dummheit ist beispiellos! Was hundert beherzte Männer hätten retten können – durch Murats Schuld ist es vor den Augen von mehreren Tausenden von Tapferen verlorengegangen!"[294]

Was das Volk nicht weiß ... Während man in der aktiven Propaganda so manche Ente fliegen ließ, wurde auf der anderen Seite die Zensur noch strenger gehandhabt. Im Krieg erschien es wichtig, gewisse Informationen geheim zu halten. Meldungen über Truppenbewegungen, Stärke oder Position waren sensible Themen; fanden sie Eingang in die Presse, waren sie damit meist auch dem Gegner leicht zugänglich. Wellington beklagte sich über das Geschwätz der englischen Zeitungen, die dem Feind wichtige Informationen über die britischen Truppen lieferten. Eine verschärfte Zensur in Kriegszeiten wird daher von Staatsseite häufig mit dem Argument der nationalen Sicherheit und dem Schutz der eigenen Truppen begründet. Dass man mit der Geheimhaltung brisanter Nachrichten auch die eigene Bevölkerung in die Irre führen konnte, war nur ein kleiner Bonus.

In Extremfällen musste die Nachrichtensperre auf Augenzeugen ausgedehnt werden. Die militärische Lage auf dem Russlandfeldzug und den Untergang seiner *Grande Armée* wollte Napoleon möglichst lange geheim halten. Am 29. November 1812 schrieb er an seinen Außenminister Hugues Maret, der sich in Wilna befand: „Es wäre mir sehr lieb, wenn sich in Wilna kein auswärtiger Geschäftsträger befände. Die Armee ist nicht in dem Zustande, daß man sie zeigen könnte. Die in Wilna anwesenden fremden Gesandten müßte man eben entfernen, indem man ihnen z. B. sagte, daß ich mich nach Warschau begebe und Sie ebenfalls."[295]

In Briefen nach Hause berichteten Soldaten und Offiziere von der Front von ihren Sorgen und Nöten, wobei diese Informationen in der Heimat weitere Verbreitung fanden. So schrieb die junge Philippine von Griesheim Anfang Dezember 1812 an ihre Freundin: „Er [Bruder Werner] schreibt, daß sie nicht allein mit der großen Uebermacht einer *kolosalen* Nation, sondern mit Unkenntnis des Landes, mit den Elementen und mit Hunger, Noth, Mangel an Kräften und Lebensmitteln zu kämpfen hätten, sich daher selbst ihr Grab bereiten müßten [...] Dennoch sprechen die *Monitörs* von Siege auf Siege, die ihnen den Weg nach Moskau gebahnt haben."[296] Anfang August erließ König Friedrich von Württemberg auf Befehl Napoleons eine Kabinettsorder an seine Truppen, da „mehrere Offiziere aus allen Chargen mittels Schreiben und weitläufiger Berichterstattung an ihre Freunde, besonders aber an ihre im Königreich zurückgebliebenen Frauen, den Zustand des K. Armeekorps und einen dabei herrschen sollenden Mangel als sehr groß geschildert und unter so grellen Farben beschrieben haben, daß diese durch weibliche Geschwätzigkeit verbreiteten und vergrößerten Nachrichten über den Zustand des Armeekorps im ganzen Königreich, besonders aber in Stuttgart die größte Ängstlichkeit und Unruhe verursacht haben [...] Allerhöchstdieselben wollen daher jede fernere schriftliche Äußerung dieser Art auf das ernstliche verboten haben".[297]

Neben Niederlagen im Feldzug erschienen auch Nachrichten über Unruhen und Aufruhr als gefährlich. Ansteckungsgefahr! In Mecklenburg veranlasste der Volksaufstand in Hessen 1809 eine „Verwarnung, sich aller öffentlichen ungeziemenden Gespräche über politische Gegenstände und der Verbreitung falscher Nachrichten darüber zu enthalten".[298] Der Preuße Johann Jakob Otto August Rühle von Lilienstern nahm als Oberst in der sächsischen Armee am Feldzug teil; er schrieb am 20. Mai 1809 aus Linz: „Man sagt, in *Regensburg* sei ein großes Depot angelegt, wo alle Briefe aufgehalten würden, die mit der gewöhnlichen

Post, aus dem Norden von Deutschland, nach dem Süden abgesendet worden, und umgekehrt, weil sich hie und da, besonders aber in Westfalen [z.B. Dörnberg, Schill] gewisse Unruhen erhoben hätten, von denen man die Nachricht nicht verbreitet wissen wolle."[299]

Mobilisierung zum Krieg

War eine Regierung zum Krieg entschlossen, präsentierte sie ihn der eigenen Bevölkerung von Anfang an als notwendig, unausweichlich und moralisch gerechtfertigt. In der Presse wurden der Wille zum Kampf und die Begeisterung für den Krieg in der Bevölkerung beschrieben, um eben diese Gefühle zu wecken und zu fördern. Dem neuen Konzept des Volkskrieges entsprechend sollten sich alle Bewohner des Staates mit dem Kampf identifizieren, ihn bereitwillig unterstützen – und ihn nicht mit einem Schulterzucken als Sache des Herrschers abtun.

Eine weitverbreitete Formel war jene vom Kampf für Gott, Kaiser/König und Vaterland. Dass die Treue und Loyalität zum guten Landesvater bekräftigt wurde, ist in einer Zeit, in der Napoleon nach Belieben Dynastien stürzte und neue Reiche errichtete, verständlich. Der Begriff des Vaterlands war hingegen recht unscharf. Als Vaterland galt sowohl das Land, in dem man geboren wurde, als auch in der Tradition der Aufklärung jener Staat, den man aufgrund seiner überlegenen Gesetze und Lebensbedingungen als Vaterland erwählt hatte. So wie in der Habsburgermonarchie die einzelnen Völker in ihrer eigenen Landessprache angesprochen wurden, rief auch Friedrich Wilhelm 1813 die „Brandenburger, Preußen, Schlesier, Pommern, Litthauer!"[300] auf, die gleichzeitig als Deutsche im Sinne einer Kulturnation bezeichnet wurden. Der Begriff „Deutschland" selbst wurde im Entwurf gestrichen, man wich auf undefinierbare Begriffe wie „Nation" und „Vaterland" aus. Selbstverständlich wurde der Aufruf auf Deutsch und Polnisch publiziert.

Am wirksamsten erwies sich jedoch die Bezugnahme auf Gott und die Religion. Ein Großteil der Menschen in Europa reagierte äußerst empfindlich, wenn sie ihren Glauben und ihre Kirche, beispielsweise durch Reformen im Sinne der Aufklärung, angegriffen sahen. Dieses

Potenzial ließ sich für die antinapoleonischen Kriege ausschöpfen. In Spanien und Russland wurde der Kampf gegen den französischen Kaiser, den Antichrist, zum Kreuzzug erklärt. Im spanischen Katechismus, der als Vorbild für die deutschen Versionen Kleists und Arndts diente und ebenso in eine russische Fassung übersetzt wurde, wurden die Franzosen als ehemalige Christen und neue Ketzer, Napoleon als Ausgeburt der Hölle bezeichnet; es wäre demnach keine Sünde, jene Franzosen totzuschlagen, die unter Napoleons Fahne standen.[301] In der spanischen Propaganda wurde eine Kontinuitätslinie vom Kampf gegen die heidnischen Mauren zum Krieg gegen Napoleon gezogen. „Soldaten! Ihr verteidigt eure Religion, euer Vaterland und eure Freiheit! Ich bin bei euch, Gott ist gegen die Angreifer“[302], erklärte der Zar Ende Juni 1812. „Oberst Bernard hat einen Aufruf des Kaisers Alexander an sein Volk gelesen, wovon man mehrere Exemplare in Orsza gefunden hat. Hierin werden wir als Menschen geschildert, welche gekommen wären, die bürgerliche Ordnung und die Religion umzustürzen, weshalb den Russen geboten wird, alle Orte zu verlassen, wo sich der Feind zeigen wird überall die Waffen zu ergreifen und den Landsturm zu organisiren“[303], berichtete Loßberg. Vor der Schlacht bei Borodino wurden die russischen Truppen mittels Gottesdienst, einer feierlichen Prozession mit der Ikone der Muttergottes von Smolensk, Branntwein und feurigen Reden dazu ermuntert, „die Franzosen an diesem Tage zu vernichten und das Vaterland auf einmal von seinen Feinden zu befreien“.[304] Zerstörte und geplünderte, teils als Ställe verwendete Kirchen lieferten handfeste Beweise für die Gottlosigkeit der Feinde. „Grimm und Haß gegen die Tempelschänder verbreitete sich durch Erzählung ihrer wirklichen und angeblichen Unthaten immer weiter und entflammte das Volk zur blutigsten Rache. Wehe dem Unglücklichen, der in die Hände der Erbitterten fiel!“[305], so Löwenstern.

Aber auch in der Habsburgermonarchie und in den deutschen Staaten bediente sich die Propaganda christlicher Elemente. „Gott im Himmel hat Gericht gehalten“[306], argumentierte Arndt, er würde die mit Napoleon verbündeten deutschen Fürsten strafen. Ebenso forderte Theodor Körner seine sächsischen Landsleute in einer Flugschrift zum Kampf auf und endete mit den Worten: „Gott ist ja mit uns und die gerechte Sache, und eine feste Burg ist unser Gott!

Amen!"[307] Gott ist mit uns. Ein heiliger Krieg. Eine solche religiöse Einfärbung der Propaganda fand in der Bevölkerung durchaus Anklang. Ein Augenzeuge berichtete von der positiven Aufnahme von Arndts Schrift über Landwehr und Landsturm im Dezember 1813: „Bauernweiber waren vorzüglich entzückt über dasselbe. Ach das ist prächtig, sagte eine, und alles mit Gott, alles mit Gott!"[308] Feierliche Zeremonien wie Fahnenweihen, Prozessionen oder Gottesdienste erzielten die erwünschte Wirkung auf die Gemüter, verstärkt durch das Erlebnis derselben in der Menge. „Die religiöse Weihe, die dem Patriotismus durch die Mitwirkung der Geistlichkeit und durch Kirchenfeierlichkeiten verliehen ward, erzeugte eine seltene Schwärmerei, die alles Irdische verläugnete"[309], schrieb Heinrich Francke in seiner Geschichte Mecklenburgs. Und Lulu Thürheim berichtete: „Hier in Wien [April 1809] sind die Kirchen mit Gläubigen angefüllt, die Straßen mit Prozessionen, niemals noch erinnert man sich ein solches Vertrauen in Gott und in die Tapferkeit unserer Truppen gesehen zu haben [...]."[310]

Unter der russischen Bevölkerung wurde das Gerücht ausgestreut, dass Napoleon alle zum Übertritt zum Katholizismus zwingen würde; den Tirolern wurde 1809 weisgemacht, sie müssten – ausgerechnet

Die Tiroler lernte der bayerische Offizier Friedrich Mändler nach der Niederschlagung der Erhebung 1809 näher kennen, als er in Südtirol stationiert war. „Später habe ich, während meines dreimonatlichen Aufenthaltes im Passeyer, den Charakter und die Gesinnungen der Einwohner dieses Thales so ziemlich genau kennen gelernt und gefunden, daß sie, wie alle Tyroler überhaupt, äußerst bigott, leichtgläubig und, wie alle Gebirgsbewohner, sehr leicht zur Insurrection zu verleiten sind. Außerdem sind sie durchgehends sehr gutmüthig, und wenn man ihr Zutrauen gewonnen hat, äußerst gefällig und gastfreundlich. Nach ihrer eigenen Erzählung wurden sie nur allein durch die vielen Versprechungen und Verheißungen, welche ihnen die österreichischen Emissaire, unter Mitwirkung der Geistlichen, gemacht hatten, und besonders auch dadurch zur Insurrection verleitet, weil letztere ihnen von der Kanzel herab predigten, daß ihre Religion bedroht sei, daß sie alle lutherisch werden, alle ihre Söhne gegen Oesterreich ins Feld marschiren lassen müßten u. dgl. m."[311]

unter bayerischer Herrschaft!? – alle lutherisch werden. Wie in Spanien und Russland, wo Napoleon als Antichrist galt, wurde er auch im Befreiungskrieg 1813/14 zunehmend dämonisiert. Beispielsweise kursierten in den deutschen Ländern Karikaturen, die seine Verwandtschaft mit dem Teufel darstellten. Auf einem Bild hielt Satan nach dem Vorbild von Madonnenbildern Napoleon als Wickelkind in den Armen und verkündete in Anlehnung an das biblische Zitat Markus 1,11 stolz: „Das ist mein lieber Sohn an dem ich Wohlgefallen habe."[312]

Für Weib, Kind und Herd Warum sollten die Untertanen Leib und Leben riskieren, um zu verhindern, dass ihr Herrscher die eine oder andere Provinz abtreten musste oder gar seinen Thron verlor? Grenzverschiebungen und Herrschaftswechsel durch Krieg oder Tausch standen in der Neuzeit an der Tagesordnung. Das war eine Frage des fürstlichen Eigentums, die Bewohner der betroffenen Gebiete wurden dazu nicht befragt. Für sie war es im Grunde auch egal, unter welcher Herrschaft sie lebten und wem sie ihre Abgaben abliefern mussten. Für Gott, König und Vaterland klang zwar gut, stärker jedoch wirkten Argumente, die auf die Lebenswelt der Bevölkerung abzielten. Für Weib, Kind und Herd. Das eigene Leben und das der Familie, die Sicherheit des Zuhauses und der Lebensgrundlage – das waren unschlagbare Argumente, für jeden.

„Denn wo ist eine Stadt und ein Dorf, ja wo ist ein Weg und ein Steg in Teutschlands weiten Gränzen, die nicht von französischen Verbrechen befleckt wären? wo ist eine Hütte und ein Haus, wo nicht über geschändete Weiber und Töchter, über in die ferne Fremde weggetriebene und im Elend gestorbene oder auf Schlachtfeldern der Schande erschlagene teutsche Brüder und Söhne gejammert würde?"[313], fragte Ernst Moritz Arndt. Am 29. Mai 1808 hieß es in der Proklamation der *Junta* von Sevilla: „Spanier! [...] euer Eigenthum, euere Gebräuche, euere Weiber, Alles, was der Nation theuer ist, wird bedroht. Die heilige Religion, unsere einzige Hoffnung, wird zu Grunde gerichtet [...]."[314] Alles, was die Existenz des Einzelnen betraf, bot sich als Argument an: Steuern, Arbeitsplätze, Handel und Wirtschaft, Lebensmittelpreise und Hungersnöte, (Zwangs-)Rekrutierung für das Militär, bürgerliche Rechte und Gesetze. Das individuelle Eigentum. Bedroht durch den Feind, doch beschützt durch den Landesvater. „Völker ergreifen die

Waffen zur Vertheidung Dessen, was ihnen am theuersten ist – ihr Eigenthum und ihr Recht“[315], so Erzherzog Carl. Wie gegenüber den eigenen Untertanen versuchte man auch bei der Bevölkerung im (Noch-) Feindesland durch Manneszucht und Schutz des Eigentums zu punkten. Am 21. Dezember 1813 erklärte Karl Philipp zu Schwarzenberg zu Beginn der Invasion den Franzosen: „Obrigkeiten, Eigenthümer, Landleute bleibt bei eurem Heerd. Die Aufrechterhaltung der öffentlichen Ordnung, die Achtung für das Eigenthum, die strengste Kriegszucht, werden den Durchmarsch und den Aufenthalt der alliirten Armeen bezeichnen. Sie sind von keiner Rachbegierde beseelt [...].“[316] In den österreichischen Aufrufen des Jahres 1809 und den preußisch-russischen Proklamationen im deutschen Befreiungskrieg wurde jenen Völkern, die im *Grand Empire* Napoleons lebten, vor Augen gehalten, wie schlecht es ihnen hier erging; wirtschaftliche Verluste durch die Kontinentalsperre, Steuern und Napoleons unendlicher Bedarf an Kanonenfutter wurden betont. Alles würde besser werden, wenn sie sich dem Kampf anschlössen und die französische Vorherrschaft abschüttelten.

Dass Napoleon und die Rheinbundfürsten solche Aufrufe nicht unwidersprochen hinnahmen, versteht sich. Sie versuchten ihrerseits, die Eroberungs- und Raubsucht des Gegners herauszustreichen und dessen Versprechen als leere Worthülsen zu entlarven. Noch bevor Preußen 1813 offiziell das Bündnis mit Russland eingegangen war, hieß es beispielsweise in der Proklamation General Lauristons vom 14. Februar 1813: „Können diejenigen [die Russen] wohl Frieden und Schutz versprechen, die bloß mit der Brandfackel in der Hand zu fechten wußten! Werden diejenigen das Eigenthum Andrer respektiren, die ihr eigenes nicht respektirten; die ihr eigenes Land verwüsteten und Tausende von Menschen lieber ins Elend und in Verzweiflung stürzten, als daß sie gesucht hätten, ihr Vaterland mit den Waffen in der Hand zu vertheidigen?“[317]

Nachrichten über Grausamkeiten und Exzesse des Gegners wirken besonders stark, sodass die sogenannte Gräuelpropaganda aufgrund ihrer Wirksamkeit sehr beliebt ist. Hinzuweisen ist darauf, dass es sich bei solchen Berichten sehr wohl um tatsächliche Begebenheiten handeln konnte, den Regeln der Propaganda folgend, wird aber ebenso übertrieben und gelogen. Die Spanier publizierten am 1. Januar 1809 ein *Manifest an Europa*, das die eigenen Bewohner wie auch die Weltöffentlichkeit mit Schilderungen französischer Grausamkeiten empören sollte: Kirchenschändung, Vergewaltigung, sogar Babys seien von den Eindringlingen aufgespießt worden. Das barbarische Verhalten der Franzosen rechtfertige daher jede Grausamkeit seitens der Spanier.[318] Laut Kriegskommissär Schaumann staunte die Bevölkerung Frankreichs über das gute Betragen der Truppen Wellingtons. „Um nämlich das Land gegen uns in Aufruhr zu bringen, hatten die Franzosen ausgesprengt, wir mordeten, raubten, brennten und sengten, wo wir hinkämen, besonders aber wären wir Liebhaber von Kinderfleisch, welches zu erlangen wir alle Kinder, deren wir habhaft werden könnten, aufgriffen, schlachteten und auf Ladestöcken über Kohlen schmorten.“[319] Also greift zu den Waffen, sonst ...

Jeder Bürger ein Soldat Nachrichten vom heldenhaften Kampf der Spanier und Tiroler, Berichte über freiwillige Meldungen zur Landwehr oder zu den Jägern, namentliche Nennung großzügiger Spender und von Empfängern von Auszeichnungen wie dem preußischen Eisernen Kreuz: In der Presse wurden Vorbilder präsentiert, die zur Nachahmung anregen sollten. In der ungewohnten und neuartigen Situation des Volkskrieges bot die Propaganda den Menschen so Orientierung, Denkmuster und eine konkrete Anleitung zum Handeln.

Echte Männer braucht das Vaterland! Nach dem Vorbild Frankreichs wurde ein neues Männlichkeitsbild beworben, wonach jeder Bürger gleichzeitig Soldat sein sollte – ein ganzer Mann. Mutig und bereit, das eigene Leben für den hohen Zweck zu opfern. Der Griff zur Waffe war eine Frage der persönlichen, männlichen Ehre, wie auch *Der Bräutigam* in Collins Landwehrlied seinem Mädchen erklärte: „Die Fahne flattert in der Luft,/Muß zu den Männern hin“, denn wer seinen geleisteten Schwur als Landwehrmann nicht hielte, der sei „ein feiger Wicht“[320], der Spott und Schande zu ertragen habe. „Das Volk steht auf, der Sturm bricht los./Wer legt noch die Hände feig in den Schoß?“, hieß es im selben Sinn bei Theodor Körner im Gedicht *Männer und Buben*. „Pfui über dich Buben hinter dem Ofen,/Unter den Schranzen und unter den Zofen!/Bist doch ein ehrlos erbärmlicher Wicht;/Ein deutsches Mädchen küßt dich nicht [...].“[321]

Ideale wie Ehre und Ruhm klingen gut, nur kann man sich davon nichts abbeißen. Zur Mobilisierung der Bevölkerung, vom Bürger bis zum Knecht, griff man daher auch auf materielle Anreize zurück. In Spanien folgte dem Ende Dezember 1809 erlassenen Dekret der *Junta Central* zur Bildung von Guerillabanden am 25. Februar 1809 ein weiteres, wonach Geld und andere Wertgegenstände, die von Franzosen und Kollaborateuren erbeutet wurden, in das Eigentum der jeweiligen Bande übergehen sollten – quasi eine Legitimierung für Raubüberfälle. Auch ganz normale Banditen durften sich demnach als Patrioten fühlen, solange sie die französischen Feinde und ihre Anhänger (*afrancesados*) attackierten.

„Wer nicht mit uns ist, ist wider uns"[322], lautete eine Lieblingsparole Gneisenaus. Dieses Prinzip wollte er auch auf die Volksbewaffnung übertragen. Bereits im August 1811 übermittelte er Hardenberg eine Denkschrift über Milizen und Volksaufstand, der zufolge die Mobilisierung junger Männer durch die Androhung von Konsequenzen erreicht werden sollte: Jeder, der alt genug und tauglich war, müsse in der Miliz dienen, sonst dürfe er weder Eltern noch Verwandte beerben, kein Grundstück erlangen und nicht als Zeuge oder Taufpate auftreten; zusätzlich solle ein Verweigerer „in den öffentlichen Zeitungen namentlich als ein solcher aufgeführt"[323] werden. Dasselbe Prinzip galt für die jungen Männer aus wohlhabendem Haus, die als freiwillige Jäger in Aktion zu treten hätten: „Niemand kann in der Folge im preußischen Staat zu irgendeinem öffentlichen Amte, zu irgendeiner Ehrenstelle, Auszeichnung, Ehrencharakter usw. gelangen, wenn er nicht in diesen Jägerkompagnien und Eskadronen oder in einem andern aktiven Militärkorps gedient hat." Voraussetzung sei, dass er zwischen sechzehn und dreißig Jahre alt sei „und in keinem öffentlichen Amte steht".[324] Die Idee Gneisenaus wurde durchaus aufgegriffen, allerdings im Wortlaut abgeschwächt: Den Freiwilligen in Preußen und nachfolgend in den Rheinbundstaaten, vor allem den Jägern, wurde für die Zeit nach dem Krieg die Befreiung von der Konskriptionspflicht versprochen, und dass man sie „bei Ertheilung von Privilegien"[325] und bei Stellenbesetzungen bevorzugt behandeln würde.[326] So klang es weniger brutal als bei Gneisenau.

Bei der Abwehr des Feindes sollten die Bewohner zu allen Opfern bereit sein. Landsturm, Guerillakampf, Volksbewaffnung. Jede deutsche

Stadt ein zweites Saragossa, ein zweites Moskau, wie es Ende April in einem Aufsatz im *Preußischen Korrespondenten* zu lesen war: „[N]icht dem Adel und Bauern allein gehört der Krieg und die Rettung des Vaterlandes; nicht zu Alleen und Schattengängen sind Wälle und Mauern, nicht zum Verkehr mit dem Feinde das vaterländische Gold. Wie Hamburg, Lübeck und Lüneburg, wie viele der preußischen Städte, sollen alle gesinnt seyn; sie sollten sich vertheidigen bis zum letzten Mann, und ihre Häuser verbrennen, wenn sie von dem Feinde nicht mehr zu retten sind. Sollen Sie dem Feinde Schutz und Wehr geben? Saragossa steht ewig in der Geschichte, Moskau ist uns ein Beispiel geworden [...].“[327] Dem sollte nachgeeifert werden.

Neben Kombattanten sollte für den Volkskrieg auch die sogenannte Heimatfront mobilisiert werden. In seinem Manifest vom 8. April 1809 betonte Kaiser Franz: „Auch jener, der nicht die Waffen trägt, wird teilnehmen an der Beschützung des Vaterlandes.“[328] Wer aufgrund seines Alters, seiner körperlichen Verfassung oder seiner Lebensumstände nicht selbst in den Kampf ziehen konnte, hatte die Möglichkeit, mit großzügigen Spenden seinen Patriotismus unter Beweis zu stellen. Im Juli 1812 bat Zar Alexander in Moskau um Unterstützung. Adel und Kaufleute der Stadt versprachen großzügig Geld und Leibeigene. In Preußen warb man mit der Parole „Gold gab ich für Eisen“, wobei sich zeigte, dass nicht nur Reiche sich von ihren Wertgegenständen trennten, sondern auch Handwerker, Tagelöhner, Dienstboten oder arme Witwen, von denen einige beispielsweise ihre Trauringe opferten. Durch die Veröffentlichung seines Namens und seines Beitrags in Zeitungen und Zeitschriften wurde der Geber als Patriot ausgewiesen; zugleich aber erhöhte sich der Druck auf andere, ebenfalls zu spenden und mit ihrem Beitrag nicht zurückzustehen. Wer wollte sich schon die Blöße geben, weniger großzügig zu sein als sein Nachbar?

Wir gegen die anderen

Eine rückblickende Deutung der erfolgreichen Befreiungskriege erscheint einfach: die Deutschen, die Spanier, die Russen gegen die Franzosen. Für die Zeitgenossen stellte sich die Situation im napoleonischen Europa alles andere als klar dar, die Front verlief teils durch die „Nationen". In Spanien nahm der Kampf gegen Napoleon bürgerkriegsähnliche Formen an. Auf deutschem Boden stand bildlich gesprochen eine Mauer: Die meisten Deutschen lebten im Rheinbund unter dem Protektorat Napoleons, waren Teil des *Grand Empire* und zählten somit in der staatspolitischen Realität zu den Gegnern jener, die einen gesamtdeutschen Nationalkrieg gegen den Kaiser der Franzosen proklamierten. Das galt noch mehr für die linksrheinischen Gebiete, die das Alte Reich nach den ersten Koalitionskriegen an Frankreich abgetreten hatte und die annektiert worden waren; damit gehörten sie zum französischen Staatsgebiet und genossen die Privilegien, die der Kaiser seinen Franzosen gewährte. Hier und in den Rheinbundstaaten mussten die Propagandis-ten eines Befreiungskrieges sowohl gegen die noch immer bestehende Anziehungskraft Napoleons wie auch die Loyalität der Soldaten und Bewohner gegenüber ihrem jeweiligen Landesherrn ankämpfen.

Die Publizistik der Freiheitskriege erhob mit ihren (deutsch-)nationalen Parolen den Anspruch, die Geburtsstunde der deutschen Nation einzuläuten. Allerdings steckte der moderne Nationalismus um 1800 noch in den Kinderschuhen. Jörg Echternkamp datierte dessen Aufstieg in die Jahrzehnte von 1770 bis 1840. Er wurde wie überall in seinen Anfängen „von einer elitären Intellektuellenschicht propagiert und getragen"[329] und war weit davon entfernt, eine Massenideologie zu sein. „Der Widerstand gegen die französische Besatzungsmacht in Preußen und die Genese des deutschen Nationalismus wurden und werden noch immer allzu schnell kurzgeschlossen."[330]

Publizisten und Dichter wie Ernst Moritz Arndt, Theodor Körner, Johann Gottlieb Fichte oder der Turnvater Friedrich Ludwig Jahn schufen Entwürfe einer deutschen Nation, die aufgrund der ungewissen militärischen und politischen Entwicklungen der Jahre 1813/14 unpräzise bleiben mussten und auch sehr widersprüchlich waren. Es war auch nicht ihre Aufgabe, realitätsnahe Konzepte einer künftigen deutschen Verfassung zu liefern; erst nach der Völkerschlacht von Leipzig und dem Beitritt der Rheinbundstaaten zur Koalition ging die (teils anonyme) Publizistik vermehrt auf die künftige Gestaltung Deutschlands ein, sei es als Kaiserreich unter preußischer beziehungsweise österreichischer Führung oder als lockerer Bund souveräner Staaten. Zunächst ging es im Kampf gegen Napoleon darum, die gemeinsame Identität der

Deutschen zu fördern und ein nationales Wir-Gefühl zu schaffen, das stark genug war, den Rheinbund zu sprengen. Landesbewusstsein und deutsches Nationalgefühl schlossen sich dabei nicht aus. „Kommt! Kommt! Ihr mögt Euch nennen wie Ihr wollt, Westphäler oder Sachsen, Bayern oder Hessen, alles gleich viel! wenn Ihr nur Deutsche seyd und deutsche Herzen mitbringt“[331], hieß es im Aufruf Wittgensteins im März 1813.

Durch die Abgrenzung von den Franzosen „ließen sich *die* Deutschen als Volk konstruieren“[332]; in simpler Schwarz-Weiß-Malerei: Wir sind die Guten, tugendhaft, treu und echt, gottesfürchtig, Deutsche eben; die anderen, die Franzosen, sind die Bösen, unsittlich, verschlagen und böse, gottlos. Der Kampf gegen die französische Hegemonie wurde im Sinne eines zu entwickelnden nationalen Selbstbildes auch auf kultureller Ebene geführt. Ähnlich wie heutzutage in vielen Fällen die USA hatte Frankreich spätestens seit dem 18. Jahrhundert die Rolle des Trendsetters eingenommen. Die Franzosen galten als kultiviertestes Volk. Nachahmenswert! Der Geist der Aufklärung erblickte in Frankreich das Licht der Welt, Französisch ersetzte Latein als internationale Sprache der Gebildeten und Vornehmen. Literatur, Mode und selbst die französische Küche wurden zum Vorbild genommen. Was aus Frankreich kam, war modern. In Spanien orientierten sich die *afrancesados* daran schon im 18. Jahrhundert, Ähnliches galt für die gehobene Gesellschaft Russlands und für Mitteleuropa. Das Bürgertum wiederum folgte dem Vorbild der höheren Stände. Dolmetscher würden in Wien nicht mehr gebraucht werden, so Joseph Richter in seinen satirischen Eipeldauerbriefen, denn „[e]s gibt ja fast kein Schusters- und Schneiderstochter mehr, die nicht Französischs parlirt“.[333]

Zur Zeit der antinapoleonischen Kriege wurde diese Orientierung an der französischen Kultur zunehmend als Widerspruch beurteilt. Mehr noch: als Verrat an der eigenen Nation. Patrioten sprechen nicht französisch! Weg von der Sprache des Feindes, zurück zur Muttersprache. Russische, spanische, österreichische oder deutsche Patrioten forderten eine Rückbesinnung auf eigene Sitten und Gebräuche und lehnten das französische Vorbild ab. „Das ist das teutsche Vaterland,/Wo Zorn vertilgt den franschen Tand,/ Wo jeder Franzmann heißet Feind,/Wo jeder Teutscher heißet Freund,/ Das soll es seyn!“[335], ereiferte sich Arndt, der

Übertriebene Deutschtümelei sorgte für so manches Kopfschütteln. Der Offizier Friedrich von Schubert lobte im Frühjahr 1813 die Aufstellung von Landwehr und Landsturm und die freiwilligen Meldungen. „Aber wie der Deutsche selbst das Erhabenste nicht tun kann, ohne es ungewollt lächerlich zu machen, so auch hier: das Fieber des Deutschtums ergriff alle und trieb ganz ernsthaft die tollsten Possen. Die Frauen kleideten sich deutsch-mittelalterlich; alles Ausländische sollte verbannt werden, selbst aus der Sprache, und durch deutsche Worte ersetzt werden; da hörte man von Brunnenprügeln (Fagott), Kunkeln (Mademoisellen) und ähnlichen Unsinn, und zwar nicht zum Spaß, sondern in vollem Ernst, und alle diese Ausdrücke waren im täglichen Leben angenommen. [...] Ich erinnere mich, daß, als die Treppe zu der Brühlschen Terrasse in Dresden von dem Fürsten Repnin gebaut wurde, wo unten ein paar steinerne, ägyptische Löwen stehen sollten, ein Journal ganz ernsthaft behauptete, dies sei nicht zeitgemäß: man solle ein paar deutsche Löwen hinstellen.“[334]

sich dafür einsetzte, dass auch das Wort „deutsch“ mit dem harten, männlichen, kriegerischen „T“ geschrieben werde. Statt französischer Mode solle in Anlehnung an die Kleidung des Mittelalters und der Renaissance eine altdeutsche „National-“ oder „Volkstracht“ bevorzugt werden, wobei verstärkt Frauen ihren Patriotismus beweisen müssten: „Wenn unsere Söhne wieder Deutsche werden, könnt Ihr keine Französinnen bleiben“[336], so Johann Jakob von Willemer in der Schrift *Von den Vorzügen einer Nationaltracht. Ein Wort an Deutschlands Frauen* 1814. Im Umkreis der Turner und Burschenschaften wurde die altdeutsche Tracht über die Befreiungskriege hinaus zum Symbol deutsch-nationaler Gesinnung. Kleider machen Patrioten.

Mäßigung Egal, um welche Textsorte es sich handelte, ob aus der Feder eines professionellen Dichters oder Hobbyautors: Durch die obrigkeitliche Zensur gelangte nur, was ins politische Programm passte. Die Publizistik und Literatur der Volkskriege können deshalb nur bedingt als ein Spiegel der breiten Bevölkerungsmeinung betrachtet werden. Waren die Weichen auf Konfrontation mit Napoleon gestellt, boomten patriotische und antinapoleonische Schriften, da von oben zur Veröffentlichung solcher Stücke ermuntert wurde und die Regierung selbst solche Werke in Auftrag gab; musste sich die Staatsführung (meist nach einem verlorenen Krieg) um ein gutes Auskommen mit Napoleon bemühen, war auch der literarische Tonfall zu mäßigen. Vor ihrer Publikation mussten Schriften der Zensur vorgelegt werden und wurden, teils stark verändert, von den politischen Entscheidungsträgern freigegeben. Der Freiherr vom Stein mit seinem „fast pathologische[n] Haß“[337] auf die Franzosen und unter seiner Schirmherrschaft auch Ernst Moritz Arndt bedienten sich einer sehr aggressiven Rhetorik. Im Vergleich dazu bemühten sich Staatsmänner wie Hardenberg, Stadion oder Metternich auffällig darum, den Ton der Propaganda nicht eskalieren zu lassen. Wie in der österreichischen zeigte sich in der von der preußischen Regierung kontrollierten Publizistik das Streben nach Mäßigung; man verzichtete weitgehend auf dämonisierte Feindbilder, sondern betonte lieber den Kampf für Gott, König und Vaterland.

Heinrich von Kleists politische Texte waren teils sehr radikal. Sein *Katechismus der Deutschen, abgefasst nach dem spanischen, zum Gebrauch für Kinder und Alte*[338] verteufelte die Franzosen und rief „zu einem – nach damaligen Maßstäben – ‚totalen Krieg‘ bis zum letzten Blutstropfen“[339] auf; in der Ode *Germania an ihre Kinder* wollte er die Franzosen totgeschlagen und „den Rhein mit ihren Leichen“[340] gedämmt sehen. Ob die konservative österreichische Regierung 1809 die Publikation in dieser Form zugelassen hätte, ist mehr als fraglich. Der böhmische Oberstburggraf Josef Graf Wallis, der Graf Philipp Stadion im Juni 1809 das *Germania*-Projekt ans Herz legte, wies jedoch darauf hin: „Ich würde um so weniger Anstand nehmen, die Bewilligung hierzu zu ertheilen, als das Manuskript ohnehin jedesmal zur Censur gehörig vorgelegt werden muß [...].“[341]

Ende Juni 1813 wurden die preußischen Zensoren instruiert, „den Zweck der Erregung und Beförderung patriotischer preussischer, echt deutscher Gesinnung zu betrachten“, zugleich aber darauf zu achten, „dass nicht durch unbedachtsame Äusserungen befreundete Staaten beleidigt werden. [...] Würde, Sittlichkeit und Anstand müssen stets beobachtet werden, selbst bei Äusserungen über feindliche Souveräne, feindliche Nationen, feindliche Heere und ihre Anführer und Mitglieder."[342] Entsprechend hatte Arndt im Frühsommer 1813 seine „Noth mit der berliner Censurpolizei, die immer noch die Furcht vor dem vollen Napoleon im Leibe hatte".[343] Dem Historiker Barthold Georg Niebuhr erging es nicht viel anders. Er hatte zwar 1810 seinen Abschied vom preußischen Staatsdienst genommen, wurde im Befreiungskrieg jedoch wieder aktiv und gab mit Genehmigung von oben und dank eifriger Fürsprache Scharnhorsts den *Preußischen Correspondenten* heraus, für den unter anderem Gneisenau, Scharnhorst und Arndt (meist anonyme) Berichte lieferten. Ende April 1813 schrieb Niebuhr an Gneisenau: „Einiges hat die Censur allerdings geändert, wiewohl ich mir Mühe gegeben, es zu hindern [...]."[344] Auf ausdrücklichen Befehl von Hardenberg bestimmte die Zensur, dass nichts über Österreichs Beschlüsse oder englische Waffenunterstützung laut werden dürfe, „indessen läßt sich die Censur alles so drehen daß man auch hier immer die Sache selbst sagen kann, wenn man sich nur wendet".[345] Angesichts der Kriegsereignisse und der teils eigenmächtigen Vorgehensweise des Militärs konnte die von der Regierung vorgegebene Richtung nicht immer und überall durchgesetzt werden. Teilweise entstand in der Umbruchzeit 1814/15 ein rechtsfreier Raum im Sinne einer de facto bestehenden Pressefreiheit.

Der politischen Zielsetzung der Alliierten entsprechend sollten nicht die Franzosen, sondern nur Napoleon und seine Vorherrschaft bekämpft werden. Zu Beginn seiner Karriere war Napoleon auch in der deutschen Literatur im positiven Sinne als neuer Alexander, Hannibal, Cäsar, Karl der Große oder Prometheus verklärt worden, von Georg Wilhelm Friedrich Hegel 1806 als „Weltseele"[346] charakterisiert und bewundert von republikanisch gesinnten Intellektuellen, die er aber spätestens mit seiner Kaiserkrönung 1804 enttäuschte. Mit dem Krieg Preußens gegen Frankreich 1806/07 setzte dann verstärkt eine antinapoleonische, national angehauchte Publizistik ein, bevor der Kaiser der Franzosen in den Befreiungskriegen dann zum Bösen schlechthin stilisiert und mit Attila und Dschingis Khan verglichen wurde. Je siegessicherer man sich auf der Seite der Verbündeten fühlen durfte, desto offensiver wurde auch die Sprache, vor allem, als nach der Schlacht von Leipzig Napoleons Absetzung diskutiert wurde. Als „Abschaum der Menschheit, [...] Wütrich, Ungeheuer, [...] Blutsauger, Völkergeißel,

Weltzertreter, Pest, Räuberhauptmann, Henker und Bandit, [...] menschgewordner Satan, Missetäter"[347] beschimpfte Johann Friedrich Schink Napoleon in seiner *Dem Korsen* gewidmeten *Schand- und Schimpfode* anlässlich der Leipziger Völkerschlacht.

Steht auf! Untersteht euch!

Im *Grand Empire* Napoleons, vor allem in den deutschen Rheinbundstaaten, versuchten sich Österreicher, Russen, Preußen oder auch die britischen Truppen unter Wellington als die bessere Wahl, als Retter und Befreier Europas zu präsentieren. Dazu mussten vorab die eigenen Soldaten auf das neue Konzept eingeschworen werden. Sie sollten diesmal gegen die Feinde vorrücken, um sie als Freunde und Mitstreiter zu gewinnen. Klingt kompliziert? War es auch. Überspitzt ausgedrückt sollten die feindlichen Soldaten nicht gleich erschossen, sondern erst einmal im Guten zum Überlaufen überredet werden. Auch im Umgang mit der Zivilbevölkerung im Feindesland war Zurückhaltung und Dis-

Wie man Feldzüge als Befreiungskriege vermarktet, hatte Napoleon selbst vorgemacht. Sein Armeebefehl vom 26. April 1796 richtete sich sowohl an seine Truppen als auch an die Bevölkerung Italiens: „Soldaten, Ihr habt binnen zwei Wochen sechs Siege errungen. [...] Das dankbare Vaterland schuldet Euch seinen Wohlstand; [...] ich verspreche Euch diese Eroberung. Allein, dafür gibt es eine Bedingung, die Ihr mir schwören müsst, zu erfüllen. Ihr müsst schwören, die Völker, die Ihr befreien werdet, zu achten, das heißt, es gilt die schrecklichen Plünderungen zu verhindern, die sich Verbrecher, die von unseren Feinden dazu angestachelt wurden, zu Schulden kommen ließen. Haltet Ihr Euch nicht daran, dann werdet Ihr nicht die Befreier der Völker, sondern deren Plage sein [...] Völker Italiens, die französische Armee naht sich, um Eure Ketten zu lösen. Das französische Volk ist der Freund aller Völker. Schenkt ihm Euer Vertrauen. Euer Eigentum, Eure Religion und Eure Rechtsordnung sollen respektiert werden. – Wir führen den Krieg als großherzige Feinde, und wir haben es nur auf die Tyrannen abgesehen, die Euch versklavt haben."[348]

ziplin gefragt, wenn man von ihr Unterstützung erhalten und sie gegen Napoleon aufbringen wollte.

In seinem Armeebefehl vom 6. April 1809 ermahnte Erzherzog Carl seine Soldaten: „Der wahre Soldat ist nur dem bewaffneten Feinde furchtbar, ihm dürfen die bürgerlichen Tugenden nicht fremd seyn. Außer dem Schlachtfelde, gegen den wehrlosen Bürger und Landmann ist er bescheiden, mitleidig und menschlich. Er kennt die Leiden des Kriegs, und sucht sie zu mildern."[349] Ebenso erinnerte Generalfeldmarschall Blücher seine preußischen Truppen am 23. März 1813, dass sie ein fremdes Land, „nicht als Feinde, sondern als Befreier", beträten und die „Sachsen als Freunde der heiligen Sache deutscher Unabhängigkeit", „als künftige Bundesgenossen"[350] betrachtet werden sollten.

Die Offiziere und Soldaten in den gegnerischen Reihen wurden zum Überlaufen ermuntert. Zur Desertion. In den Proklamationen wurde ihnen die Entscheidungsgewalt darüber zugesprochen, welche der beiden Kriegsparteien den wahren, gerechten Krieg führe. Jeder gemeine Soldat sei demnach kompetent, sich für richtig oder falsch zu entscheiden. Das war tatsächlich revolutionär! Im 18. Jahrhundert hatte es nur vereinzelte Versuche gegeben, die Gegner – meist handelte es sich um die Besatzungen von belagerten Festungen – mit Drohungen und Versprechungen zum Überlaufen zu bewegen. Die französischen Revolutionäre versuchten in den Koalitionskriegen gezielt, die feindlichen Soldaten auf ihre Seite zu ziehen. „Kommt zu uns, kommt mit Euern Weibern und Kindern; Ihr findet bei uns gutes Brod, Fleisch und Geld, und ein gemächliches Auskommen in Euern alten Tagen"[351], versprach ein französisches Flugblatt.

Der hohe Rat von Sevilla forderte 1808 die Franzosen auf: „[V]ereinigt euch mit uns unter Fahnen, die nie für eine gerechtere Sache, für einen edleren Zweck gewehet haben. [...] [N]ach dem Kriege, den wir bald und glücklich zu enden hoffen, werden wir eure großmüthige Hülfe nicht unbelohnt lassen; nicht eine Milliarde versprechen wir euch; aber fruchtbaren Boden und Grund sollt ihr haben, und von dem Ertrage desselben den Rest eurer Tage in dem Schooß einer Nation, die euch liebt und ehrt [...] in Ruhe und Frieden beschließen."[352]

Soldaten, die über Sinn und Unsinn des jeweiligen Krieges diskutierten, die Befehle hinterfragten und im schlimmsten Fall zum Feind überliefen – diese Vorstellung musste Generälen und Monarchen gleichermaßen den Schlaf rauben. Die Armee war das Herrschaftsinstrument der Fürsten, zumal es noch keine Polizei im heutigen Sinn als staatliche Exekutive gab. Schon aus Gründen der Selbsterhaltung konnte keine Monarchie Ungehorsam und Desertionen dulden. Zumindest nicht in der eigenen Armee. In Bezug auf die gegnerischen Truppen legte man andere Maßstäbe an, da zeigten sich selbst stockkonservative Regierungen erstaunlich revolutionär.

Die habsburgischen Truppen verteilten zu Beginn des Krieges 1809 unter anderem ein anonymes Flugblatt mit dem Titel *Tapfere Krieger Bayerns!*. Die bayerischen Soldaten sollten zu den Österreichern wechseln, ins Lager ihrer wahren Freunde, und unter Habsburgs Fahnen die Freiheit für Bayern und ihren König erkämpfen.[353] Drei Jahre später wurden vorwiegend deutsche Soldaten und Offiziere der *Grande Armée* aufgerufen, sich in der russisch-deutschen Legion zum antinapoleonischen Befreiungskrieg zu sammeln.

Nichts weniger als Desertion und Eidbrüchigkeit, der Verrat am eigenen Fürsten wurde von den Soldaten verlangt! Wie konnte man ein derart fragwürdiges Vorgehen rechtfertigen? Monarchen wie Kaiser Franz hüteten sich davor, sich selbst einen Strick zu drehen. Fürst musste Fürst bleiben; an den Pflichten des Volks gegenüber seinem Herrscher war nicht zu rütteln. Daher wurde in den österreichischen Proklamationen von 1809 und auch in den meisten Aufrufen zum deutschen Befreiungskrieg 1813 betont, dass die Untertanen ja eigentlich für ihren Herrscher kämpften, ihn befreiten; keine Rede war davon, den rechtmäßigen Fürsten zu stürzen, nur Napoleons Zwangsherrschaft galt es zu brechen. Erzherzog Carl betonte, dass Franz die Nachbarvölker nicht bedrücken, sondern befreien „und mit ihren Regenten ein festes Band zur Erwirkung einer dauerhaften Ruhe, und zur Handhabung allgemeiner Wohlfahrt und Sicherheit [...] knüpfen“[354] wolle.

Für die Soldaten und Offiziere ergab sich ein Gewissenskonflikt, da sie beim Desertieren ihren Eid und damit ihre persönliche Treue zum Herrscher brachen. Ein Vergehen, für das zumeist die Todesstrafe galt. Arndt erteilte jedoch Absolution: Schicke der Fürst seine Soldaten „den Feinden des Vaterlandes gegen das Vaterland zu Hilfe“, müssten die Soldaten „nimmer gehorchen“[355], hieß es im *Kurzen Katechismus für teut-*

sche Soldaten 1812. Er und Stein zeigten sich besonders zornig auf die deutschen Rheinbundfürsten. Jene Regenten, die Napoleon treu blieben, sollten ihren Herrschaftsanspruch verlieren. „Die Fürsten sind nur Diener und Verwalter des Vaterlandes und des Volkes, sie sind nur für das Vaterland und das Volk da, nicht ist ein Land und ein Volk, damit Fürsten seien. Wenn Fürsten also thun und gebieten, was gegen das Vaterland ist, oder wenn sie sich gebärden, als müßten sie solches thun, so sind die Unterthanen von ihrem Eide gelöst.“[356]

Energischer Einspruch der Gegenseite folgte auf dem Fuß. „In jedem Kriegsdienste schwört der Soldat den Eid der Treue zu seinen Fahnen – und nach allen Kriegsgesetzen hängt es nicht von ihm ab, diese Fahnen nach eigener Willkür zu verlassen, oder einer anderen Bestimmung zu folgen, als welche der Souverän diese Fahnen gegeben hat“, beschwerte sich der bayerische Staatsmann Johann Wilhelm Freiherr von Hompesch-Bollheim, der für die geflüchtete Regierung in München 1809 die Amtsgeschäfte führte. „Auf diesem Grundsatz ruht alle Ordnung und Kriegszucht bei der Armee.“[357] Auf den Aufruf Barclays vom Juli 1812, in dem er die Deutschen zum Eintritt in die Legion aufforderte, erfolgte eine anonyme Entgegnung eines angeblichen Preußen in den deutschen Zeitungen. Die Anstiftung zur Desertion sei der „Vorschlag eines Feigen!“, von den Russen hätten Deserteure nichts zu erhoffen außer einem „Exil in Sibirien [...] Wie können diejenigen, die die Menschen als Pferde behandeln, so zum Deutschen [von Freiheit] sprechen?“[358] Der sächsische König Friedrich August erinnerte am 26. September 1813 seine Soldaten: „Mir und Meiner Sache habt ihr geschworen, Mir wolltet ihr treu, hold und gewärtig seyn. Nicht allein würdet ihr [durch Desertion] an Mir zum Verräther werden, auch euer Wort brächt ihr, das dem Manne von Ehre heilig seyn muß.“[359]

Volkserhebung Die zwiespältige Beurteilung einer Volkserhebung durch ihre Initiatoren kommt im deutschen Befreiungskrieg besonders klar zum Ausdruck. Die Österreicher präsentierten sich 1809, Russen und Preußen nach dem Russlandfeldzug 1813 in den deutschen Ländern als Befreier vom napoleonischen Joch und kündigten die Stunde der Erlösung an. Es wurde ein gemeinsamer Freiheitskampf gegen Napoleon beworben, wobei auf den Landespatriotismus und die Loyalität der Untertanen gegenüber ihrem jeweiligen Fürsten Rücksicht genommen werden musste. „Die Teutschen wollen keine französische Empörung und Umkehrung, keine französische Freiheit und Gleichheit, sie wollen keine Könige und Fürsten ermorden; aber sie wollen die Fürsten zum Gehorsam zwingen“[360], erklärte Arndt das Ziel einer deutschen Volkserhebung, wie es Stein vorschwebte. Alle Macht dem Volke? Schauderhaft! Laut Arndt vertrat beispielsweise Graf Münster die Meinung, dass es klüger wäre, noch zehn bis zwanzig Jahre das napoleonische Joch zu tragen, „als das Gefühl der Stärke zu sehr an die Kleinen zu bringen“.[361]

„Wirkt mit zu Eurer Rettung!“[362], forderte Erzherzog Carl „die deutsche Nazion“ 1809 auf. Blücher reichte den Sachsen am 23. März 1813 „die brüderliche Hand [...] Euer Landesherr ist in fremder Gewalt; [...] Nur für Euern Herrn wollen wir die Provinzen Eures Landes in Verwaltung nehmen.“[363] Am selben Tag erschien der Aufruf Wittgensteins an die Sachsen, in dem er erklärte, dass sie als Freunde kämen und – auch gegen den Befehl des Königs – aktive Mitwirkung gefragt sei: „Es mag wohl seyn, daß ihr stutzt bei dem Anblick der Russen und Preußen, die bewaffnet in Euer Land rücken; es mag wohl seyn, daß Ihr bekümmert

„Hört mich, liebe deutsche Bürger und Bauern!“, hieß es in General Wittgensteins Proklamation vom 7. April 1813. „Nun begreift Ihr aber wohl, daß wir nicht überall seyn können und daß in einem so großen Lande, wie Deutschland ist, auch die größten Armeen nicht im Stande sind, jeden Schlupfwinkel zu besetzen, durch welchen die feindlichen Streifparteien herein brechen können, um Euch zu plündern; [...] Was werdet Ihr thun? – Wollt Ihr die Hände ganz in den Schooß legen? – Wollt Ihr Euch geduldig plündern lassen, wenn wir nicht eben in der Nähe sind, um es zu hindern? [...] Thut, wie die Russen gethan haben und wie die Preußen jetzt thun; vereinigt Euch flugs zu einem allgemeinen Landsturm! Glaubt unserer Erfahrung: wenn jeder Bauer, jeder Bürger im Nothfall Soldat ist, so kann der Feind ihnen nichts anhaben. [...] Ihr ergreift ja nur die Waffen, um das Liebste, was der Mensch auf Erden hat, zu vertheidigen, Euren eigenen Heerd, Eure Weiber und Kinder, Eure Ehre, Eure Freiheit! Mit solchen Waffen ist Gott! Das hat er an den Russen bewiesen.“[364]

seyd und nicht wißt, war Ihr thun sollt, da Euer König Euch verlassen und Euch Ruhe geboten hat. Aber wenn ein Haus brennt, so muß man nicht erst den Eigenthümer um Erlaubnis fragen, ob man löschen dürfe.“[365]

In der Propaganda wurde es für gut und rechtens erklärt, wenn Bürger und Bauern zu den Waffen griffen und Soldaten erschlugen. Wenn es für die eigene Seite war, versteht sich. Wagten es dieselben Zivilisten jedoch, für den Feind zu kämpfen, dann waren sie Verräter, Aufrührer und der Todesstrafe würdig. „Wenn ich jeden in meine Hände fallenden französischen Krieger nach den liberalsten Gesetzen der Kriegsgefangenschaft behandeln werde, so soll doch jeder mit den Waffen gegen sein deutsches Vaterland ergriffene Deutsche es in den entferntesten Provinzen Rußlands beweinen, gegen die Freiheit seiner Mitbürger das Schwert gezogen zu haben“[366], drohte Wittgenstein im März. Gegenüber den Sachsen hieß es, dass ihr König selbst ihnen für die Befreiung danken würde. „Wer aber bis dahin ruhig bleiben wollte; den erkenne ich für keinen ächten Sachsen, für keinen Deutschen. Wer nicht mit der Freiheit ist, der ist gegen sie.“[367]

Die Sachsen sahen sich auf der einen Seite dem Druck der Alliierten zur antinapoleonischen Volkserhebung ausgesetzt, auf der anderen Seite stand die Mahnung ihres legitimen Königs, der sie Ende August 1813 daran erinnerte, „daß die Schuldigkeit des Unterthanen, seinen Regenten treu zu bleiben und Unterwerfung und Gehorsam gegen seine Beschlüsse und Anordnungen zu beweisen, unbedingt und durch die heiligsten Gesetze geboten ist“.[368] Dieser Mahnung fügte Friedrich August eine „ernste Drohung“ hinzu, nämlich „daß Wir jede Begünstigung der Absichten und Pläne des Feindes, jede Theilnahme an seinen Unternehmungen, welche Einer Unserer Unterthanen sich etwa sollte zu Schulden bringen, mit unnachsichtiger Strenge ahnen, und gegen solche Uebertreter, die, gegen Rebellen und Vaterlandsverräther in den Gesetzen geordneten, Strafen ohne Rücksicht und Ausnahme zur Anwendung bringen lassen werden“.[369]

1814 fürchteten die in Frankreich einmarschierenden Alliierten einen Volkskrieg, ein zweites Spanien, einen verheerenden Guerillakampf. Am 8. Januar sicherte Schwarzenberg den Franzosen Schonung zu; jene aber, die zu den Waffen griffen, ohne sich „durch Soldatenkleidung als

Bestandtheile der feindlichen Armee [zu] legitimiren“[370], sollten vor ein Kriegsgericht gestellt und erschossen werden. Die Furcht vor den Kosaken versuchte sich der russische General Ferdinand von Wintzingerode in seiner Proklamation vom 4. Februar zunutze zu machen: „Wir bekämpfen bloß die Soldaten Napoleons; bewahre der Himmel, daß ihr euch zu ihnen schlagt; – ganze Völkerschaften würden der Rache der Kosaken überliefert werden, wenn ein Bürger, ein Bauer, seine friedlichen Beschäftigungen verlassend, die Waffen ergreifen sollte.“[371]

Auf den Aufruf Napoleons vom 5. März 1814 aus Fismes, in dem er alle französischen Bürger zu den Waffen befahl und einen Guerillakrieg anordnete, reagierte man auf der Seite der Alliierten sofort mit Gegenerklärungen. „Einige Bauern, irregeleitet durch die Proklamationen Napoleons, haben die Waffen gegen die Alliierten ergriffen, und auf sie geschossen. Das in Brand gesteckte Dorf Athies, wovon Napoleon selbst Zeuge war, hätte ihn belehren sollen, welchen Züchtigungen er die Franzosen durch Proklamationen aussetzt, die sie zu militairischen Vertheidigungen auffordern“, verkündete Blücher am 9. März 1814, um zugleich Napoleon die Schuld für Vergeltungsmaßnahmen zuzuschreiben: „Ein Souverain ist ein Vater. Welcher Vater würde, seines Vortheils wegen, seine Kinder bis auf den letzten erwürgen? Welcher gute Souverain würde den ehrenvollen, vortheilhaften Frieden ausschlagen?“[372]

6 Zwischen Gleichgültigkeit und Begeisterung: Das Volk in den Volkskriegen

Wie erlebte die Bevölkerung die antinapoleonischen Kriege? Wie überlebte sie diese? Wie hoch waren Belastungen und Leid der Zivilbevölkerung und was die Motivation zum Kampf und mögliche Auslöser eines genuinen Volkskrieges, bei dem die Bauern von sich aus zu den Waffen greifen? Wie gestalteten sich die Handlungsspielräume und Erfahrungshorizonte von Frauen, und überhaupt, wer wurde als Freund, wer als Feind wahrgenommen? Tagebucheinträge und Memoiren, Chroniken und Briefe liefern individuelle und rein subjektive Momentaufnahmen, die nicht auf ganze Bevölkerungsgruppen oder gar Nationen übertragen werden können. Im Gegensatz zu Adel und höherem Bürgertum mit ihrer reichhaltigen Briefkultur und Erinnerungsliteratur sind Selbstzeugnisse aus der Mitte des Volks seltener und aus der sozialen Unterschicht kaum überliefert. Was an Worten fehlt, kann teilweise aus Taten erschlossen werden.

Leben mit dem Krieg

Die Jahre um 1800 wurden von den Zeitgenossen als Umbruchzeit erlebt, deren gewaltige Veränderungen jeden Lebensbereich betrafen: Französische Revolution, Reformen, Herrschaftswechsel und eine sich laufend verändernde politische Landkarte Europas, Wirtschafts- und Finanzkrisen, verstärkt durch die Kontinentalsperre, die zwar einigen Regionen kurzfristigen Aufschwung verschaffte, im Gesamtbild gesehen aber einen Niedergang bedeutete. Eine Antwort auf die Kontinentalsperre war reger Schmuggel. Die Obrigkeiten drückten dabei häufig ein Auge zu, noch häufiger hielten aber französische Beamte die Hand auf. Missernten wie in den Jahren 1810/11 und die Kriege mit ihren Folgen verschlimmerten die Lebensbedingungen. Arbeitslosigkeit.

Armut. Der Preis begehrter Kolonialwaren wie Kaffee oder Zucker stieg um ein Mehrfaches, man musste sich mit „ekelhaften Surrogaten behelfen".[373] Räuberbanden erfuhren durch Deserteure regen Zulauf und terrorisierten die Bevölkerung. Es herrschten eine weit verbreitete Krisenstimmung, Orientierungslosigkeit und Verunsicherung. Vor allem aber: Krieg, Krieg, Krieg. Zu Beginn der Befreiungskriege kannten junge Menschen stabile Staatsgebilde und längere Friedenszeiten nur noch vom Hörensagen. Viele Familien hatten Angehörige in einer der Armeen, bangten um deren Schicksal, trauerten um Gefallene. Selbst wenn das eigene Land nicht zum Kriegsschauplatz wurde, nahm die Belastung der Bevölkerung durch den Krieg zu. Die Regierungen benötigten Geld, zogen die Steuerschrauben an und schrieben teils forcierte Darlehen aus; auch die enormen vom Feind auferlegten Kriegskontributionen beglich der Fürst nicht aus seiner Privatschatulle.

Aus Sicht der europäischen Bevölkerung wurde der Staat mehr und mehr zum „Steuer- und Musterungsstaat".[374] Die Menschen reagierten teils mit Resignation, teils aber auch mit sozialem Protest und Widerstand, mit Beschwerden und Klagen, spontanem Aufruhr und Plünderung, wenn beispielsweise Bäcker oder Fleischer ihre Preise erhöhten. Ebenso wurden Steuern und Abgaben verweigert oder Amtsleute misshandelt. Besonders die massenhafte Aushebung zur Armee stieß in allen Ländern auf entschiedene und gewaltsame Ablehnung. Selbst in Frankreich, dem Ursprungsland der *levée en masse* und des Bürgersoldaten, war der Militärdienst unbeliebt. Die Aushebungen hatten bereits 1793 einen Bürgerkrieg in der Vendée angeheizt, und 1799 konnten nach dem Jourdan'schen Wehrgesetz von 400 000 Einberufenen nur etwa 250 000 eingezogen werden – der Rest hatte sich abgesetzt.[375] Viele junge Männer in ganz Europa widersetzten sich mit Unterstützung ihrer Familien und Nachbarn als sogenannte Refraktäre („Widerspenstige") ihrer Einberufung. Man entzog sich dem Militärdienst durch rasche Heirat, Flucht oder gar Selbstverstümmelung. Die Desertionsraten aller Heere waren hoch und stiegen vor Feldzügen oder im Krieg sprunghaft an – dabei war es egal, gegen wen Krieg geführt werden sollte. Im napoleonischen Europa stieg die Unzufriedenheit, der gewaltsame Aufstand größeren Ausmaßes blieb jedoch die Ausnahme.

Die Last der Durchmärsche und Einquartierungen beschrieb Philippine von Griesheim ihrer Freundin im Oktober 1813: „Unser Haus gleicht jetzt einem Bienenkorbe, kaum von Truppen leer, die sich freiwillig unseres großen Hofraums wegen einquartieren, füllen wieder andere die Leere aus! [...] Die Durchmärsche werden immer zahlreicher, der Mangel immer größer und der Mundvorrat nimmt dabei natürlich ganz ab. [...] Da schon die Durchmärsche solche Hungersnoth und Verwüstungen anrichten, was kann man da vom Kriegsschauplatz erwarten! Alle Gärten und Häuser der Stadt sind beschädigt, keine Bänke und Einfriedigung mehr sichtbar.“[376] Viertausend Gefangene seien eingebracht worden und hätten die Bewohner um Unterstützung angefleht. „Ach, und wir können nicht helfen, wir essen uns ja selbst kaum satt, es ist ja oft in der ganzen Stadt kein Stück Brot zu haben!“[377] Am 20. Oktober, nach der Völkerschlacht von Leipzig, schrieb sie hoffnungsfroh: „Der Friede erfolgt nun natürlich demnächst, und welch eine erfreuliche Aussicht eröffnet sich dadurch allen Familien!“[378]

Zwischen Zivilbevölkerung und Militär bestand in der Neuzeit – auch im Frieden – ein distanziertes, meist gespanntes Verhältnis. Die Armee des Fürsten wurde „als obrigkeitliche Polizeimacht wahrgenommen“[379], als Exekutivorgan. Durch seine Soldaten ließ der Herrscher Aufstände und Revolutionen niederschlagen. Dörfer und Regionen, die sich aufmüpfig zeigten und beispielsweise Steuern verweigerten, wurden durch Exekutionen bedroht, worunter man nicht Hinrichtungen verstand, sondern die unbezahlte Einquartierung von Truppen. Oft genügte die Androhung allein, um die Untertanen wieder auf den rechten Weg zu bringen.

Vom Krieg direkter betroffen als jene, die weitab vom Schuss lebten, waren die Bewohner entlang der Heeresstraßen und im Kriegsgebiet. Soldaten von Freund und Feind wollten untergebracht und verpflegt, ausgerüstet und durch Hilfsdienste unterstützt werden, was angesichts der immer größer werdenden Massenheere oft unmöglich war.

In belagerten oder besetzten Städten verschärfte sich die Versorgungslage. In Mainz hatte sich die französische Besatzung halten können, seit dem 5. Januar 1814 wurde die Stadt von den Alliierten eingeschlossen. „Schlimmer als dem Militär ging es begreiflicher Weise den Bürgern. Abgesehen davon, daß sie zu Ende des Jahres 1813 in aller Eile nicht so leicht wie das Militär sich den nöthigen Proviant hatten verschaffen können, lastete auf ihnen auch noch die Sorge, das aufzutreiben, was die Garnison in Anspruch nahm."[380] Die Preise stiegen, die Lebensmittel wurden knapp. „Bürger und Soldaten mußten sich an Pferdefleisch gewöhnen."[381]

Die Bauern wurden mit ihrem Vieh und teils auch ihren Wägen zu Spanndiensten herangezogen. Dies war meist so geregelt, dass die Zugtiere nur für einen Tagesmarsch beschlagnahmt werden durften, doch in der Praxis sah es anders aus. „[D]er alte Vorspann kann oft, da kein neuer zu erhalten ist, nicht wieder abgelöst werden"[382], berichtete Friedrich Wilhelm von Loßberg von den logistischen Problemen der napoleonischen Armee Anfang Mai 1812, als diese sich noch auf dem Territorium der Verbündeten auf den Russlandfeldzug vorbereitete. „Diese armen Teufel dauerten mich von Herzen", beschrieb Kriegskommissär Schaumann die Not der Bauern auf der Iberischen Halbinsel 1808, „sie waren mitten in der Ernte aus ihren Häusern gerissen oder embarkiert und mußten mit ihrem Zugvieh Tag und Nacht der Armee auf den Heerstraßen folgen, ohne zu wissen, wann sie ihre Familien wiedersehen würden; sie erhielten täglich einen Piaster Lohn von uns [britischer Armee], die Franzosen gaben ihnen nichts."[383]

Die Unterstützung der einen Seite mit Lebensmitteln, Unterkunft oder Ähnlichem konnte die andere krummnehmen. Vor allem in Spanien kam es häufig zu brutalen Racheakten, wenn die Bewohner eines Dorfes oder einer Stadt mit den Truppen Napoleons oder den Guerillabanden kooperierten. Zusammenarbeit mit dem Feind hatte weniger mit Sympathien für denselben zu tun als damit, den Schaden möglichst zu begrenzen, sich kooperativ zu zeigen und verhandeln zu können, um Kompromisse zu finden und Gewalt zu reduzieren. „Die Bürger setzten den Forderungen der Fremdlinge nur eine stoische Gleichgültigkeit und Ergebung entgegen, die von den Franzosen nicht mißbraucht wurde, denn sie hielten strenge Disziplin", berichtete Lulu Thürheim von der Situation im Süden Österreichs, als die Franzosen nach dem Rückzug Erzherzog Johanns aus Italien im Mai 1809 Klagenfurt besetzten. Das Problem war, dass auf dem Durchzug immer neue Truppen

Versorgung verlangten. Marschierten große Armeen wie 1812 in Russland, standen über Tage hinweg, manchmal im Stundentakt, Offiziere und Soldaten vor der Tür, forderten Pferdefutter und Lebensmittel. Da verwies man schon mal nach dem Floriansprinzip auf angeblich reichere Nachbarorte. Angesichts bewaffneter und zu Gewalt bereiter Soldaten hatten die Zivilisten kaum die Möglichkeit, Nein zu sagen. Entweder man kam den Forderungen der Truppen nach und gab freiwillig oder es wurde einem genommen - unter Misshandlung, Verwüstung, Lebensgefahr.

Die unfreiwilligen Berührungspunkte zwischen Zivilbevölkerung und Militär, auch wenn es das des eigenen Fürsten war, lieferten viel Stoff für (gewaltsame) Konflikte. Ein ständiger Streitpunkt war die Ver-

Von der Gewalttätigkeit feindlicher Truppen sahen sich Zivilisten auch dort bedroht, wo sie sich kooperativ zeigten und kein Kleinkrieg zwischen Militär und Bevölkerung tobte wie in Spanien. Charles Louis Cadet de Gassicourt, Apotheker in Napoleons Armee, berichtete von seiner Einquartierung im österreichischen Wels 1809: „Wir hatten uns kaum zwanzig Minuten in voller Kleidung ausgeruht, als uns schrille Schreie weckten. Sie kamen aus dem Geschoß über uns. Einer meiner Kollegen und ich steigen mit unseren Degen auf und finden die Familie des Hutmachers im Handgemenge mit fünf halbbetrunkenen Grenadieren. Einer hatte eine junge schwangere Frau über die Trümmer einer Kommode geworfen und tat ihr Gewalt an; der andere verging sich in gleicher Weise an der Mutter, die mehr als sechzig Jahre zählte, während die anderen die beiden Ehemänner festhielten und verprügelten, nachdem sie jene ausgeraubt hatten. Die Unglücklichen flehten uns um Hilfe an; aber unsere Vorhaltungen, selbst unsere Drohungen hatten keinen anderen Erfolg bei den Grenadieren als den, daß sie uns - mit den Säbeln in der Hand - sagten, sie würden uns vierteilen, so wir uns in diese Angelegenheit mischten. Wir waren nicht gerade die kräftigsten und hatten auch keine militärische Autorität; wir mußten uns daher zurückziehen. Das taten wir auch - schmerzlich bewegt zu sehen, daß solche Abscheulichkeiten überall, wohin wir unsere Waffen tragen, ewigen Haß säen."[384]

pflegung. Obwohl die Menge und Art der Verköstigung meist durch offizielle Bekanntmachungen geregelt war, sahen sich Soldaten und Offiziere bei ihren Wirten in manchen Fällen schlecht versorgt; umgekehrt fühlten sich die Hausherren – die oft auf einen Schlag ein Dutzend Soldaten unter ihrem Dach einquartieren mussten – ausgeplündert. Als sich Napoleons *Grande Armée* 1812 noch auf dem Gebiet der Verbündeten zum Russlandfeldzug sammelte, war es, so Loßberg, begreiflich, dass „bedeutende Excesse, selbst bei der strengsten Disciplin, stattfinden, auch daß selbst mancher Offizier mehr fordert, als der Wirth zu geben vermag, deshalb die guten Schlesier wohlgegründete Ursachen zu den darüber viel geführten Beschwerden haben mögen".[385] Die Bevölkerung richtete ihre Klagen über die mangelnde Disziplin der Truppen an die Obrigkeiten und die Generäle, woraufhin es durchaus zu Bestrafungen bis hin zur Hinrichtung von Soldaten kommen konnte. Gegen konkrete Übergriffe wie Raub und Misshandlungen setzten sich die Bewohner auch tatkräftig zur Wehr; vom bösen Wort zur Tracht Prügel war es nicht weit und Schlägereien zwischen Zivilisten und Soldaten standen an der Tagesordnung.

Unter Beschuss Im Kriegsgebiet gerieten die Zivilisten im wahrsten Sinne des Wortes zwischen die Fronten. Soldaten und Offiziere nahmen im Gefecht wenig Rücksicht auf Feld und Flur, nützten Häuser als Deckung und verschanzten sich in Dörfern. Im Frühjahrsfeldzug 1813 rückten die Bayern in das von den Preußen besetzte Dorf Klein-Neida vor, wobei „einer Bauernfrau, als sie während des Gefechtes aus ihrem, dem Kampfe nahen Hause in ein entfernteres ihr Bett flüchten wollte, durch eine feindliche Geschützkugel beide Beine entzweigeschossen"[386] wurden. Vorräte und Brücken, ganze Städte wurden aus Kriegsräson abgefackelt. Kollateralschäden – so die moderne militärische Bezeichnung für unbeabsichtigte Schäden in der Nähe des eigentlichen Ziels sorgten schon in den napoleonischen Kriegen für Empörung. Die Kriegführenden bemühten sich daher, die Verantwortung dem Gegner aufzubürden. Der aufsehenerregende Brand von Moskau wurde der jeweils anderen Seite angelastet und wird wohl ein Rätsel bleiben: Hatte der Gouverneur von Moskau, Fjodor Wasiljewitsch Rostoptschin, die Brandstiftung beauftragt? Waren die Feuer eine Folge der unachtsamen

Plünderungen der Franzosen? Oder liegt die Wahrheit irgendwo in der Mitte? Für die Bewohner der Stadt war das Ergebnis so oder so dasselbe.

Im Oktober 1812 war das Dorf Strudnia in der Nähe von Polozk umkämpft; um den Vormarsch der Russen aufzuhalten, wurde es niedergebrannt. Ohne Vorwarnung. „Wir sahen einer traurigen, jammervollen Scene zu, sahen die Einwohner von Strudnia jammernd und händeringend, viele ohne Kleidung, mit Kindern auf den Armen, oder Bündeln auf den Rücken, aus ihren Häusern stürzen, hin und her rennen und nicht wissend, wo sie bei der kalten Witterung Obdach und Schutz suchen sollten“[387], beschrieb der bayerische Offizier Friedrich Mändler die Situation der Zivilbevölkerung. Gassicourt zeigte sich auf dem Feldzug nach Österreich 1809 nicht weniger erschüttert: „Das Bild, das diese unglückliche Stadt [Ebelsberg] einige Stunden nach dem Kampf bot, vereint alle Arten des Schreckens; die Brücke bedeckt von Toten und Verwundeten; der Fluß voll von Leichen und Trümmern; alle Häuser eingestürzt und rauchend, die Straßen übersät von verstümmelten und verbrannten Körpern, noch im Tode den Ausdruck des schrecklichsten Schmerzes bewahrend, verbrannte Frauen, noch mit den unglücklichen Kindern in den Armen [...].“[388]

Zur Lebensgefahr durch Kampfhandlungen kam die Bedrohung durch Seuchen und Krankheiten wie Ruhr oder Typhus („Nervenfieber“). Neben den Kombattanten und den zivilen Angehörigen der Armeen waren Ärzte inner- und außerhalb der Lazarette sowie die Pfleger von Kranken und Verwundeten besonders gefährdet; ebenso steckten sich die Bewohner der Häuser an, in denen kranke Soldaten einquartiert worden waren.

In Mainz fielen etwa zehn Prozent der Stadtbevölkerung einer Typhusepidemie zum Opfer. Infiziert wurden sie durch die französischen Soldaten, die nach der Schlacht bei Leipzig nach Hause flohen.

Nation in Waffen

In der neueren Geschichtsschreibung wird der Enthusiasmus der Bevölkerung für die Befreiungskriege kritisch hinterfragt, „insgesamt aber überwiegt jedoch die forscherliche Anerkennung eines wie auch immer gearteten Engagements der Menschen“[389] sowohl als Kombattanten wie auch an der Heimatfront. Welche Breiten- und Tiefenwirkung die antinapoleonische Propaganda erreichte, lässt sich nicht klären, zumal viele Memoiren erst Jahrzehnte später entstanden und oft ein verklärtes Bild liefern. Es gab unbestreitbar nationale Begeisterung, „aber sie blieb doch bedingt und war nicht so einmütig wie von Stein und seinen Freunden erhofft“.[390] Die Stimmung in der höheren Wiener Gesellschaft hielt Lulu Thürheim unter dem Eintrag vom 27. Januar 1809 fest: „Alles ist zu Ende, kein Ball, kein Fest, keine Freude mehr. ‚Der Krieg, der Krieg‘, man hört kein anderes Wort mehr. [...] Unter den Enthusiasmus mischt sich auch bange Furcht und trübe Vorahnung. Die Begeisterung ist aber deshalb umso verdienstvoller, da sie viel mehr aus dem Wunsche hervorgeht, die verletzte Ehre zu rächen, als aus der Hoffnung eines wirklichen Erfolges.“[391]

Selbstverständlich gab es überzeugte Gegner Napoleons, die sich mit den Worten von Arndt, Körner oder Kleist identifizieren konnten. Doch in den meisten Fällen hatte die Zustimmung zum Krieg gegen Napoleon und die Ansicht, dass seine Vorherrschaft in Europa mit Gewalt beendet werden müsse, weniger mit Motiven eines beginnenden Nationalismus zu tun als mit konkreten Fragen der Lebensumstände. Was in der Propaganda und in den Selbstzeugnissen häufig zum Ausdruck kommt, ist die Hoffnung auf Frieden und bessere Zeiten, auf wirtschaftlichen Aufschwung nach Beendigung der Kontinentalsperre, auf günstigere Lebensbedingungen für den Einzelnen. Was man im Guten nicht zu erreichen glaubte, wollte man erkämpfen.

In Spanien ging es dem Großteil der verarmten Bevölkerung um handfeste materielle Werte und um das goldene Zeitalter, das ihr von den *fernandinos* versprochen worden war. Der Kampf gegen die Fremdherrschaft war zugleich ein Sozialaufstand. Pacht und Zehnt wurden verweigert und die langjährige Unzufriedenheit entlud sich in Gewalt gegenüber Grundherren, Obrigkeiten und Steuereintreibern als Repräsentanten eines verhassten Systems. Die relative Kriegsbegeisterung in Ostpreußen im Frühjahr 1813 lässt sich ebenfalls auf drückende Erfahrungen mit Napoleons Armeen zurückführen, die zuletzt das Land als Aufmarschgebiet gegen Russland genützt und rücksichtslos ausgeplündert hatten. „Enthusiasmus verbreitete sich durch das ganze Land“, hieß es aus Mecklenburg-Schwerin, nachdem der Fürst zu den

Alliierten übertrat, „und erreichte vorzüglich in den Seestädten den höchsten Grad, als am 23sten März [1813] eine Kabinetsverfügung an die Kommandanten zu Rostock und Wismar erging, wodurch alle gegen den Seehandel bis dahin bestandenen Verordnungen und Einrichtungen aufgehoben wurden, und der freie Seehandel mit allen Nationen, außer denen, mit welchen Rußland in Krieg begriffen war, verkündet ward".[392] In den norddeutschen Hafenstädten war es vor allem der Zorn über den Niedergang des zuvor blühenden Handels, die Steuern und die Einführung der Konskription, der zur Ablehnung der französischen Hegemonie führte; die Revolten von 1813 waren oft mehr „eine Reaktion auf das System imperialer Ausbeutung"[393] und hatten selten nationale Gründe.

Im deutschen Besitz- und Bildungsbürgertum erwartete sich so mancher durch die Erfüllung seiner Wehrpflicht politische Partizipation, wie sie beispielsweise vom preußischen König in Aussicht gestellt wurde. Auch russische Leibeigene in den Bauernmilizen erhofften sich einen Dank, ein Stück persönliche Freiheit dafür, dass sie ihr Leben für das Vaterland riskierten. In vielen Fällen basierten die Volksbewegungen gegen Napoleon auf konterrevolutionären Motiven: Man wollte die Veränderungen und aufklärerischen Reformen abwehren, alte Rechte und Bräuche schützen; die neumodische Idee der Nation und die daraus abgeleiteten Forderungen, wie sie von einzelnen Intellektuellen vertreten wurden, konnten die breiten Massen kaum mobilisieren. „Der Unmut gegen steuerliche Ausplünderung, Rekrutierungen und Einquartierungen machte somit die breiten Volksschichten noch keineswegs zum aktiven Träger eines nationalen Befreiungsgedankens, wie ihn die deutsche Rhetorik von 1813 verkündete. [...] Mit den Träumen der Patrioten von Deutschland als Einheits- und Verfassungsstaat, aber auch als Land der Treue, Gefühlstiefe und Biederkeit konnte das einfache Volk verständlicherweise kaum etwas anfangen."[394]

Aussagen in Briefen und Memoiren sind wie Handlungen kritisch zu hinterfragen. Die russisch-deutsche Legion sollte ihrer Idee nach ein Sammelbecken für Patrioten und eine Vorhut zur deutschen Erhebung gegen Napoleon sein. Im Gespräch mit ehemaligen Offizieren der *Grande Armée*, die als Kriegsgefangene das Angebot der Legion angenommen hatten, fand Heinrich von Roos jedoch heraus, „dass sie noch alle Anhänger Napoleons waren. Wenige nur verbargen mir das Geheimnis, dass sie nur deshalb Dienste genommen, um aus der Gefangenschaft und über die Grenze zu kommen.“[395]

Milizen und Freiwillige Die Versuche der Heeresreformer, das Ansehen der regulären Armee zu erhöhen, scheiterten weitgehend. Der Dienst als Offizier wurde zwar als ehrenhaft erachtet und in vielen Ländern nun auch für Bürgerliche zugänglich, die Mannschaften rekrutierten sich aber meist weiterhin aus den verachteten städtischen Unterschichten und den Landbewohnern. Der Pöbel in Uniform. Wellington verurteilte die Soldaten der britischen Armee als „Abschaum der Menschheit“ („scum of the earth“[396]). Attraktiver als die Armee erwiesen sich in den Volkskriegen die diversen Milizformen, Bürgergarden und Freiwilligeneinheiten. Städtische Bürgerwachen und die Landwehr, deren Aufgabe darin bestehen sollte, in Abwesenheit des regulären Heeres im eigenen Land für Ruhe und Sicherheit zu sorgen, deckten sich mit dem Interesse und dem Schutzbedürfnis der Einwohner. Zur Verteidigung der Heimat war man bereit; doch in ganz Europa zeigte sich, dass diese Bereitwilligkeit mit jedem Schritt abnahm, der von zu Hause wegführte. Wobei auch die Frage der persönlichen Sicherheit eine Rolle gespielt haben dürfte: Der Dienst als Landwehrmann oder Mitglied der Bürgergarde einer Stadt war weit weniger mühselig und riskant als jener in der Armee, die das Gefecht mit dem Feind suchte.

Die Aufrufe Freiwilliger zeigten in Spanien, zumindest in den ersten Monaten des Krieges 1808, Erfolg, wobei die Aussicht auf Bezahlung angesichts der wirtschaftlich katastrophalen Lage des Landes verlockend war. Zudem war zu jenem Zeitpunkt noch nicht abzusehen, wie sich der Kampf gegen Napoleon entwickeln würde. Der Überraschungssieg von Bailén wiegte einen Großteil der Spanier in falscher Sicherheit. Die Franzosen vertreiben? Mit links! Die Reihen der russischen Bauernmilizen wurden vorwiegend durch Leibeigene gefüllt. Über den Beitritt hatten nicht sie selbst zu entscheiden, sondern ihre Eigentümer. Es war also eine Frage des herrschaftlichen Patriotismus, ob geeignete Kämpfer oder nur untaugliche Arbeitskräfte geopfert wurden. Leibeigene, die sich selbst zum Kampf für das Vaterland meldeten, wurden als Entflohene bestraft.

In Österreich wurde die Landwehr 1808 zu einem Zeitpunkt eingerichtet, als offiziell noch keine Rede von Krieg war. Ihre Reihen konnten zum überwiegenden Teil aus Freiwilligen gefüllt werden; die Offiziere wurden angehalten, nett und freundlich zu sein, harter Drill war verpönt. Für die regelmäßigen Waffenübungen an Sonn- und Feiertagen hatten die Teilnehmer zwar einen freien Tag zu opfern, zum Teil mussten auch längere Fußmärsche zum Treffpunkt in Kauf genommen werden: Aber sie boten für Landwehrmänner wie Zuseher eine willkommene Abwechslung in einem oft recht eintönigen Alltag und es dürfte dabei „zuweilen nicht nur mit militärischem Bierernst allein zugegangen sein".[397] Also mehr Oktoberfest als Krieg. Weit ernster war die Ausgangslage 1813 in Preußen, wo Landwehr und Landsturm unter dem Eindruck des Krieges entstanden. Wie in Österreich sollten die angestrebten Kontingente möglichst durch Freiwillige erreicht werden; meldeten sich zu wenig, wurde zwangsweise einberufen. Die Bereitschaft der Preußen, sich aktiv am Kampf gegen Napoleon zu beteiligen, war entgegen der älteren Geschichtsschreibung und ihrer Verklärung des Befreiungskrieges nicht viel größer als in den anderen Ländern.

Das überlieferte Bild der deutschen Befreiungskriege ist geprägt von jungen Männern, die sich freiwillig und begeistert in Kampf und Heldentod stürzten. Das erklärt sich teils daraus, dass überproportional viele Verfasser von Erinnerungsliteratur und Gedichten selbst Freiwillige waren. Bei den Lützowern waren es beispielsweise Turnvater Jahn, Joseph Freiherr von Eichendorff und Theodor Körner, wobei Letzterer den Mythos von „Lützows wilder, verwegener Jagd"[398] schuf und nach seinem Tod im August 1813 zum Prototypen des „teutschen Heldenjünglings"[399] erhoben wurde. So gering der militärische Beitrag der Freiwilligen am Befreiungskrieg auch gewesen sein mochte, propagandistisch wirkte er bis weit ins 19. Jahrhundert hinein und erhob die Freiheitskriege zur nationalen Volksbewegung.

Die größere Begeisterungsfähigkeit von Jugendlichen im Vergleich zu älteren Generationen war den Zeitgenossen bewusst. In seiner 14. *Rede an die deutsche Nation* 1808 hielt Johann Gottlieb Fichte die Jünglinge für „noch fähiger [...] eines jeglichen über das Gemeine hinausliegenden Gedankens und erregbarer für jedes Gute und Tüchtige, weil [ihr] Alter noch näher liegt den Jahren der kindlichen Unschuld und der Natur".[400]

Von den Alten und Erfahrenen hingegen erwartete er keine aktive Mithilfe, sondern bat sie nur, nicht zu stören und sich nicht mit ihrer „Weisheit und […] tausend Bedenklichkeiten“[401] in den Weg zu stellen. In den Freiwilligenaufrufen wurde vorrangig die gebildete Jugend zwischen 17 und 24 Jahren als Zielgruppe für die Jägerkontingente anvisiert. Da die bislang bestehenden Exemtionen von der Konskription aufgehoben worden waren, bestand faktisch die allgemeine Wehrpflicht. Kombiniert mit der kaum verhohlenen Androhung gegenüber der akademischen Jugend, bei Verweigerung nicht in den Staatsdienst aufgenommen oder befördert zu werden, enthielten die Proklamationen „nahezu einen Zwang zur Freiwilligkeit“.[402] Der 18-jährige Wilhelm Alberti aus dem schlesischen Hirschberg schrieb seiner Mutter bezugnehmend auf das Edikt zur Errichtung von Jägerdetachements, dass eine schnelle Entscheidung nötig sei, „denn nun ist es noch Zeit, ein Regiment zu wählen, das einem beliebt; dies würde später nicht mehr der Fall sein. Will ich nicht jeglichen Verzicht auf einen Zivilposten in meinem Vaterlande leisten, so muß ich dienen, […] es ist unser erhabenstes Ziel und muß unser höchstes Ideal sein, fürs Vaterland zu kämpfen, zu siegen – oder – das Feld der Freiheit und Ehre bedecken zu helfen.“[403]

Ebenso sind gruppendynamische Faktoren zu berücksichtigen: „Auf weite Kreise der jungen Intelligenz ging ein so großer, überwiegend selbst erzeugter, moralischer Druck aus, daß der Verzicht auf eine Freiwilligen-Meldung der Rechtfertigung und Selbstrechtfertigung bedurfte.“[404] Gerade den jüngeren Schülern und Studenten galt es als unehrenhaft und unmännlich, ja feige, sich nicht freiwillig zu melden, während die älteren noch das Bild der bürgerlichen Exemtionen vom Militärdienst vor Augen hatten. Der Krieg als Mutprobe. Man wollte sich vor den anderen keine Blöße geben. „Unter den freiwilligen Jägercorps, aus Edelleuten gebildet, fanden wir mehrere Bekannte wieder, Jünglinge von 14–16 Jahren hatten sich anwerben lassen, um den Kampf für König, Freiheit und Vaterland zu theilen“[405], schrieb Philippine von Griesheim Anfang April 1813. Doch auch 1809 hatte sich beispielsweise bei der Wiener Landwehr gezeigt, dass „[v]iele angesehenere junge Leute“[406] Dienst nahmen.

Im Durchschnitt meldete sich zwar jeder fünfte Student freiwillig, doch bestanden die Kontingente der preußischen Freiwilligen auch zu einem großen Teil aus Handwerkern, Gesellen, Bauernsöhnen und Knechten, wobei jene Freiwilligen, die nicht selbst über das nötige Vermögen verfügten, mittels Spenden ausgerüstet wurden. Sie wurden oft durch Umstände wie Arbeitslosigkeit oder negative Besatzungserfahrungen motiviert.

Auch Adel verpflichtete. Ottobald von Werthern schrieb seinem Großvater, dass es seine „Ehre schlechterdings erfordert"[407], sich zu stellen; seine Mutter sorgte sich zwar, dass ihr Sohn vom „patriotischen Schwindel"[408] ergriffen werde, hielt es aber ebenfalls für „eines Werthern unwürdig"[409], sich nicht den Freiwilligen anzuschließen.

Die Landwehr erschien besser als das Heer, die Bürgerwache in der Stadt besser als die Landwehr; noch besser war es jedoch, dem Krieg ganz und gar fernzubleiben. Das dürfte die vorherrschende Meinung gewesen sein. In der Habsburgermonarchie weigerten sich 1809 viele Landwehrmänner, auszumarschieren: Ihnen war schließlich laut Landwehrpatent versprochen worden, nur zum Schutz der Heimat herangezogen zu werden. In Böhmen empörten sich manche Bataillone gegen ihre Offiziere und wurden dabei sogar gewalttätig; in Landskron wurden der Major und ein Hauptmann ermordet. „Auch erfolgte auf das Einrücken des Feindes in Oesterreich die gänzliche Auflösung mehrerer in ihrer Entstehung überraschten Landwehrbataillons"[410], so Erzherzog Carl in seinem *Beitrag zur Geschichte des Krieges zwischen Österreich und Frankreich im Jahre 1809*. In Preußen riefen die Aufrufe im März und April 1813 zu Landwehr, Freiwilligenbataillonen und Landsturm nicht nur Begeisterung hervor. „In manchen Landesteilen setzten sich Männer zu Hunderten ab, tauchten unter oder entkamen ins Ausland, um ihrer Einberufung zu entgehen."[411] Im April 1813 weigerten sich die Bewohner des schlesischen Städtchens Ziegenhals „tumultarisch und unter unschicklichen Ausdrücken [...] zur Landwehr zu loosen", woraufhin der zuständige Oberst 400 Soldaten auf Exekution in die Stadt schickte, „um so wohl diese wiederspenstigen Köpfe gütlich zu machen".[412] Im Brief an den König vom 9. Juli 1813 gestand Gneisenau ein, „daß einige der oberschlesischen Kreise sich [bei der Einrichtung der Landwehr] nicht vorteilhaft auszeichnen"; er entschuldigt das Verhalten der Schlesier jedoch mit der „allgemeine[n] Armut der Untertanen [...] und ihr höchst ungünstiges Verhältnis, ohne alles Eigentum und daher ohne alle Anhänglichkeit an ihr Vaterland".[413] Vor der Völkerschlacht bei Leipzig desertierten preußische Landwehrmänner „zu Tausenden".[414] Der Maler Johann Baptist Pflug berichtete, dass mehrere Hundert Mann württembergische Landwehr im Befreiungskrieg „im betrübtesten Zustand und unter lauten Verwünschungen"[415] eingerückt seien und sich darüber beklagt hätten, ihre Familien verlassen zu müssen. Sergeant François Bourgogne traf auf dem Rückzug der *Grande Armée* 1812 auf ein paar russische Bauern, die zur Miliz gehörten, die Franzosen aber freundlich begrüßten. Sie erzählten, dass sich in allen Dörfern Kosaken befänden, „welche die Bauern mit Knutenhieben zum Abmarsch nach ihren Bestimmungsorten trieben".[416]

Realität des Feldzuges Die Realität des Soldatendaseins hatte wenig mit dem bisher gewohnten Lebenslauf gemein. In seinen Memoiren berichtete Vinzenz Ignaz Franz Castelli, Wiener Beamter und Dichter, vom Wiener Aufgebot 1797, als Napoleon zum ersten Mal auf die österreichische Hauptstadt vorstieß; zum Glück war der Krieg beendet, bevor die Freiwilligen, die sich bei Klosterneuburg sammelten, die Feinde zu Gesicht bekamen. Die Studenten bemerkten auch ohne Kampfhandlungen rasch, „daß die Sache ganz ernsthaft genommen, und daß das Soldatenleben denn doch nicht so lustig sei, als sie geglaubt hätten".[417] So mancher schlief zum ersten Mal in seinem Leben „auf einem Bunde Stroh"[418], andere klagten, dass „sie des Morgens den Kaffee sehr vermißt hätten [...] In allen Gesichtern las man die Besorgnis, wie es denn ferner gehen werde, der Enthusiasmus war etwas abgekühlt."[419] Beim Anblick der Gewehre und Bajonette dachte sich mancher, „wenn es dazu kommen sollte, daß ich mit einem solchen Dinge hin schießen muß, so wird man auch auf mich her schießen".[420]

Die anfängliche Begeisterung der Freiwilligen im Feld litt zudem unter den harschen Rahmenbedingungen wie der mangelnden Verpflegung und Ausrüstung. Dass sich daraus Konsequenzen für die Motivation der Männer ergaben, war klar. „Ich begreife nicht, wie eine Truppe ohne Geld, ohne Schuhe, ohne Munitionsvorrat vor den Feind gehen kann. Der gemeine Mann fühlt diesen Mangel, und aus den ersten Impulsionen, die er dabei bekommt, hängt die Stimmung für die Zukunft ab"[421], klagte der österreichische Feldmarschallleutnant Dedovich 1809.

Anfang März 1813 schrieb Carl Heun, der im preußischen Hauptquartier die Spenden für die Freiwilligen verwaltete, an Hardenberg, dass der „Aufruf des Königs [...] durch die laue Behandlung, welche den jungen Leuten jetzt von allen Seiten widerfährt, gegenwärtig so verhallt [ist], daß, wenn Seine Majestät heute wieder einen solchen Aufruf verließen, kein einziger *freiwillig* zu den Waffen greifen würde". Er beklagte, dass sie hinsichtlich der Verpflegung schlechter gestellt seien als die Soldaten und „ohne Schuhe, ohne Mäntel, in bloßen Lumpen gehüllt"[422] marschierten.

Der militärische Wert der Milizen und Freiwilligen wurde zwiespältig beurteilt. Teilweise bewährten sich Landwehreinheiten trotz ihrer mangelhaften Ausbildung selbst in großen Schlachten – wie etwa die sechs Wiener Freiwilligenbataillone im Jahr 1809. Gneisenau wies im November 1813 auf die gute patriotische Gesinnung der Landwehrmänner in der Schlacht bei Möckern am 16. Oktober hin, die, „wenn Kugeln in ihre Massen schlugen und 10 bis 12 Mann jedesmal niederrissen, riefen: ‚Es lebe der König!' und ihre Lücken wieder zusammenschlossen"[423], wobei er natürlich daran interessiert war, die von ihm mitgetragene Organisation ins beste Licht zu rücken. Viele Milizen und Volksaufgebote liefen hingegen beim ersten Gefecht auseinander. Am 12. Juni 1808 kam es auf der Straße von Burgos zum Gefecht zwischen Franzosen und Spaniern: „Jetzt aber fing die französische Artillerie an, zu feuern. Kaum flogen einige Kanonenkugeln über unsere Köpfe fort, als Einer laut rief: ‚Wetter, sie schießen mit Kugeln! Adios Sennores!' und fast eben so schnell, als die Kugeln, flog er davon. Dies schien das Signal zur allgemeinen Flucht [...]."[424]

Obwohl ein Großteil der Milizen nie direkt in Kampfhandlungen verwickelt war, hatten sie dennoch einen hohen Blutzoll zu entrichten. Erschöpfung, mangelnde Versorgung und Seuchen wurden ihnen zum Verhängnis. „Die braven Landwehrbataillone, zusammengesetzt hauptsächlich aus Wiener Bürgern, die an Wohlleben und mäßige Anstrengung gewöhnt waren, hatten von Anfang an die ärgsten Strapazen zu erdulden; viele Kinder reicher Eltern gingen zugrunde, bevor sie einen Feind gesehen, und der Rest erlitt dasselbe Schicksal bei Ebelsberg, nachdem die Tapferen wie Löwen gekämpft hatten"[425], beklagte Lulu Thürheim 1809.

Beute „Im Lande des Feindes gibt es keine Truppenversorgung mehr: alles gehört dem Soldaten: Lebensmittel, Futter, Wäsche, Kleidung, Gold, Silber, er nimmt alles, was er findet. Die Plünderung wird nicht befohlen, aber geduldet. Die Vorhut bemächtigt sich des Besten, die Nachhut hat das Nachsehen und brandschatzt aus Zorn jene Häuser, in denen sie nichts mehr findet“[426], beklagte der französische Armeeapotheker Gassicourt. Die Aussicht auf persönliche Bereicherung dürfte bei den Angehörigen sowohl der regulären wie auch irregulären Einheiten motivierend gewirkt haben. In Spanien mit seinem traditionellen Schmuggler- und Bandenwesen war der Übergang zwischen Räubern und *guerrilleros* fließend. Doch auch die Soldaten Napoleons, die über die Pyrenäen kamen und vom Anblick der ihnen entgegenkommenden Verwundeten demoralisiert wurden, schöpften neuen Mut, wie Ludwig von Grolman beschrieb: „Zum Glück herrschte bey unserem Regimente durch die rastlose Bemühung der Oberen ein ungemein guter Geist, und die lüstern gewordene Raubsucht von vielen, denen die aus Spanien zurückgekehrten Franzosen, welchen wir unter der Hand begegnet waren, allerlei Kleinodien gezeigt hatten, wirkte auch vortheilhaft auf den guten Willen derjenigen, die für die Motive der Ehre weniger empfänglich waren.“[427] Ebenso erzählte Heinrich von Roos von den Hoffnungen, welche die Soldaten mit dem beginnenden Russlandfeldzug verknüpften: „Einige vom Regimente, die schon frühere Kriege mitgemacht hatten, hofften auf reiche Beute an schönen Pferden u. s. w., andere glaubten in den, dem Feldzuge folgenden Winterquartieren bey dem reichen russischen Adel sich gütlich zu thun und sich lustig machen zu können.“[428]

Der Krieg bot vielfach die Gelegenheit, mit geringem Risiko (und meist ungestraft) zu Reichtümern zu kommen. Ob Hütte oder Palast spielte kaum eine Rolle. Überall fand sich noch etwas, was sich mitzunehmen lohnte, ob Branntwein, ein Paar Stiefel oder teurer Schmuck. Generäle bedienten sich ebenso wie einfache Soldaten, Marketenderinnen oder Diener im Tross der Armee. Grolman hatte in Spanien größte Mühe, bei der Einquartierung seiner Truppen in einem Kloster in der Nähe von Madrid für Disziplin zu sorgen. „Die armen Mönche, die sich den Verwüstern schon entgangen glaubten, wurden so überrascht, daß sie ganz den Kopf verloren. Meine guten Worte halfen nichts. Alles, was ich für sie thun konnte, war, meine Leute noch eine Stunde lang unterm Gewehr zu lassen, bis sie ihre besten Sachen hinten hinaus geflüchtet hatten. Ich nahm Kirche und Bibliothek in Schutz, theilte die Zimmer aus, und führte strenge, unangenehme, und langsam ihren Zweck erreichende Polizey unter einer Horde roher Menschen ein, die seit sechs Wochen die Begriffe von Mein und Dein vergessen hatten."[429]

In Moskau dienten das Feuer und das allgemeine Chaos als Rechtfertigung für die Plünderungen, an denen sich neben den Angehörigen der *Grande Armée* auch manche Stadtbewohner beteiligten: Warum nicht nehmen, was sonst ein Raub der Flammen würde? „Es soll zwar ein kaiserlicher Befehl existiren, daß ein jeder Soldat, der beim Plündern ergriffen wird, arretirt werden soll", berichtete Friedrich Wilhelm von Loßberg, „allein die Sache wird so systematisch betrieben, daß es unmöglich sein würde, diesen Befehl auszuführen", zumal nicht nur Einzelne, „sondern geschlossene Abtheilungen, mit Stabs= und Subaltern=Officieren an der Spitze, von allen Nationen"[430] sich daran beteiligten. „Die Truppen nannten es: auf den Jahrmarkt gehen"[431], erzählte Bourgogne.

Wo Beute lockt, wird der Kampf schon mal verschoben: Unweit von Wilna blieben auf dem Rückzug 1812 unter anderem Kassenwagen mit Gold- und Silbergeld stecken. „Mehrere unserer Soldaten liefen zu diesen Wagen hin und nahmen daraus, was sie konnten", schilderte Friedrich Mändler. „Gleich darauf kamen auch mehrere Kosaken hinzu und fingen ebenfalls gleich zu plündern an. So groß war die Begierde zum Beutemachen bei diesen Kosaken, daß sie die Feindseligkeiten gegen uns darüber ganz vergaßen. Es wäre ihnen ein leichtes gewesen, diese wenigen deutschen Soldaten gefangen zu nehmen oder sie niederzustoßen [...]."[432]

Ausgedient Ruhm und Ehre, den Dank der Nation hätten die Verteidiger des Vaterlandes zu erwarten. Doch wer in der Schlacht dem Heldentod knapp entging, war meist verdammt. Kampfunfähige Soldaten waren wertlos. Obwohl sich beispielsweise Erzherzog Carl für eine Verbesserung des Sanitätswesens einsetzte oder in der napoleonischen Armee unter dem Kriegschirurgen Dominique Jean Larrey sogenannte fliegende Lazarette eingerichtet wurden, blieb die Versorgung der Verwundeten desaströs. Die Lazarette selbst waren eine Brutstätte für Infektionskrankheiten, die mehr Tote hervorbrachten als die Verletzungen selbst. Das Rote Kreuz musste erst gegründet werden. Noch „sieben Tage nach der ewig denkwürdigen Völkerschlacht [bei Leipzig] wurden Menschen vom Schlachtfelde eingebracht“[433], berichtete der Arzt Johann Christian Reil, der sich bei der Pflege der Verwundeten mit Typhus ansteckte und starb. Am Hof der Bürgerschule sah er aufgetürmte Leichen, „von Hunden und Raben angefressen [...], als wenn sie Missetäter und Mordbrenner gewesen wären. So entheiligt man die Überreste der Helden, die dem Vaterlande gefallen sind [...] die für ihren König, das Vaterland und die Ehre der deutschen Nation geblutet haben.“[434]

Nach der Schlacht bei Borodino mussten die napoleonischen Truppen am Ort des Gefechts übernachten. „Die vergangene Nacht war scheußlich; so müde ich war, so konnte ich doch kein Auge vor dem Gewimmer der Verwundeten, welche in allen Gebüschen zerstreut umher lagen, schließen“[435], berichtete Loßberg. Auf dem Rückzug der *Grande Armée* wurden nach Gefechten Mitte November nur die Leichtverwundeten mitgenommen, die anderen aber zurückgelassen. „Es war dies aber nichts leichtes für uns“, schilderte Bourgogne, „denn als die armen, unglücklichen Menschen sahen, daß wir abmarschierten und sie vom Feinde umringt allein ließen, rutschten viele trotz Todesschmerzen uns nach, streckten die Hände zum Himmel und schrien und flehten, sie mitzunehmen.“[436]

Mit viel Glück konnten Kranke und Verwundete auf das Mitleid der Zivilbevölkerung hoffen. „Mainz war das Ufer, gegen welches nach schrecklichem Schiffbruche die Opfer des Sturmes getrieben wurden“[437] und wo erschöpfte, verwundete, seuchenkranke Soldaten, meist noch halbe Kinder, Hilfe fanden. „In Eile wurden längs des Rheines in den Cavallerieställen, in Kirchen, in öffentlichen Gebäuden und in Baracken Spitäler hergerichtet, in denen einige Haufen Stroh das einzige Lager der Kranken bildeten; Pflege wurde den Letzteren durch die Bürger zu Theil [...].“[438] Erschüttert war der Arzt Roos hingegen von der Hartherzigkeit, welche die Verwundeten der *Grande Armée* 1812 von ihren eigenen Kameraden erfuhren. Auf dem Rückzug von Moskau beim Klos-ter Kolozkoj befahl Napoleon, dass jeder Wagen ein paar Verwun-

Nach der Schlacht von Borodino ließen beide Armeen Tausende Verwundete und Tote zurück. „Diejenigen, die uns das Vieh vom Niemen bis hierher [ins Lager bei Taruntino] nachgetrieben hatten, erzählten uns die traurigsten und betrübendsten Dinge von dem, was sie auf ihrem Wege gesehen hatten", schrieb Roos. „Von allem war jedoch das, was sie auf dem Schlachtfelde von Borodino sahen, das Schrecklichste. Dass nemlich noch verstümmelte Krieger da leben, die in den hässlichsten Gestalten an erschossene Pferde hingekrochen sind, und von diesen mit ihren Fingern, Nägeln und Zähnen ihre Nahrung abreissen und absaugen; [...] dass man dort die Kugeln und Waffen in grossen Haufen gesammelt habe, sich aber um diese Unglücklichen nicht bekümmere."[439]

dete mitnehmen müsse. Samariter waren Mangelware. „Sie waren groben Kutschern, stolzen Cammerdienern, rohen Marketendern, reich und hochmüthig gewordenen Soldatenweibern, unbarmherzigen Waffenbrüdern und dem allerrohesten Tross, Trainsoldaten, anvertraut; diese alle liessen sichs angelegen seyn, sie sobald, als nur möglich wieder los zu werden."[440] Wie Bourgogne bestätigte, ließen die Marketender die Unglücklichen deshalb zurück, „um die Beute, die sie auf ihrem Wagen mitführten, nicht im Stiche lassen zu müssen".[441]

Verwundete Offiziere hatten meist bessere Überlebenschancen als einfache Soldaten, zumal gerade die höheren Dienstgrade oft ihre persönlichen Diener dabei hatten und sich Unterkunft und Pflege finanziell leisten konnten. Auch als Invaliden konnten sie ihre Karriere bei leichteren Verletzungen fortsetzen oder aber auf ihr soziales Netzwerk zurückgreifen; ihnen erging es jedenfalls besser als den „unglücklichen Verwundeten, die oft der Menschheit und sich selbst zur Last fallende Krüppel übrig bleiben"[442], so der österreichische Veteran Maximilian Ritter von Thielen. Sie waren bedroht von Armut und oft genug zum Betteln oder zum Anschluss an eine Räuberbande verdammt.

Ebenso bedauernswert waren viele Kriegsgefangene. Während Regula Engel, die 1809 bei Regensburg mit ihrem Mann in Gefangenschaft geriet, diese als „einfaches, langweiliges Leben"[443] beschrieb, in dem die Geburt eines weiteren Kindes eine willkommene Abwechslung darstellte, war das Schicksal ihrer Leidensgenossen in Spanien oder Russland grausam.

Nach der Kapitulation der Franzosen bei Bailén im Juli 1808 wurden die Gefangenen von den Spaniern entgegen der Vereinbarung auf abgetakelten Schiffen (Pontons) interniert und dann auf der Insel Cabrera bei Mallorca ausgesetzt. Die enormen Versorgungsschwierigkeiten der Heere in Russland 1812 trafen die Kriegsgefangenen besonders hart, „gefrorene Kartoffeln waren fast die einzige Nahrung der Soldaten, und für die Gefangenen hatte man gar nichts“[444], berichtete der sächsische Offizier Funck im November 1812. Besser versorgt wurden, wenn es möglich war, nur die Offiziere. „Gerne hätte man diese Verpflegung auf die Mannschaft ausgedehnt, jedoch verstattete dieses die Erhaltung der eigenen Mannschaft und die nothwendige Fürsorge für die Zukunft nicht, weshalb es die Pflicht erforderte, das Mitleiden gegen jene Unglückliche nicht zu weit auszudehnen“[445], rechtfertigte sich Loßberg. Ein portugiesischer Unteroffizier erzählte Bourgogne, dass die russischen Gefangenen 1812 „vor Hunger einander auffräßen, d. h. jeden von ihren Toten in Stücke schnitten und unter sich verteilten“.[446] Dasselbe wird von französischen Kriegsgefangenen nach der Schlacht bei Leipzig berichtet.

Kosaken und russische Milizen, die Gefangene abtransportierten, plünderten diese regelmäßig bis aufs Hemd aus. Von Napoleon hingegen stammte angeblich ein Befehl, erschöpfte russische Kriegsgefangene zu erschießen, wenn sie nicht weiterkonnten. Loßberg bekam den Auftrag, mit 800 Mann 1500 Gefangene zu begleiten, wobei er den schriftlichen Befehl erhielt, Zurückbleibende erschießen zu lassen. „Wohl kann ich sagen, daß sich alle meine Gefühle empörten, einen solchen Befehl ausführen zu müssen: auch erkannte ich das Mißliche des Auftrages, mit 800 Mann, welche das Regiment mit der Artillerie zählte, 1500 zur Verzweiflung gebrachte Menschen durch ein insurgirtes Land zu transportiren; jedoch konnte ich den Gründen des französischen Obersten, welcher mir die Gefangenen zuzählen ließ und obigen Befehl damit rechtfertigte, daß die Russen selbst dieses Elend durch die Weise, wie sie den Krieg gegen uns führten, herbeigeführt hätten und daher auch die Folge davon zunächst empfinden müßten, nichts entgegen setzen.“[447]

Existenzkampf

Was die Bevölkerung quer durch Europa, in Stadt und Land, gemeinsam hatte, war der Wunsch, sich aus einem Krieg möglichst herauszuhalten, buchstäblich in Frieden gelassen zu werden. Das galt auch für Spanien und Portugal. Ein britischer Offizier gelangte zur Ansicht, dass die Bauern dort nur ihren Frieden haben wollten, dann sei es ihnen egal, wer sie regiere: Joseph, Ferdinand oder der Geist von Don Quijote.[448] „Alles was vom spanischen Enthusiasmus, von den großen Armeen, vom Zulauf zu denselben und von Aufopferungen in den Zeitungen so pomphaft ausposaunt wird, ist Lüge. Oft sieht es gar nicht aus, als ob Spanien sich zu wehren gewillt sei. In allen Dörfern, Städten und Flecken lungern die Einwohner, in ihre braunen Mäntel gewickelt, in völliger Apathie, gleichgültig, finster und in Faulheit versunken zu Hunderten herum. Ist dieses die kühne, patriotische und ungestüme Rasse, wovon so viel posaunt wird? Mir scheint es, als wenn man hier sowohl die Franzosen wie uns beiderseits haßt und gern los wäre und in Untätigkeit versunken wünscht, wir möchten einander selbst die Hälse brechen"[449], schrieb Schaumann wütend und enttäuscht. „Ohne von einzelnen befangenen Äußerungen einzelner Menschen in einem abgelegenen Zipfel der Monarchie ein vorschnelles Urteil über den im Ganzen herrschenden Geist abstrahieren zu wollen", schloss der in sächsischen Diensten stehende Rühle von Lilienstern im Feldzug 1809 auf eine grundlegend friedliebende Stimmung in der österreichischen Bevölkerung. „‚Der *Österreicher* taugt nicht zum Soldaten!' sagten mehrere. ‚Er kann wohl den Pflug führen, aber nicht das Schwert; er liebt den Frieden und versteht den Krieg nicht. Wenn's der gnädigste Kaiser befiehlt, marschieren wir alle, aber wenn's auf uns ankommt, bleiben wir halt alle zu Haus.'"[450]

Trotz der enormen Kriegspropaganda griffen die wenigsten Zivilisten zu den Waffen. Ein wesentlicher Grund dafür war die Angst vor Racheakten und Repressalien durch die Soldaten, denen man im Kampf selten gewachsen war. Dörfer, in denen sich Widerstand regte und in denen die Bauern sich beispielsweise gegen Plünderer wehrten, wurden regelmäßig niedergebrannt. Näherten sich feindliche Truppen, erschien es klüger, kurzfristig in die Wälder zu flüchten, der Konfrontation aus-

Auf den mangelnden Enthusiasmus der Bevölkerung des Herzogtums Magdeburg wies ein Soldat namens Neigebauer, der 1809 am Schill'schen Unternehmen teilnahm, hin: „Unsere rege Einbildungskraft und falsche erhaltene Nachrichten hatten den Glauben erzeugt, wir brauchten uns nur diesen vor kurzem noch preußischen Provinzen zu zeigen, um einen ungeheuren Zulauf zu erhalten. Die nackte Wirklichkeit hingegen ließ diese schon gemalten Bilder unausgefüllt. Wir wurden zwar teilweise mit Freuden empfangen, man scheute sich aber, diese Gefühle laut werden zu lassen. Obgleich wir uns als Befreier ankündigten, Proklamationen austeilten und die Zuschauer ermahnten, tätig teilzunehmen, gelang es uns doch nicht, diese trägen deutschen Gemüter zu entflammen; denn die meisten äußerten gerade heraus, sie wollten erst sehen, wie es ablaufen würde." Schill habe auf die Vorbilder der Spanier und Tiroler hingewiesen, habe von einem Bauern aber die Antwort erhalten: „Sie haben recht, es muß anders werden; lassen Sie uns nur noch abwarten, bis die Ernte vorbei ist!"[451]

zuweichen und Lebensmittel und Wertgegenstände zu verstecken. Zerstörte und ausgebrannte Städte wie Saragossa oder Moskau schreckten ab statt den Widerstandsgeist anzuregen. Dem Volk fehlte weitgehend die verklärte, romantisierte, heroische Sicht auf den Krieg, wie sie beispielsweise in der Befreiungslyrik voller Pathos ausgemalt wurde. Die Leute wussten aus Erfahrung, dass jeder Krieg Leid und Verwüstung mit sich brachte. Entsprechend gering ausgeprägt war die Bereitschaft, sich Freikorps anzuschließen, sich den Proklamationen zum Befreiungskampf folgend als Guerillakämpfer auf den Feind zu stürzen oder selbst Feld und Flur und Gehöft zu verwüsten, um dem Gegner nur ödes Land zu überlassen.

Obwohl der Zar im Juli 1812 dem Bischof von Smolensk befahl, die Bauern dazu aufzurufen, sich „mit allem zu bewaffnen, was sie sich beschaffen können, und den Eindringling mit allen Mitteln zu vernichten"[452], zeigte sich die russische Landbevölkerung in der Begegnung mit den feindlichen Truppen zwar ängstlich, aber selten von sich aus feindselig. Abseits der großen Armee sah man „bisweilen Landleute mit der Erndte beschäftiget, die, je weiter sie von unserer Strasse entfernt arbeiteten, sich desto weniger um uns bekümmerten, und desto fleisiger ihre Arbeit fortsetzten“[453], schrieb Roos. Ebenso berichtete Eugène Labaume, dass sie auf dem Vormarsch auf Dörfer getroffen seien, die nicht verlassen gewesen seien: „[I]n der Ferne erblickte man friedliche Einwohner, die auf die Berge hinauf liefen, und ängstlich beobachteten, ob wir nicht den Frieden ihrer Hütten stören würden.“[454]

Wofür der Bauer zur Sense greift Der Widerstand der Bevölkerung entzündete sich zumeist am Verhalten der Truppen: Wo Plünderung und Mord drohten, wo man leidvolle Erfahrungen mit einer Besatzung machte, wo die pure Existenzgrundlage durch die Armeen gefährdet war, griffen die Bauern zu Sense und Mistgabel. Für Weib, Kind und Herd. Da musste kein Fürst den Volkskrieg ausrufen. Nicht ein vages Vaterland verteidigte man, sondern die eigene unmittelbare Heimat. Den eigenen Hof. Den Besitz. Das Leben.

Das wussten auch die Generäle. Wollten sie den Widerstand der Bevölkerung verhindern, taten sie gut daran, ihren vollmundigen Proklamationen von Manneszucht und Schutz des Eigentums Taten folgen zu lassen. Vor allem dann, wenn sie die Bevölkerung im Feindesland für eine gemeinsame Sache gewinnen wollten. Erzherzog Carl ermahnte am 18. Juni 1809 den Herzog von Braunschweig, in seinem Freikorps auf mehr Disziplin zu achten. „Mit Leidwesen [...] habe ich erfahren, daß die Truppen Ew. Liebden sich im Königreich Sachsen Ausschweifungen, Erpressungen und Gewaltthätigkeiten erlaubt haben, welche den Ruf der Armee entehren, und der guten Sache durch die Erbitterung des Volkes höchst gefährlich werden.“[455] Die anfänglichen Sympathien der Sachsen für die Österreicher wurden nicht zuletzt durch das negative Verhalten der Freikorps abgeschwächt, worüber sich die Anhänger Napoleons freuen konnten. „Die öffentliche, zum Teil irregeleitete Meinung der hiesigen Einwohner ist im letzten Monate sehr berichtigt worden. Es heißt auch hier: mit Schaden wird man klug“[456], schrieb Karl Christian Friedrich Krause Anfang Juli 1809 aus Dresden. Auch Wellington fürchtete beim Übergang über die Pyrenäen einen Aufstand der französischen Bevölkerung und ermahnte seine Truppen daher Anfang Oktober 1813, selbst im Feindesland die Einwohner gut zu behandeln und das Eigentum zu respektieren. „Es würde unmenschlich und der erwähnten Nationen unwürdig seyn, sich wegen dieses Betragens an den friedlichen Einwohnern Frankreichs zu rächen, und in jedem Falle würde diese Rache der Armee gleiche oder wohl noch größere Uebel zuziehen, als der Feind auf der Halbinsel erlitten hat, und dem allgemeinen Interesse ganz entgegen seyn."[457]

Ein grundlegender Streitpunkt zwischen Zivilbevölkerung und Militär war die Ernährung der Armee aus dem Land. Je größer die Heere, je länger ihr Aufenthalt an einem Ort, je ärmer die Region, desto schärfer wurde der Existenzkampf zwischen Militär und Zivilbevölkerung. Dabei spielte es für den Bauern, dem das letzte Schwein genommen wurde, keine Rolle, ob die Armeen zu den Verbündeten oder den Feinden gehörten. In fruchtbaren, bewirtschafteten Gegenden stellte der Durchzug oder selbst der wochenlange Aufenthalt von Truppen zwar eine unbequeme Last dar, führte aber abseits der Wintermonate selten zur Hungersnot. Friedrich Mändler berichtete vom Feldzug im Sommer

Rache habe die portugiesischen Bauern angetrieben, meinte Kriegskommissär August Ludolf Friedrich Schaumann, der sich im Sommer 1809 mit der britischen Armee in Portugal befand. „Hier und anderwärts wurden uns im Triumph Kleidungsstücke und Armaturen französischer Soldaten gezeigt, die, einzeln in die Hände der Bauern gefallen, jämmerlich ermordet waren. Ich fürchte, daß diese Rache die einzige Energie ist, welcher die gemeinen Portugiesen fähig sind. Man hört von ihnen keine andern patriotischen Sentiments als nur Freude über die Befreiung ihres lieben Ichs von französischer Raubsucht und Quälerei. Große Nationalfreiheit sowohl in religiöser als politischer Hinsicht, Wünsche für eine Landeskonstitution und Einschränkung des Pfaffenwesens bleiben ihnen fremd. Wenn sie nur in gewohnter Indolenz fortleben und vom Kriegsvolk ungeschoren bleiben, so sind sie lange zufrieden. Ich bin ganz bestimmt überzeugt, daß, wenn Napoleons Generale Portugal sanfter berührt und sich bemüht hätten, das Zutrauen der Nation zu erlangen, alles hier anders aussehen würde. Als aber die Franzosen nur Unterdrückung, Plünderung, Raub und Mord zeigten, da suchte die Nation, die sich zu schwach fühlte, Schutz unter englischer Flagge."[458]

1809 in Österreich, dass sie „in den Bivouacs öfters Mangel an Wasser [litten]; niemals gebrach es uns aber am Wein. Ich erinnere mich noch recht gut, daß unsere Soldaten wegen Mangel am Wasser ihr Fleisch in Wein gekocht, und unsere Kavallerie ihre Pferde mit Wein getränkt haben."[459]

Auf der Iberischen Halbinsel wie auch in Russland hingegen reichten die Erträge der Landwirtschaft kaum aus, um die Bevölkerung selbst zu versorgen. Hunger und Not waren schon in Friedenszeiten ständige Begleiter. Die knappen Ressourcen führten auf der Iberischen Halbinsel sogar zwischen den verbündeten Briten und den Einheimischen zu Missstimmung und Gewalt. Schaumann musste als Kriegskommissär Lebensmittel für die englische Armee auftreiben; seine Arbeit beschrieb er als lebensgefährlich, „obgleich man nichts ohne bare Bezahlung oder Scheine [...] annahm, weil, wie die Spanier oder Portugiesen, bei dem gänzlichen Mangel an Lebensbedürfnissen und deren Zufuhr, die von den Armeen verschlungen wurden, naiv sich äußerten: daß sie nämlich unser Geld oder unsere Wechsel nicht fressen könnten; kaufen könnten sie weit und breit nichts dafür, wovon sollten sie also leben?"[460] Die *Juntas* bemühten sich zwar um die zugesagte Unterstützung, konnten in vielen Fällen aber den Bedürfnissen der britischen Truppen nicht gerecht werden. Zudem zeigte sich, dass die Behörden gerade angesichts eines Rückzugs der Engländer oft nicht einsahen, warum sie diese noch versorgen sollten. Am 31. Dezember 1808 machten die Mitglieder der *Junta* von Astorga ihrem Ärger Luft, als die Briten unter General John Moore auf ihrem Rückzug nach La Coruña Verpflegung verlangten: „Was meint ihr Engländer denn! Ihr retiriert, und wir sollen für euch noch Provisionen schaffen! Morgen rücken hier die Franzosen ein, und für die müssen wir etwas aufheben, wenn wir nicht gehangen sein wollen!"[461] Bei seiner Verteidigung Lissabons an der Linie der *Torres Vedras* setzte Wellington auf die Taktik der verbrannten Erde, was bedeutete, dass Tausende von Flüchtlingen Hunger litten. „Viele der Einwohner, vom Feinde vertrieben, langten bei uns krank und verhungert an und starben an bösen, durch Mangel, schlechte Nahrung und nasse Witterung herbeigeführten Fiebern. Viele sah man wie das Vieh in den Feldern grasen oder in den Wäldern von Eicheln, Kastanien und verfaulten Oliven leben."[462]

Das bekannteste Beispiel für die Versorgungsprobleme einer Armee stellt jedoch der Russlandfeldzug 1812 dar. Die Schwierigkeiten begannen bereits in den Aufmarschgebieten in Ostpreußen und im Großherzogtum Warschau, wo die Armee etwa zwei Monate lang zu verpflegen war; diese Provinzen konnten die zusätzliche Belastung durch die Truppen nicht bewältigen, verschärfend kam ein Ernteausfall vom Vorjahr hinzu, die neue Ernte war noch nicht reif. Aus den russischen Grenzgebieten wurden zwar illegal Lebensmittel, Getreide und Ochsen an Napoleons Truppen in das Herzogtum Warschau geliefert – auf russischer Seite erhielt der Offizier Löwenstern den Auftrag, diesen Schmuggeleien, „die zur Zeit einem Landesverrath gleich kamen“[463], ein Ende zu setzen –, aber all das genügte nicht.

Auf den Befehl Napoleons im Juni 1812 hin, wonach sich die Regimenter für 21 Tage mit Mundvorräten ausstatten sollten, wurden entsprechende Kommandos in die umliegenden Dörfer und Höfe – noch im Freundesland! – ausgesandt. „Auf diese Weise waren nun Scheunen, Speicher, Speisekammern und Rauchfänge ihrer Vorräthe schnell entleert. Wo Unordnung herrscht, greift der Soldat auch weiter, als er soll; daher bey dieser Gelegenheit im Vorbeygehen auch nach ungeniessbaren Dingen gegriffen wurde. [...] Dieser Befehl und die rasche Vollziehung desselben, hat die Bewohner in jenen Gegenden so rein ausgeplündert, dass sie gewiss den Krieg schon vor seinem Ausbruche im vollen Maasse fühlten“[464], beschrieb Heinrich von Roos.

Die Soldaten plünderten – die Bevölkerung wehrte sich gegen den Verlust ihrer Lebensgrundlage. Auch mit Gewalt. Die Verzweiflung unter der ostpreußischen Bevölkerung wuchs; viele Gehöfte wurden niedergebrannt, es kam zu Kämpfen mit den Soldaten, die einige Todesopfer forderten. Die allgemeine Not griff selbst in jene Regionen aus, in denen keine Franzosen stationiert waren. In Oberschlesien mischte das Landvolk Sägespäne ins Mehl, buk Brot aus Eicheln und Kleie und ernährte sich von Disteln oder Brennnesseln. Selbst nach dem Vorstoß der Truppen nach Russland sah sich die Bevölkerung Litauens, Preußens und des Großherzogtums Warschau durch die Forderungen und Einquartierung der nachkommenden Einheiten, durch Nachzügler und Marodeure gequält. Dass es den Soldaten Napoleons in Kürze ebenso schlecht ergehen sollte, konnte für die hungernde Bevölkerung kein Trost sein. Ein Aufbegehren im Sinne eines Volksaufstandes gegen die Franzosen hätte angesichts der Machtverhältnisse und der Allianz Preußens mit Frankreich für die Bevölkerung noch schlimmere Folgen nach sich gezogen. Was blieb, waren Verbitterung und das Gefühl ohnmächtiger Wut, die sich sowohl gegen Napoleon als auch gegen die eigene Regierung richteten.

Nach dem Grenzübergang fanden sich die napoleonischen Truppen in den ehemals polnischen Gebieten Russlands wieder. Die polnischen Patrioten sympathisierten anfangs mit Napoleon, von dem sie sich eine Wiederherstellung ihres Königreichs erhofften, doch sahen sie sich bald enttäuscht und auch die Truppen erwiesen sich nicht als Befreier, sondern als räuberische Plünderer, Vergewaltiger und Kirchenschänder. Aus dem verarmten, dünn besiedelten Land zwischen dem Niemen und der Stadt Wilna zu leben, erwies sich als fast unmöglich, zumal die Russen sich bei ihrem Abzug darum bemüht hatten, es den Invasoren durch das Fortschaffen oder gar Verbrennen von Lebensmitteln und Ausrüstung so schwer wie möglich zu machen. „Zu kaufen gab es nirgends etwas, denn Marketender konnten, der schnellen Märsche wegen, nicht folgen. Die Officiere mussten sich mit dem behelfen, was ihre Bedienten, oder die Soldaten stahlen und plünderten, und auch dazu gab es wenig Gelegenheit; daher schon in den ersten Tagen, hinter dem Niemen, dem grossen Mangel die grössten Unordnungen folgen mussten“[465], so Roos. Napoleon verbot zwar in Wilna das Plündern, um die Polen nicht gegen sich aufzubringen, es wurden auch einige Exempel statuiert. Aber den Soldaten blieb aufgrund der Versorgungsmängel gar nichts anderes übrig, als sich „ihren Lebensunterhalt mit Stehlen und Plündern [zu] suchen“.[466]

In Moskau ging es den napoleonischen Truppen trotz der Brandschäden nicht allzu schlecht, was man von ihren Kameraden, die der russischen Hauptmacht in der Nähe von Tarutino gegenüberstanden, nicht sagen konnte. Auf der Suche nach Verpflegung mussten sie in die Dörfer ausschwärmen, was sich aufgrund des Widerstands der Bauern zunehmend als Himmelfahrtskommando erwies. Als eine Mannschaft der *Grande Armée* zurückkam, erzählte sie allerdings, „dass sie mit Russen, die in gleicher Absicht im Dorfe waren, zusammengetroffen, dass man sich gegenseitig ungehindert hätte passiren lassen und dass das

Lager dieser russischen Cavallerie eben so nahe dem Dorfe auf jener, als das unsrige auf dieser Seite sey". Heinrich von Roos, der dies schilderte, vertrat die Ansicht, das Zusammentreffen wäre blutiger ausgegangen, wenn Offiziere dabei gewesen wären. „Die Soldaten hingegen fanden keinen Grund mit einander zu hadern. Diesem Umstande verdankten wir unser Sattwerden und unsere Ruhe während jener Nacht."[467]

Besser als den Mannschaften in der Nähe Moskaus ging es jenen auf dem nördlichen und südlichen Flügel. Zwar klagte Friedrich Mändler, dessen Einheit bei Polozk die Stellung hielt, über den Mangel an Brot und Fleisch, über zunehmenden Hunger und Krankheiten.[468] Doch waren Lebensmittel aufzutreiben, wie das Beispiel einer Marketenderin, der Frau des Korporals Walter, bewies, die von weiter her Lebensmittel wie Brot, Zucker, Kaffee, Branntwein und dergleichen herangeschafft habe. „Sie erreichte damit kaum unser Bataillon, als sie von Allen – Offizieren und Soldaten – überfallen wurde, um namentlich Brod zu erhalten, welches reißend abging, obgleich der enorme Preis von 3–5 fl. für ein Laibchen gezahlt wurde."[469] Mitte Oktober 1812 wurde August von Thurn und Taxis ins Hauptquartier der Nordarmee geschickt und er staunte: „Alle Ortschaften, durch die ich kam, waren vollkommen konserviert, indem hier von Anfang an die größte Mannszucht war beobachtet worden; überall waren die Bewohner zu Hause oder auf dem Felde, wie mitten im Frieden ihrer Arbeit nachgehend, und sehr viele der deutschen Sprache mächtig", berichtete er. „Unsere Leute strotzten vor Gesundheit, kurz, der Kontrast mit der Gegend [der Hauptarmee], aus welcher ich kam, wo alles Krankheit oder Zerstörung zeigte, war so frappant, daß es mir wie im Traum vorkam."[470]

Jeder gegen jeden Die Versorgungsschwierigkeiten der Armeen auf der Iberischen Halbinsel und in Russland manifestierten sich in zunehmender Gewaltbereitschaft gegenüber den Landbewohnern. Die Einwohner selbst versuchten mit allen Mitteln, ihre Ressourcen zu verteidigen, zu überleben. Auf der Suche nach Pferdefutter deckten die Soldaten sowohl in Spanien wie auch in Russland die Strohdächer ab, Fenster, Türen, ganze Häuser wurden als Brennmaterial benutzt. Beide Seiten hatten in dieser Situation – vom Hungertod bedroht – nichts mehr zu verlieren.

Wie in Spanien eskalierte auch in Russland der durch Ressourcenmangel, Erbitterung, Hass und religiös aufgeladene Propaganda zugespitzte Konflikt in einer Spirale der Gewalt. Hier waren vor allem die Gebiete entlang der Marschlinien der Truppen sowie der Raum um Moskau betroffen, entsprechend dem Aktionsradius der napoleonischen Armee. Das heißt, auch hier wird deutlich, dass sich die Bevölkerung gegen eine konkrete Bedrohung zur Wehr setzte und die eigene Heimat verteidigte. Wer nicht selbst mit Plünderungen und Gewalt konfrontiert war, sah wenig Grund, zu den Waffen zu greifen. Oft nützten die Bauern aber auch die Gelegenheit, verlassene Herrenhöfe auszuplündern; Leibeigene machten teils gemeinsame Sache mit französischen Marodeuren; es kam 1812 auch zu vermehrten lokalen Unruhen.

Von seinen Erfahrungen in Spanien 1808 berichtete der Offizier Ludwig von Grolman: „Wir kreuzten uns mit einer neu formirten, dem Herzog von Dalmatien zur Hülfe bestimmten Division. Mit dieser erhielt der Marschall vom Kaiser strengste Ordre zu glimpflicherer Behandlung der unglücklichen Einwohner. Sie wurde wie gewöhnlich mit sehr gewichtigen Worten publizirt, und in den ersten Tagen mit ungemeiner Strenge ausgeführt: das verschafte mir das lang entbehrte Glück, wieder Menschen zu sehen, die uns nicht wie die wilden Thiere flohen. [...] Wir fanden das Land zwar schlecht bebaut und ohne Bäume, aber die Dörfer waren schön, und hatten ein Ansehen von Wohlhabenheit. Was das schönste war, die Leute hatten noch keine Franzosen gesehen, und wurden nicht geplündert. Gutmüthig nahten sie sich uns, und theilten gerne mit den Soldaten den Ueberfluß ihres Weines. Ein Bauer kam quer Feldein, um uns zu sehen, und hielt mir seinen Säugling hoch entgegen, der mich mit den kleinen schwarzen Aeuglein frisch anlächelte."[471]

Angesichts der leidvollen Erfahrungen, welche die Bewohner mit den napoleonischen Truppen gemacht hatten, zeigte sich Grolman verständnisvoll. „Wer kann es den Einwohnern von Belvis verdenken, wann sie uns Anfangs flohen, wie die Lämmer den mordschnaubenden Tiger? Wenn der Knabe nicht gut thun wollte, so brauchte die Großmutter nur zu sagen: ‚ich lasse einen von den Feinden kommen,' und zitternd verbarg er sich in ihren Röcken."[472]

In den Provinzen rund um Moskau nutzten die Adligen „die Erbitterung, welche das Elend des Krieges unter den Einwohnern hervorgebracht hatte, um sie zum Aufstande zu bewegen und gegen uns zu bewaffnen. Viele veranstalteten Recrutenaushebungen auf ihre eigenen Kosten, und stellten sich an die Spitze ihrer aufgestandenen Bauern. Diese mit den Kosaken vereinigte Truppenmacht fing auf den Heerstraßen unsere Zufuhren auf, unsere Fouragierer zu beunruhigen, besonders aber, ihnen alle Unterhaltsmittel zu entziehen, welche sie noch in den benachbarten Dörfern erhalten könnten“[473], berichtete Eugène Labaume. „Wehe den diesseitigen einzelnen Soldaten, ja selbst wehe den Truppenabtheilungen, welche nicht stark genug sind, um den auf der Straße nach Mosaisk vereinigten Kosacken und zum Landsturm umgeschaffenen Bauern mit Kraft entgegen treten zu können. Ihr Loos ist nicht Gefangenschaft, sondern sicherer und grausamer Tod“[474], schrieb Loßberg im September 1812, und Anfang Oktober: „Mehrere todte und verstümmelte Franzosen, die wir am Wege liegend fanden, bestätigten, welch' ein Schicksal die zu erwarten haben, die den Bauern in die Hände fallen.“[475]

Napoleon musste Moskau aufgeben. Auf dem Rückzug, der mehr und mehr einer kopflosen Flucht glich, war die *Grande Armée* am verwundbarsten. Der Ruf „Kosaken!“ löste regelmäßig Panik aus; immer wieder attackierten sie die Flüchtenden, wobei es ihnen weniger um Kriegsgefangene als um Beute ging. Nachzügler der *Grande Armée*, die mit dem eiligen Rückzug nicht mithalten konnten, fielen manchmal regelrechten Massakern durch die Bevölkerung zum Opfer. In der „Hölle von Wilna“[476] wurden Flüchtlinge und Verwundete durch Stadtbewohner und Kosaken abgeschlachtet, bevor die regulären russischen Truppen eintrafen.

Die Ressourcenknappheit und der drohende Hungertod wirkten sich auch innerhalb der *Grande Armée* brutalisierend aus. Viele hatten beim Abzug aus Moskau ihre Tornister lieber mit wertvollen Beutestücken als mit Lebensmitteln vollgestopft. Keiner konnte ahnen, welche Strapazen vor ihnen lagen; und wer lässt freiwillig einen Schatz, die Aussicht auf einen gesicherten Lebensabend, zurück? Angesichts der zunehmenden Not sanken mit der Temperatur auch Mitleid und Hilfsbereitschaft. „Man war stumpf geworden für Gefühle von Rechtlichkeit,

Freundschaft und Ordnungsliebe“[477], so Roos, der sich lange dafür schämte, dass er damals sein Stück Brot nicht mit einem Freund geteilt hatte. Was man hatte, aß man heimlich, es gab keine Freunde mehr, „alle Kameradschaft hatte aufgehört; jeder war nur bemüht, für sich allein zu sorgen“[478], beschrieb François Bourgogne, der sich selbst nicht ausnahm: Er „hätte kalten Blutes morden können, eines Stück Brotes wegen“.[479] Diebstahl und Raub waren alltägliche Begleiter. „Man sah Händel, Schlägereien und Misshandlungen aus geringen Ursachen entstehen. [...] Ich sah sogar einen Train-Soldaten seinem Cameraden den Kopf spalten, um eines Stück Brodes willen“[480], erzählte Roos. Man aß, was man bekommen konnte – Pferde, Hunde, Katzen, Aas. Sowohl den gefangenen Russen als auch den Soldaten Napoleons werden Fälle von Kannibalismus nachgesagt.

Wie gut im Gegensatz zu seinen Soldaten Napoleon selbst versorgt wurde, zeigte sich am Inhalt seiner Wagen, die den Russen in die Hände fielen: „Es fanden sich in einem ganze Kisten mit Vorräthen für die kaiserliche Tafel. Kandirte Früchte, Rheimser Zwieback, Lebkuchen, endlich Kompots verschiedener Gattung.“[481]

Kein Sturm bricht los

Was hatte Spanien, was in Mitteleuropa fehlte? Warum kam es trotz der exzessiven Propaganda und den Aufrufen zum Guerillakampf in den deutschen Ländern nicht zu einer vergleichbaren Entwicklung? Für die Radikalisierung des Volkskrieges in Spanien werden in der Forschung drei Faktoren angeführt: ein durch religiöse Motive aufgepeitschter Hass, die auf dem traditionellen Bandenwesen fußende Guerilla und die Lebensmittelknappheit. Zudem ist im Vergleich zu Russland, Österreich oder Deutschland auf die Dauer hinzuweisen: Der spanische Krieg zog sich vom Frühsommer 1808 bis in das Jahr 1814 hinein. 1809 zog sich die österreichische Armee nach weniger als drei Wochen aus Bayern zurück; etwa drei Monate nach dem Beginn der Feindseligkeiten wurde im Juli bereits Waffenstillstand geschlossen. Auf altrussischem Boden befand sich Napoleon 1812 nur rund zwei Monate. Auch der deutsche Befreiungskrieg blieb 1813 auf einen jeweils mehrwöchigen Frühjahrs- und Herbstfeldzug beschränkt. Innerhalb von rund fünf Monaten erreichten die Alliierten 1814 in Frankreich den Friedensschluss. Im Vergleich zu Spanien dauerten die Auseinandersetzungen also gar nicht lange genug, als dass wirksamer Widerstand hätte organisiert werden können; auch die Frage der Ernährung von Bevölkerung und Armee hätte sich bei einem längerfristigen Krieg, der sich über die Wintermonate zog, deutlich verschärft. Not, Elend, pure Existenzangst bildeten den idealen Nährboden für einen genuinen Volksaufstand.

Selbst die Tiroler Erhebung lässt sich mit den Dimensionen des spanischen Krieges, wo Napoleons Truppenstärke im sechsstelligen Bereich lag, nicht vergleichen. Die Faktoren Bandenwesen und Hungersnot fielen hier weitgehend weg. Die notwendige Unterstützung durch ein reguläres (fremdes) Heer – nur im Zusammenspiel mit einer Armee erwiesen sich Guerillakämpfe in napoleonischer Zeit als erfolgreich – war in Tirol nur in der Anfangsphase und das nur in beschränktem Ausmaß gegeben. Zwar gab es auch in Tirol – wie in jedem Krieg – Ausschreitungen und Exzesse, doch insgesamt zeigt sich, dass der Konflikt doch weitgehend in geregelten Bahnen verlief und die Aufständischen meist in organisierten Formationen kämpften.

Beachtenswert ist zudem der Aspekt der persönlichen Erfahrung. In Spanien hatte man bis zum Frieden von 1795 gegen das revolutionäre Frankreich gekämpft und eine Invasion abgewehrt; danach war das Land in den Koalitionskriegen nicht mehr Kriegsschauplatz geworden. Noch weniger war Russland vor 1812 bedroht gewesen. Die Kriege gegen Frankreich spielten sich hauptsächlich in Mitteleuropa ab. Das heißt, dass die Bevölkerung hier mehrmals Erfahrungen mit Truppendurchmärschen und langfristigen Besatzungen, Belagerungen oder Gefechten machen musste und in vielen Fällen auch von den Friedensschlüssen inklusive territorialen Veränderungen betroffen war. Ein verlorener Krieg, wusste man, war kein Weltuntergang. Weder wurde Berlin 1806 noch Wien 1805 oder 1809 von den Franzosen dem Erdboden gleichgemacht; die Bewohner wurden nicht allesamt massakriert oder für die Armee rekrutiert, zudem stand Napoleon für Religionsfreiheit und bemühte sich im eigenen Interesse um die Aufrechterhaltung der Ordnung. Der Kaiser von Frankreich und seine Truppen waren nicht fremd. Beispielsweise waren in Sachsen seit 1806 immer Franzosen stationiert, sie kamen als Feinde, blieben als Verbündete.

Entscheidend war aber, dass die Staatsführungen Österreichs, Russlands und Preußens den propagierten Volkskrieg unter strikter Kontrolle von oben führen wollten. Für die Brutalität des spanischen Volkskrieges machte man unter anderem den Verfall der obrigkeitlichen Macht verantwortlich; es herrsche Anarchie, der gefürchtete Mob wütete und mordete. Nichts und niemand sei sicher! Spanien war ein Vorbild mit Vorbehalt. Vor der Entfesselung eines absoluten Volkskrieges schreckte man in Mitteleuropa letztendlich zurück. Die Landsturmverordnung Preußens und dieser nachfolgend jene der ehemaligen Rheinbundstaaten verboten bei Todesstrafe, dass jemand anders als die im Edikt genannten Obrigkeiten zur Volksbewaffnung aufrief. „Der entfesselte Volkskrieg der napoleonischen Epoche war schlimm – wie jeder Krieg. Doch in Deutschland fand dieser Krieg außerhalb patriotischer Wunschträume kaum statt. Stattdessen wurde er zwar unter Mobilisierung der nationalen Ressourcen geführt, doch er wurde ge-‚führt' und er war führbar."[482]

1813 Besonders Ernst Moritz Arndt ärgerte sich, dass die Deutschen zur Jahreswende 1812/13 nicht über jene Franzosen hergefallen waren, die sich über den Niemen gerettet hatten: „[O]b es mehr die Frage deutscher Milde und Menschlichkeit oder vielmehr deutscher Flauheit und Gleichgültigkeit ist, daß von diesen frevelhaften sonst übermüthigsten stolzesten Flüchtlingen auf dem Boden deutscher Sprache vielleicht kaum hie und da ein Einzelner beraubt und erschlagen ist. [...] Man hätte in Preußen und Deutschland dem Napoleon seine besten Feldherren und Generale und einige tausend tüchtige und erfahrne Officiere, durch deren Hülfe er bald wieder 400,000 Mann unter die Fahnen stellen konnte, fangen oder todtschlagen können."[483] Die Not, welche die französischen Truppen 1812 in den an Russland angrenzenden Regionen verursacht hatten, sorgte zwar für antifranzösische Gefühle unter der Bevölkerung, aber nicht generell dazu, dass sie rachsüchtig über die wehrlosen Soldaten und Offiziere der *Grande Armée* hergefallen wäre. Verfolgt von den Kosakentruppen stießen die Flüchtlinge diesseits der Grenze auf unterschiedliche Reaktionen. Der Feldwebel Joseph Steinmüller berichtete, dass ein Jude ihm und ein paar anderen Unterschlupf und Essen gewährt und nicht einmal Geld dafür verlangt habe, obwohl sie noch Wertgegenstände bei sich gehabt hätten.[484] Andererseits waren sich die Bewohner beispielsweise Ostpreußens durchaus bewusst, dass sich die Machtverhältnisse im Moment geändert hatten, sodass sie sich häufiger gegen Einquartierungen zur Wehr setzten und auch Schlägereien zwischen Zivilisten und Soldaten zunahmen. Vor allem gegenüber den Franzosen zeigte man sich teils unfreundlich und schadenfroh; wehe dem, der noch herrisch aufzutreten wagte! Sergeant Bourgogne berichtete, dass seine Wirtin in Insterburg für die Verpflegung und Unterkunft für Mann und Pferd unverschämt viel Geld verlangt hätte, worüber er sich beschwert habe. „Du armes kleines Französchen willst das große Maul haben? Vor einem halben Jahr da konntet ihr wohl so sprechen, da waret ihr die Stärkeren, aber jetzt stehen die Sachen anders. Zahlt ihr nicht, so lasse ich das Pferd vor dem Schlitten wieder ausspannen und liefere euch den Kosaken aus!“[485], wusste sie sich durchzusetzen.

Nach dem Russlandfeldzug war der Ruf der *Grande Armée* als unbesiegbar dahin. „Aber nur eine verschwindende Minderheit in den deutschen Staaten war bereit, freiwillig gegen die französischen Soldaten zu kämpfen.“[486] Selbst in Ostpreußen kam es zu keiner massenhaften Erhebung, sondern nur zu „impulsiven und isolierten Einzelaktionen“.[487] Es bedurfte der Initiative eines Freiherrn vom Stein und der Entscheidung auf dem Landtag, um in Ostpreußen den deutschen Befreiungskrieg einzuläuten.

Am 22. Januar kam es im Großherzogtum Berg anlässlich von erneuten Truppenaushebungen und Gerüchten von anrückenden Russen zu Unruhen. Die sogenannten „Knüppelrussen“ – Arbeiter, Bauern und Angehörige der sozialen Unterschichten, die von Arbeitslosigkeit, Wirtschaftslage und Rekrutierung am meisten betroffen waren – schlossen sich meist spontan zu Banden zusammen. Ihre Aggression richtete sich gegen Vertreter und Nutznießer der französischen Herrschaft. Den Aufständischen fehlten Organisation und politische Zielsetzung, plündernd zogen sie durch die Orte, raubten Kassen und verbrannten die verhassten Konskriptionslisten. „Es lebe Zar Alexander! Napoleon hat Euch die Gleichheit des Elends gebracht, Alexander wird Euch retten und wird Euch Zucker und Kaffee geben“[488], konnte man im Departement Ober-Ems auf Plakaten lesen. Solche Losungen dienten aber mehr der Provokation. Manche französischen Beamten glaubten an eine Verschwörung und witterten ein vom Freiherrn vom Stein geschmiedetes Komplott; andere sahen in den Unruhen nur die Handschrift des Pöbels. Viele Einwohner solidarisierten sich nicht mit den Aufständischen, sondern mit den französischen Verwaltungsbeamten, um Ruhe und Ordnung aufrechtzuerhalten und ihr Eigentum zu schützen. Mithilfe des Militärs war die Revolte Anfang Februar beendet.

Ebenso wurde der von Hamburg ausgehende Aufstand in den norddeutschen Städten von den Unterschichten getragen, während sich die Besitz- und Bildungsbürger zurückhielten und sich in Bürgergarden organisiert gegen den Mob stellten. In der Hansestadt fühlte sich so mancher französische Beamte bereits Anfang Februar wie auf einem Vulkan und verließ samt Familie die Stadt. Zusammen mit Gerüchten, dass die russischen Truppen die Oder überschritten hätten, mehrten sich solcherart die Anzeichen für einen Machtwechsel. Am 24. Februar kam es zu ersten Tumulten; Steuer- und Zollbeamte und jene, die als Franzosenfreunde angesehen wurden, waren vorrangig Opfer von Ausschreitungen und Übergriffen. Der Aufruhr breitete sich rasch aus. Aber auch hier fehlten Koordination und Führung. Im März zogen die Franzosen ab, die Kosaken wurden zeitgenössischen Berichten nach in Hamburg und Lübeck freudig begrüßt, während sich die französischen Amtsträger in Bremen einrichteten. Der russische *Partheygänger* Tettenborn übernahm als Art Gouverneur die Führung. Er rief zur Bildung einer „Hanseatischen Legion" auf, wobei den Kombattanten eine „vorzügliche Rücksicht bei künftigen Anstellungen"[489] in Aussicht gestellt wurde. In der Legion mischten sich „[e]dle Jünglinge" mit „Landstreichern, Lumpengesindel und Straßenbuben".[490] Allerdings waren die Meinungen gespalten, eine profranzösische Partei stand den Russen ablehnend gegenüber. Es blieb bei einer Episode. Ende Mai musste Tettenborn vor den angreifenden Franzosen zurückweichen. Aus napoleonischer Sicht waren die aufrührerischen Bewohner Hamburgs, Lübecks und Lüneburgs nichts anderes als Hochverräter und Separatisten, da es sich um französisches Staatsgebiet handelte, und sie wurden entsprechend behandelt. Das Leid der Hamburger Bevölkerung war nicht zu Ende, im Gegenteil: Im Dezember 1813 begann die Belagerung der französisch besetzten Stadt durch die Alliierten. Diese dauerte den ganzen

Winter über bis Ende Mai 1814 an, wobei Davout jene Einwohner ausweisen ließ, die nicht die notwendige Verpflegung vorweisen konnten.

In Sachsen war man aufgrund der wirtschaftlichen Notlage und der andauernden Kriege bereits zum großen Teil napoleonfeindlich gestimmt. Nun, da das Land zum Kriegsschauplatz wurde, verschlimmerten Einquartierungen und Requisitionen, Ausschreitungen, Exzesse und die Kampfhandlungen die Situation. Die Versorgung der großen Truppenkontingente von Freund und Feind war auch hier kaum zu bewältigen und äußerte sich in steigender Gewalt und Plünderungen. So erschlug unter anderem ein italienischer Soldat einen Gutsbesitzer, „weil er kein Brot mehr zu schaffen vermochte".[491] Die Sprengung der Elbbrücke in Dresden im März 1813 durch die abziehenden Franzosen empörte die Bewohner, die versuchten, die Aktion durchaus handgreiflich, wenn auch vergebens, zu verhindern. Die napoleonischen Truppen, im März kurz zum Rückzug aus Sachsen gezwungen, verhielten sich nach ihren Erfolgen im Mai mehr wie Feinde als Verbündete; sie raubten und plünderten, vergewaltigten und mordeten.

Die Preußen und Russen versuchten Anfang 1813, die Sachsen für den gemeinsamen Krieg gegen Napoleon zu gewinnen, und bemühten sich daher um strenge Manneszucht, wie die verschiedenen Aufrufe verkündeten. Die Bevölkerung zeigte sich erleichtert, dass die gefürchtete Verheerung durch die Russen ausblieb; die alliierten Truppen wurden meist freundlich begrüßt. Viele Sachsen hofften auf einen Bündniswechsel ihres Königs, der sich durch die Verhandlungen mit Österreich und seine Reise nach Prag abzuzeichnen schien. Doch obwohl sich auch in Sachsen Freiwillige wie Theodor Körner meldeten, orientierten sich die meisten am Kurs ihres Königs.

Dazu kam wie schon im Jahre 1809, als Österreich den ersten Anlauf zum Befreiungskrieg startete, die unklare militärische Lage. Bis in den Herbst 1813 hinein war nicht abzusehen, welche Partei die Oberhand gewinnen würde. Die Siege der *Grande Armée* im Mai zwangen nicht nur König Friedrich August zurück ins französische Lager, sondern erregten auch unter der Bevölkerung Angst vor Napoleons Rache, als es nun an den Allierten war, wieder abzuziehen. Die Sachsen beeilten sich notgedrungen, die zuvor den Verbündeten bekundeten Sympathien durch Unterwerfungsgesten gegenüber Napoleon vergessen zu machen. Die

Bevölkerung stand zwischen den Fronten und hatte beide Parteien zu fürchten. Die Kriegsmüdigkeit wuchs, man sehnte sich nach Frieden und begrüßte Anfang Juni den Waffenstillstand wie auch die nachfolgenden Friedensverhandlungen in Prag. Doch der Krieg mit all seinen Schrecken und Folgen ging weiter. In Sachsen. Ende August kam es in der Nähe Dresdens zu einer heftigen Schlacht. Als sich abzeichnete, dass die Sachsen keineswegs mit wehenden Fahnen überlaufen wollten und Friedrich August Napoleon treu bleiben würde, änderte sich das Verhalten der Preußen und Russen. Wer nicht mit uns ist ... So drohte General Blücher Anfang September mit Plünderung, sollten die Sachsen den verlangten Kontributionszahlungen und Requisitionsforderungen nicht nachkommen.

In der sächsischen Armee wurde ebenso wie in der Zivilbevölkerung verstärkte Kritik am Bündnis mit Napoleon laut, das dem Land keinen Schutz gewähre. Am 18. Oktober 1813, mitten in der Völkerschlacht bei Leipzig, wechselten einige sächsische Kommandeure „aus reinem Selbsterhaltungstrieb in einer aussichtslosen militärischen Lage“[492] an der Spitze ihrer Truppen die Seiten. Napoleons Niederlage bei Leipzig wurde von den Sachsen überwiegend positiv aufgenommen. Man hoffte abermals auf Frieden und darauf, dass der Krieg endlich das eigene Land verlasse. Es zeigte sich hier dasselbe Bild wie anderswo: Manche meldeten sich freiwillig zum Kampf gegen Napoleon, anderswo wie in Niesky wehrten sich die Bauern gegen die Einberufung zur Landwehr. Wermutstropfen für die Sachsen waren unter anderem die Gefangennahme Friedrich Augusts und das teils undisziplinierte Verhalten der nunmehr Verbündeten. Selbst nach der Völkerschlacht von Leipzig und dem Bündniswechsel der Rheinbundfürsten entwickelte sich in diesen Ländern keine breit angelegte nationale Aufbruchstimmung. Von den Bewohnern wurde der Übertritt zu den Alliierten nicht unbedingt als Wende zum Guten wahrgenommen, selbst wenn sie der napoleonischen Vorherrschaft mit ihren negativen Folgen für Wirtschaft und Gesellschaft ablehnend gegenüberstanden. Denn was nützte es, jetzt auf der Seite der Alliierten zu stehen? Es wurden neue Truppen ausgehoben, Steuern und Abgaben stiegen an und die Belastungen durch Durchmärsche und Einquartierungen wuchsen. Es machte wenig Unterschied, dass in den Aufmarschgebieten Süddeutschlands nun Österreicher,

Russen und Preußen statt Franzosen zu verköstigen waren. In Baden wurde für die Finanzierung des Kontingents für den Russlandfeldzug eine Kriegssteuer von 600 000 Gulden ausgeschrieben; im Frühjahr 1813 mussten die Untertanen erneut 1,2 Millionen Gulden aufbringen, um Napoleon im Kampf gegen Preußen und Russland neue Truppen zur Verfügung stellen zu können; nachdem Baden zu den Alliierten gewechselt war, rief der Großherzog zu weiteren Opfern für die gerechte Sache auf.[493]

Heimchen am Herd, Amazone auf dem Schlachtfeld

In der Propaganda wurden Frauen selten und wenn, dann meist als Gegenpart zum männlichen Idealbild des Bürgersoldaten, als Heldenmütter und Kriegerbräute thematisiert. Sie sollten ihren Patriotismus dadurch beweisen, dass sie die Männer zum Kampf motivierten und Feiglinge mit Liebesentzug straften. Ihre Teilhabe am Nationalkrieg sollte sich möglichst „im Rahmen bürgerlicher Weiblichkeitsvorstellungen bewegen"[494], Gebete und Krankenpflege erschienen passend. Allerdings neigten die Frauen dazu, sich nicht auf jene Rollen zu beschränken, die ihnen (von Männern) zugeschrieben wurden, und individuelle Wege zu beschreiten, wobei sich zeigt, dass sie teils sehr unterschiedliche Sichtweisen vertraten.

Zur Feder griffen unter anderem Caroline Pichler und Caroline de la Motte Fouqué, die 1813 im *Ruf an die deutschen Frauen* mahnte: „Keine von allen deutschen Frauen möge durch feige Thränen des Mannes Entschluß wankend oder ihm den ernsten Schritt schwer machen. [...] Ich wiederhole es, laßt uns in Sprache, Tracht, geselligem Verkehr und einfach edler Haltung uns selbst bewahren, und die Ehre unserer Nachkommen retten."[495] Rahel Levin fand diesen Aufruf „erbärmlich"[496]; sie setzte auf Taten statt Worte und engagierte sich in der Pflege der Verwundeten. Zum Teil wurden Frauen als Krankenwärterinnen für den Feldzug rekrutiert oder später in den Lazaretten und Hospitälern als solche angestellt. „Am merkwürdigsten für mich, [...] als bisher ungewöhnlich und nie gesehen, war ein grosser Tross geschwätziger Weiber auf Wagen, zu Pferde und zu Fuss, von denen man sagte, sie wären zur Pflege der Kranken und Blessirten in Hospitäler bestimmt"[497], beschrieb

Heinrich von Roos die Vorbereitung auf den Russlandfeldzug. Als patriotischer Dienst und von vornehmen Damen auch als traditionelle Standespflicht erachtet, galt die Herstellung von Verbandzeug. „Mich hat der Himmel, als ehemalige Braut eines Kriegers, mit Heldenmuth versehen. Gern will ich meine Hände – nicht zum Kampfe – dies wäre unweiblich, aber zur Hülfe der leidenden Kriegshelden gebrauchen“[498], teilte Philippine von Griesheim Mitte Mai 1813 ihrer Freundin mit. Angehörige aller sozialen Schichten waren in den zahlreichen neu gegründeten Patriotischen Frauenvereinen vertreten, stickten Fahnen, übernahmen soziale Aufgaben oder rüsteten mittellose Freiwillige aus. Auch in Spanien und Portugal waren aktiv kämpfende Frauen die Ausnahme. Sie unterstützten jedoch die Guerillakämpfer, pflegten Verwundete, spionierten Feinde aus und leiteten Informationen weiter. Vor allem aber mussten Frauen aller Länder die abwesenden Männer am Hof und im Betrieb ersetzen, deren Aufgaben in der Landwirtschaft übernehmen und die Familien versorgen. Denn auch im Krieg musste das Alltagsleben weitergehen.

Wie Männer konnten Frauen für den Krieg eintreten oder zur Verweigerung beitragen. „Manche gute Mutter, von mehr als spartanischer Zärtlichkeit, beschwor den Sohn, sich nicht von dem Schwindelgeiste bethören zu lassen, sondern im Lande zu bleiben und die Stütze und Freude schwacher Aeltern zu werden.“[499] Als Angehörige von Konskribierten nahmen sie oft am Widerstand gegen die Rekrutierung teil. Im sogenannten Krumbacher Weiberaufstand organisierten sich gar mehrere Hundert Vorarlberger Frauen und Mütter, verjagten die bayrischen Rekrutierungsbeamten und versuchten, das Landgericht in Bezau zu stürmen, um die Konskriptionslisten zu vernichten.

Im Feuer Entgegen allen Versuchen, Frauen aus dem Militärleben zu verbannen, waren bis weit in das 19. Jahrhundert hinein Lebensgemeinschaften von Soldaten und Frauen in den europäischen Heeren üblich. Sie kochten, kümmerten sich um die Wäsche und versorgten Verwundete und Kranke; sie plünderten und stahlen genauso wie Männer. Offiziere und Generäle hatten oft ihre Familien mit dabei, die in eigenen Kutschen und von Dienern versorgt die Armee begleiteten. Als problematisch galt die Prostitution in der Armee, zumal negative Folgen für die Disziplin befürchtet wurden; aber gerade die höheren Ränge bestellten sich gerne Prostituierte, Tänzerinnen oder Schauspielerinnen ins Heerlager. „Es war den Polen und Russen auffallend, bey der Alliirten Armee so viele Weiber und Kinder zu sehen, da doch die Russen keine bey sich hatten“[500], berichtete Roos. Doch selbst hier bestätigten Ausnahmen die Regel. Gassicourt bemerkte 1809 in einem polnischen Kavallerieregiment neben einem Offizier eine schöne junge Frau, die wie dieser eine Uniform trug und offensichtlich seine Frau oder Geliebte war. „Ein Generalmajor, in dessen Gesellschaft ich mich befand, sagte mir: ‚Es ist nicht erlaubt, eine Frau als Soldat in einem Regiment zuzulassen, aber man hat in diesem Fall eine Ausnahme gemacht. Man duldet sie als ‚Freiwillige‘, aus Rücksicht auf ihre ungewöhnliche Liebe zu ihrem – angeblichen – Mann, auf ihre geordnete Lebensweise und ihre Tapferkeit.‘“[501]

Mit Kind und Kegel begleiteten die Frauen ihre Männer auf den Feldzügen, teilten die Entbehrungen, das Leid. Sie unterstützten ihre Partner aktiv im Kampf, was noch bis in die Mitte des 19. Jahrhunderts hinein keineswegs außergewöhnlich war, und gerieten in Kriegsgefangenschaft. „Es ist beobachtet worden, daß die Frauen sowohl körperlich wie geistig mehr Widerstandskraft gezeigt haben als die Männer“, berichtete Bourgogne vom Leid des Russlandfeldzuges. „Oft hatte ich Gelegenheit, die Zähigkeit, die Standhaftigkeit und den Mut dieser Frauen zu bewundern. Nur wenige erlagen dem Hunger und der Kälte, hier an der Beresina aber fanden viele den Tod, denn sie wurden bei dem Übergang über die Brücke entweder erdrückt, erschlagen oder ins Wasser gestoßen.“[502]

Jahrhunderte vor der hitzigen Diskussion, ob man Frauen in Bundesheer und Bundeswehr erlauben sollte oder nicht, gab es in allen Ländern immer wieder welche, die sich zum Militärdienst hingezogen fühlten und als Männer verkleidet Zugang fanden. Nadeshda Durowa verließ als junge Frau Mann und Kind und trat 1806 verkleidet als Alexander Wassiljewitsch Durow den Dienst in der russischen Kavallerie an; selbst als sie als Frau erkannt wurde, durfte sie mit Erlaubnis des Zaren weiter Offizierin sein. Marie-Thérèse Figueur ließ sich ebenso in Männerkleidung rekrutieren und liebte das militärische Leben als Dragonerin; auf dem spanischen Feldzug geriet sie in Gefangenschaft, später heiratete

Waterloo erlebte Regula Engel an der Seite ihres Mannes: „Der Tag war schrecklich und entschied das Schicksal aller meiner übrigen Tage. Unser vierter Sohn Florian, Quartiermeister beim 12ten Regimente reitender Jäger, war wahrscheinlich schon tod, als ich meinen lieben Mann fallen sah. Der englischen Cavallerie war es gelungen in unsere geschlossene Bataillone einzuhauen und ihren Grenadieren den Weg in unsere Mitte zu bahnen. Mein jüngster Sohn Joseph, erst zehn Jahre alt, focht an meiner Seite, sein Kopf ward von einer Kugel zerschmettert, ich sah das eine Aug' und sein Gehirn gerade vor mir verspritzen. Ausser mir vor Verzweiflung sah ich einen englischen Reiter auf mich einhauen, ich fasste ihn kurz und schoss ihm mit einer Pistole die Oberlippe an der Nase durch weg. Ich ergriff die zweite, doch eh' ich solche losdrücken konnte, riss er mir sie aus der Hand und schoss mich mit meinem eignen Gewehre durch den Hals. Ich konnte nicht mehr fechten und ergab mich; in dem nämlichen Augenblick erhielt ich noch von einem Grenadier einen Bajonetstich in die rechte Seite, dass das Blut stromweise von mir floss. Obwohl dieser Grenadier auf Befehl seines Generals sogleich aufgeknüpft wurde, konnte mir solches doch nichts helfen [...].“[503]

sie einen ehemaligen Kriegskameraden. Frauen und Mädchen beteiligten sich, wenn beispielsweise ihr Dorf oder ihre Stadt angegriffen wurden, an der Verteidigung, halfen bei der Befestigung, unterstützten die Kämpfenden oder griffen selbst zur Waffe. Als Kombattantinnen in den Armeen blieben sie jedoch die Ausnahme.

Dass sich Frauen in den antinapoleonischen Volkskriegen den Männern gleich aus patriotischer Begeisterung zum Kampf melden sollten, wurde zwiespältig beurteilt; unter anderem wurde in den *Deutschen Blättern* die Befürchtung publiziert, dass sich dahinter „unweibliche Roheit oder Hang zu einem zügellosen Leben“[504] verbergen könne. Andererseits wurden sie in der Publizistik manchmal zu sogenannten Heldenjungfrauen stilisiert. Dabei wurde allerdings darauf geachtet, sie nicht nur als mutig, sondern auch als sittlich, fromm und tugendhaft zu präsentieren. Frau musste Frau bleiben. Aus dem deutschen Befreiungskrieg sind mindestens dreiundzwanzig kämpfende Frauen bekannt. Die

28-jährige Eleonore Prochaska, Tochter eines invaliden Unteroffiziers aus Potsdam, schrieb sich als August Renz bei den Lützowern ein; erst als sie tödlich verwundet wurde, erkannte man ihr wahres Geschlecht. Die Bauerntochter Friederike Krüger aus Mecklenburg wurde im Infanterie-Regiment Kolberg rasch als Frau enttarnt, durfte aber mit Genehmigung der Generalität weiter Dienst verrichten und stieg sogar zum Unteroffizier auf, bevor sie – mit dem Eisernen Kreuz und dem russischen St.-Georgs-Orden ausgezeichnet – entlassen wurde.

Berühmtheit erlangte in Spanien Agustina Zaragoza Domenech (Agustina von Aragón), *La Artillera*, die in Saragossa heldenmutig in die Bresche sprang und eine Kanone abfeuerte, wodurch die Franzosen zurückgeschlagen wurden. Kämpfende Frauen erregten große Aufmerksamkeit in der Presse, eben weil sie die Ausnahme von der Regel darstellten. Eine Besonderheit der Befreiungskriege, Beweis der geeinten patriotischen Nation und lebendige Mahnung an alle Männer, die sich feige unter Weiberröcken verbergen wollten! Als Amazonen wurden Spanierinnen teilweise auch in der französischen Propaganda präsentiert – als Beispiel dafür, wie barbarisch dieses Volk sei, selbst die Weiber seien mordlüsterne Bestien; zudem diente dies als moralische Rechtfertigung für die Soldaten, wenn sie auf Städte, Dörfer, Zivilisten schossen.

Ausgeliefert Gewalt gegen Frauen nimmt in Kriegen zu. Im Zusammenhang mit Plünderungen und Morden wird in den Quellen häufig Notzucht genannt, doch in vielen Fällen werden Vergewaltigungen verschwiegen. Eine Schande für die Frau, ein Armutszeugnis für den Mann, der sie nicht beschützen konnte. Hermann Lüders, Mitglied im Korps des Herzogs von Braunschweig, berichtete von Ausschreitungen desselben in der Nähe des sächsischen Wilsdruff, wobei „namentlich [...] die Weibsleute durch die rohen Burschen viel zu leiden“[505] hatten. Im brennenden Moskau führten sich die Sieger schrecklich auf, so Eugène Labaume: „Nichts aber erfüllte mehr mit eiskaltem Entsetzen, als der Schrecken, der in der Brust herrschte, und der in der Stille der Finsternisse nur noch mehr durch das Geschrei der Unglücklichen, die man erwürgte, und durch das Weinen der jungen Mädchen zunahm, die in den zitternden Schooß ihrer Mütter flüchteten, und deren vergebliches Sträuben die Wuth der Ehrenräuber noch mehr entflammte.“[506] Auch in

Frankreich wurden Frauen – später *femmes cosaquées* [Kosakenfrauen] genannt – von den Verbündeten vergewaltigt. Traumatisiert und in ihrem sozialen Umfeld stigmatisiert, litten die Opfer noch Jahre später, so manche Frau beging Selbstmord.

In extremen Notlagen sahen sich Frauen häufig zur Prostitution gezwungen. In Spanien wie auch in Russland 1812 mussten verwitwete Soldatenfrauen wie auch Flüchtende sehen, wie sie sich am Leben erhielten. „Die sonst ordentlich gekleideten und ihren Männern sehr treuen Soldatenweiber ritten auf mageren Eseln zerlumpt und hungrig umher und gaben sich für ein halbes Brot einem jeden hin, der sie haben wollte“[507], berichtete Schaumann von der britischen Armee in Spanien. Je schlimmer die Versorgungslage wurde, wie 1812 auf dem Rückzug der Armee, desto geringer wurde naturgemäß die Chance, sich durch Prostitution Essen verschaffen zu können.

Für einen Bissen Brot mussten Frauen ihren Körper verkaufen. „Bei den Unfällen aller Art, womit uns das grausame Schicksal zu Boden drückte, war niemand mehr zu beklagen als die französischen Frauenzimmer, die mit uns von Moskwa gekommen waren, und die, um der Rachsucht der Russen zu entgehen, in unserer Mitte eine sichere Hülfe zu finden geglaubt hatten. Die Meisten waren zu Fuß, in Zeugschuhen und schlechten Kleidern. [...] Auch den Hartherzigsten würde ihre Lage Thränen ausgepreßt haben, wenn die schrecklichen Umstände nicht jedes Gefühl von Menschenliebe erstickt hätten. Unter diesen Schlachtopfern der Kriegsgreuel erregte keines mehr Theilnahme als die junge rührende Fanny; artig, sanftmüthig, liebenswürdig, geistreich, sprach sie mehrere Sprachen, und besaß alle Eigenschaften, welche selbst den unempfindlichsten Mann zu verführen im Stand sind. Die Unglückliche war so tief herab gesunken, daß sie die geringste Gefälligkeit erbetteln mußte; das Stückchen Brod, das sie erhielt, nöthigte sie oft zu der sklavischsten Erkenntlichkeit. Sie flehte uns insgesammt um Hülfe an, und man mißbrauchte sie; jede Nacht gehörte sie demjenigen, der ihre Beköstigung übernahm“[508], schrieb Eugène Labaume Anfang November 1812.

Auf einen Offizier und Gentleman konnten Frauen selten hoffen; ihre Retter verlangten Gegenleistungen. Auf der Iberischen Halbinsel flohen die Bewohner vor den Franzosen und versuchten teilweise, sich der britischen Armee auf ihrem Rückzug anzuschließen. „Hier flehten junge Mädchen einen jeden Berittenen, sie hinter sich aufs Pferd zu nehmen“, berichtet der Kriegskommissär Schaumann. „Die schönsten Mädchen, ja selbst Nonnen fühlten sich überglücklich, wenn Husaren sich ihrer annahmen.“[509] Ihn selbst habe ein „hübsches junges Mädchen, welches von ihrer Familie abgekommen“[510] war, um Hilfe gebeten. Geradezu mit Stolz erzählt Schaumann davon, wie er das Mädchen zum Geschlechtsverkehr genötigt habe: „Als aber Eusemia unausgesetzt jammerte, sie fröre so erschrecklich, erachtete ich es für meine Pflicht und Schuldigkeit, sie sachgemäß zu erwärmen. Und ich tat dies denn auch mit so viel Liebe und Hingabe, daß sie, trotz ihres anfänglichen Sträubens, sich sehr glücklich fühlte.“[511]

Freund oder Feind

Beim Blick in Briefe, Tagebücher und Memoiren fällt auf, dass die Zeitgenossen bei der Unterscheidung in Freund oder Feind nicht unbedingt dem (oft unerwartet umschlagenden) politischen Kurs ihrer Regierungen folgten; es zählten eigene Erfahrungen und Vorurteile. Die Grausamkeiten der Spanier, in weiterer Folge auch jene der russischen Bauern, stießen in weiten Kreisen der europäischen Bevölkerung auf Ablehnung. Barbaren! Auch die Tiroler wurden 1809 außerhalb des österreichischen Einflussgebiets überwiegend „als hinterwäldlerische und barbarische Bergfexe, die den Einflüsterungen der katholischen Kirche erlegen waren“[512], wahrgenommen. Im *Grand Empire* war dies verständlich, wurden doch die Rekruten aller Nationen unter Napoleons Vorherrschaft auf diese gefürchteten Kriegsschauplätze geschickt. Doch auch die Briten, die als Verbündete der Portugiesen und Spanier auf die Iberische Halbinsel kamen, verachteten die Einheimischen. Die Bauern galten als abergläubisch, die Eliten als degeneriert, der Einfluss der Mönche und Priester als verheerend, das ganze Land als rückständig wie im finsteren Mittelalter. „Die englischen Truppen sieht man wie Wundertiere mit einem solchen impertinenten Sangfroid [Kaltblütigkeit] an, als wären wir gekommen, um uns mit den Franzosen privatim zu raufen, und nun wir da wären, so könnten die Herren Spanier ruhig zusehen und die Hände in den Schoß legen. Als Bundesgenossen, die bereit sind, ihr Blut für Spanien aufzuopfern, sieht man uns gar nicht an, wohl aber als Ketzer; man kann ja in Quartieren kaum ein Glas Wasser erhalten, und selbst dieses wird [...] nur murrend ge-reicht"[513], zeigte sich Schaumann bereits zu Beginn des Winterfeldzuges 1808/09 pessimistisch. Spanier wie Briten sahen sich vom jeweiligen Bündnispartner im Krieg verraten und verkauft. Obwohl sich die englischen Kommandeure um Manneszucht bemühten und zahlreiche Exempel an Plünderern statuierten, begingen die britischen Soldaten Exzesse und sahen sich ihrerseits als Opfer von Raub, Diebstahl und Mord seitens der Einheimischen. Nach dem Sieg über Joseph Bonaparte bei Vittoria 1813 verfolgten die britisch-spanisch-portugiesischen Truppen unter Wellington die Franzosen; bei der Erstürmung der Stadt San Sebastián Ende August zeigten sich die englischen Soldaten von ihrer schlimmsten Seite. „Da nun die Einwohner mit letzteren [den Franzosen] gemeinsame Sache gemacht und die Stadt mit verteidigt hatten, so wurde von den Unsrigen keine Schonung beobachtet, sondern alles mit dem Bajonett niedergestoßen."[514] Andererseits sei Ludwig von Grolman, der als Angehöriger der napoleonischen Armee als Feind der Spanier zu betrachten war, auf seiner Heimreise 1808 mit einer spanischen Familie und besonders mit einer „gescheidte[n] Frau" ins Gespräch gekommen, „mit der ich mich sehr gut unterhielt, nachdem ich den Leuten begreiflich gemacht hatte, daß ich als zurückkehrender Deutscher als völlig unpartheyisch im Streit zwischen Frankreich und Spanien könne betrachtet werden".[515]

Im deutschen Befreiungskrieg 1813 ergaben sich ebenfalls Spannungen unter den Verbündeten, die aus dem Verhalten der Truppen resultierten. Wilhelm von Humboldt schrieb Mitte Juni, dass sich die Russen „in unserem Lande [als] wahre Verwüster"[516] erwiesen und in der Zeit des Waffenstillstands plündernd durchs Land schwärmten. Friedrich von Schubert, Offizier im russischen Heer, sprach ebenfalls von einem „offensichtliche[n] Mangel an Sympathie zwischen den russischen und preußischen Truppen, obwohl beide sich gegenseitig achteten. [...] Die Hauptsache war, daß die preußische Pedanterie, ihre Aufschneidereien, ihre Rodomontaden [*Prahlereien*], ihre ökonomischen Gewohnheiten sie durchaus zu keinen Kameraden für unsere Offiziere machen, die alle Lebemänner waren, den letzten Heller sorglos vertranken oder verspielten; [...] die Franzosen waren uns viel sympathischer als die Preußen."[517] Zudem kam es zwischen der deutschen Zivilbevölkerung und den russischen Soldaten zu manchem Missverständnis; die Klagen über Diebstähle und Gewalttätigkeiten stiegen. In Schwenningen läuteten im Frühjahr 1814 die Sturmglocken und die Stadtbürger und Bauern gingen auf die einquartierten Russen los.[518]

Verständigung Zwischen den Mannschaften der feindlichen Armeen kam es teils zu regelrechten Verbrüderungsszenen. Mit der Zeit etablierten sich auf dem iberischen Kriegsschauplatz ungeschriebene Regeln zwischen Briten und Franzosen: Unnötige Gefechte wurden vermieden, Verwundete verschont; selbst auf der Suche nach Nahrungsmitteln sah man die Soldaten oft einträchtig Seite an Seite die Dörfer plündern. Auch in Russland neigten die Soldaten abseits der Kämpfe dazu, sich mit ihren Kollegen von der anderen Seite zu verständigen. Der Kommandant der russischen Nachhut, Michail Andrejewitsch Miloradowitsch, und der Anführer der französischen Vorhut, Joachim Murat, vereinbarten eine Waffenruhe zur Schonung Moskaus, sodass die Russen unbehelligt abziehen und die Franzosen beinahe zeitgleich einrücken konnten. Ganz erfüllt von der Hoffnung auf Frieden traf die Einheit, der auch Heinrich von Roos angehörte, auf mehrere feindliche Dragonerregimenter. „Wir stellten uns mit den friedlichsten Absichten ihnen nahe gegenüber auf. Sie zeigten gleiche Gesinnungen, Officiere und Soldaten näherten sich, boten sich die Hände, auch die Schnappsflaschen und unterhielten sich, so gut sie konnten. Dieses dauerte aber nicht lange, es kam ein russischer Officier von hohem Range mit seinen Adjutanten angesprengt, und verbot diese Unterredungen ganz ernsthaft."[519] Zur Zeit des Waffenstillstands im deutschen Befreiungskrieg 1813 schrieb der französische Soldat Cereceaux nach Hause: „Wir trinken unseren Schnaps mit den Russen und schlafen auch mit ihnen gemeinsam."[520]

Wo man sich miteinander verständigen konnte, war vieles leichter. Die Offiziere der europäischen Heere, die über eine standesgemäße Bil-

Der englische Oberkommandeur Wellington verbot den freundschaftlichen Kontakt mit dem Feind: „Oft ritten wir vor Tische zu unsern Vorposten nach einem kleinen Flusse, über welchen die Brücke mit einem Verhack führte. Jenseits standen die französischen Vedetten, diesseits die unsrigen; die französischen Offiziere pflegten dann herunterzukommen und sich mit uns zu unterhalten. ‚Bon jour, Messieurs!!', hieß es von beiden Seiten. Sie bewunderten unsere schönen englischen Pferde, sprachen von unserm guten König Georg, lobten den Marquis de la Romana, der in Cartaro in unserm Hauptquartier sich aufhielt, auch daselbst starb, priesen unsern Lord Wellington und die portugiesischen Truppen. [...] Auch banden wir ihnen allerlei Neuigkeiten auf – sie warfen uns sodann ihre Zeltflaschen hinüber, die wir mit Wein füllten, tauschten französische Zeitungen gegen englische aus, die wir an Steine banden und über den Fluß schleuderten. Jedoch machte Sir Arthur Wellesley, dem solches durch einen Angeber gemeldet, diesen Fraternisierungen – und das mit Recht – durch eine wütende Generalorder plötzlich ein Ende"[521], berichtete Schaumann.

dung verfügten und zum Großteil französisch sprachen, konnten sich leichter verständigen als die einfachen Soldaten. In Spanien war es teils möglich, sich mit Geistlichen oder gebildeteren Leuten auf Latein zu verständigen, wie Grolman berichtete.[522] Bei längeren Kontakten mit dem Feind und bei Besatzungen entwickelte sich häufig ein (relativ) normales Zusammenleben; das Leben ging weiter, man arrangierte sich, so gut es ging. Vor allem aber lernte man durch persönliche Kontakte den anderen besser kennen. Selbst in Moskau wurden Freundschaften zwischen Siegern und Besiegten geschlossen. Man traf sich auf den Straßen, in Gesellschaften oder in trauter Zweisamkeit. Lulu Thürheim kehrte im August 1809 von Wien nach Kärnten zurück. Im Schloss ihrer Schwester, der Gräfin Isabella Goëß, waren französische Offiziere einquartiert, mit denen sich ein geselliger Umgang ergab: „[D]ie Offiziere begleiteten uns auf den Spaziergängen, sie verbrachten die Abende mit uns, kurz, aus Feinden waren sie rasch unsere besten Freunde geworden. Manchmal machte ich mir allerdings Vorwürfe, mein Herz zwischen Vaterland und Freundschaft geteilt zu haben."[523] Liebschaften und Heiraten waren keine Seltenheit; die Prostitution nahm zu, die Geburtenrate stieg. Sergeant Bourgogne berichtete von einem jungen Mädchen, das „wie man sagte, einer der besten Familien Moskaus angehörte. Dasselbe beging die Torheit, sich in einen höheren Offizier der Armee zu verlieben, und die noch viel größere, ihm auf dem Rückzug zu folgen. Während desselben kam sie dann, wie so viele andere, vor Hunger und Kälte um."[524]

Lichtblicke In der Erinnerungsliteratur hielten die Zeitgenossen die Schrecken und Grausamkeiten der antinapoleonischen Volkskriege fest, die Gräueltaten, die von allen Seiten begangen wurden. Einzelne Akte der Menschlichkeit erschienen wie Lichtblicke in der Dunkelheit und wert, festgehalten zu werden. Nach der Schlacht von Borodino hatten Grenadiere einen schwer verletzten russischen Offizier gefunden, dem Friedrich Wilhelm von Loßberg eine Tasse Kaffee gab, „wahrscheinlich die letzte, welche er trinken wird".[525] Ein Augenzeuge berichtete Lulu Thürheim von der mutigen Tat eines bayerischen Offiziers in Tirol 1809, der im Gefecht „plötzlich zwischen Feind und Freund ein schreiendes Kind [sieht], das hin und her lief und sich zu retten suchte. Der Offizier verläßt seine Reihen, stürzt auf das Kind zu, ergreift es, und unter einem Hagel von Geschossen trägt er es in Sicherheit."[526]

In Russland fanden viele der vorrangig an der Beresina gefangenen Frauen und verwaisten Kinder, wie Heinrich von Roos berichtete, „bey gefühlvollen und theilnehmenden Menschen"[527] Aufnahme oder eine neue Anstellung. In der Poststation von Smolensk erzählte die Wirtin Nadesha Durowa 1813, wie sie ein etwa achtjähriges französisches Waisenmädchen angenommen habe, das auf der Flucht von seinen Eltern getrennt worden sei. Ein Kosakenoffizier habe das halb erfrorene Kind auf der Straße angetroffen und war „zu Tränen gerührt, als er erkannte, daß es ein beinahe halbnacktes Mädchen war, denn ihre ganze Kleidung war zerrissen, und ihre Hände und Füße waren ganz erfroren"; er habe die Postmeisterin gebeten, das Kind in Obhut zu nehmen, monatelange Pflege sei nötig gewesen, doch „[j]etzt lebt dieses Mädchen als Lieblingstochter bei der Aufseherin, hat polnisch sprechen gelernt und trauert dank ihres unreifen Alters den verlorenen Vorteilen, auf die sie dank des

Ansehens ihrer Sippe Anspruch hatte, nicht nach: sie stammt aus einer der besten Familien von Lyon".[528]

Die dominierende Erfahrung mit dem Krieg lässt sich am besten mit den Worten des Schwenninger Schusters Johannes Jauch ausdrücken. Dieser schrieb nach dem Ende der Kriege seinen Kindern ins Stammbuch: „Oh ihr, wünscht euch nur Fried und keinen Krieg."[529]

7 Der Mythos vom Befreiungskrieg: Was vom Volkskrieg übrig blieb

Die erfolgreichen antinapoleonischen Kriege wurden in den nachfolgenden Jahren als Volkskriege, als Erwachen der Völker und Geburtsstunde der Nationen gefeiert. In den jeweiligen Nationalgeschichten wurden sie gerne als entscheidende Zäsur gedeutet, die den weiteren Verlauf der Geschichte bestimmt habe. In Spanien markierte das Jahr 1808 demnach das Ende des Ancien Régime, dem Unabhängigkeitskrieg kam die Bedeutung eines „Urknalls“[530] zu. Die deutschen Freiheitskriege der Jahre 1813–1815 gelten ebenfalls als Schlüsselereignis der deutschen Geschichte. Ganz Spanien/Deutschland/Österreich/Russland stand „wie ein Mann“ auf und stemmte sich im Bewusstsein nationaler Gefühle gegen die Fremdherrschaft Napoleons?

Auch wenn in jeder Nationalgeschichte besonders der eigene Beitrag hervorgehoben wird, war den Zeitgenossen klar, dass der Sieg auf einer Gemeinschaftsaktion beruhte. Nicht *ein* Nationalkrieg führte zum Ende der französischen Hegemonie, sondern eine Allianz. Ein Staat allein hätte Frankreich nicht bezwingen können und erst im letzten Koalitionskrieg gelang es den Beteiligten, militärisch und politisch gegen alle Widerstände genügend Einigkeit zu erlangen, um koordiniert vorgehen zu können.

Was die Bezeichnung „Volkskrieg“ betrifft, muss man feststellen, dass es sich meist um einen Etikettenschwindel handelt. Den Volkskriegen fehlte vor allem eines: das Volk. Es gab keinen „allgemeinen Ausbruch ‚nationaler Leidenschaften der Massen‘“.[531] Jene, die den Kampf gegen Napoleon aktiv trugen, befanden sich in der Minderheit. Kombattanten für die Armee oder Milizen, selbst für die Freiwilligen Jäger, mussten häufig durch Androhungen, Strafen oder Gewalt zum Kriegsdienst gezwungen werden. Ein Problem besteht darin, dass jeder Widerstand gegen die französische Hegemonie oft pauschal als national motivierter Kampf gegen die Fremdherrschaft gedeutet und dabei übersehen wurde, dass es sich meist um traditionelle soziale Proteste gegen Steuern, Rekrutierung oder Reformen handelte, wie sie in der Neuzeit üblich waren. Die Mehrheit der Bevölkerung wollte auf diese Weise eine Verbesserung der Lebensbedingungen erreichen oder alte Werte und Rechte bewahren. Erst durch die Uminterpretation in den nachfolgenden Jahrzehnten, durch Publizistik und die anschwellende, teils sehr verklärende Memoirenliteratur wurden beispielsweise die deutschen Befreiungskriege auch in den breiten Volksschichten richtig populär. „Gegen den Mythos vom Aufbruch des Volkes in Waffen kamen die desillusionierenden Studien der Kriegsgeschichtlichen Abteilung des Generalstabs, in denen die realhistorische Situation von 1813/15 mit all ihrer Passivität und Drückebergerei nüchtern dargestellt wurde, ein Jahrhundert später nicht mehr an."[532]

Ein wesentlicher Faktor für die Bedeutungssteigerung der deutschen Befreiungskriege war ihre nachträgliche Instrumentalisierung – je nach Bedarf: „Etwas vereinfacht könnte man sagen, daß die konservative Deutung den konventionellen Charakter des Krieges, die liberal-nationale das Engagement der bürgerlichen Bildungsschicht und die sozialistische, dann marxistisch-leninistische die Rolle der ‚Volksmassen' hervorgehoben hat, ohne die jeweils anderen Komponenten ganz zu ignorieren."[533]

Aus liberaler Perspektive sah man die Kriege als Freiheitskriege, wobei nicht nur die Freiheit von der napoleonischen Hegemonie, sondern auch bürgerliche Freiheiten gemeint waren: Teilhabe am Staatswesen und eine Verfassung. Denn die Kriegspropaganda, mehr noch aber das sogenannte (vage) Verfassungsversprechen des Preußenkönigs Friedrich Wilhelm mit dem Hinweis auf eine „Repräsentation des Volkes"[534], weckte die Hoffnung auf politische Partizipation der Staatsbürger, die ihr Vaterland verteidigt und befreit hatten. Doch dem preußischen General Ludwig von der Marwitz zufolge hatten diese Verfassungsversprechen nur den Zweck verfolgt, das Volk „zum tüchtigen Kämpfen anzureizen".[535] Nachdem Napoleon besiegt war, stellte sich die Lage anders dar. Im offiziellen Sprachgebrauch wurde die Bezeichnung „Befreiungskriege" durchgesetzt und von liberalen Zugeständnissen wollte man an den Höfen nichts mehr wissen. Doch die Hoffnung lebte nach 1813 fort; die von der restaurativen Politik der Herrschenden enttäuschten deutsch-national und frühliberal Gesinnten versuchten wiederholt, von Friedrich Wilhelm die Einlösung seines Verfassungsversprechens zu erlangen. Der Kampf um politische Freiheiten wurde fortgesetzt und im Zuge dessen das Kollektiverlebnis der Freiheitskriege „zum Erweckungserlebnis stilisiert".[536] Die tradierte Sichtweise der Freiwilligenbewegung von 1813 entspricht weniger den historischen Ereignissen, sondern basiert zum größten Teil auf dem „Wunsch, die heroischen Tage von 1813 zur Basis des moralischen Anspruchs auf verfassungsmäßige Rechte im 19. Jahrhundert zu machen und sie außerdem als Ausfluß der idealistischen Bildungswelt zu begreifen".[537]

Zudem ist zu beachten, dass die deutschen Staaten keineswegs geeint den Kampf gegen Napoleon aufnahmen, sondern im Befreiungskrieg die längste Zeit Deutsche gegen Deutsche kämpften. Die teils aus Preußen überlieferte Kriegsbegeisterung kann schon deshalb nicht auf ganz „Deutschland" umgelegt werden, wie es die auf Preußen konzentrierte borussische Geschichtsschreibung im 19. Jahrhundert tat. Es gab keinen einheitlichen politischen Kurs in den (ehemaligen) Staaten des Alten Reichs, „von einer auch nur annähernd gemeinsamen Geschichte der deutschsprachigen Territorien kann in den Jahren um 1800 nicht die Rede sein".[538] Norddeutschland war seit dem Frieden von Basel 1795 bis 1806 neutral und damit am Zweiten und Dritten Koalitionskrieg nicht direkt beteiligt; hingegen standen die süddeutschen Staaten in den ersten Kriegen auf der Seite der Habsburgermonarchie, wechselten 1805 ins Lager Napoleons und kämpften 1806/07 gegen Preußen, in der Folge auch gegen Österreich und Russland. Preußischen Erfahrungen von Demütigung und Besatzung infolge der Niederlage von Jena und Auerstedt standen daher gerade in Süddeutschland andere Wahrnehmungen gegenüber. Der Rheinbund war durchaus beliebt; keineswegs stöhnte ganz Deutschland unter der napoleonischen Fremdherrschaft, um dann geeint die Fesseln zu sprengen.

Nach dem Sieg über Napoleon und angesichts der weiteren politischen Entwicklung im Deutschen Bund wurde diese Problematik zurückgestellt. Vor allem im Rahmen des Deutsch-Französischen Krieges 1870/71 und der Reichsgründung kam die Erinnerung an die Befreiungskriege recht, um damit die antifranzösische Stimmung anzufachen und die deutsche Einheit zu beschwören. Hier wurde in der Publizistik gezielt versucht, eine Verbindungslinie von 1813 bis 1870/71 zu konstruieren.

Zweifelhafter Lohn des Sieges

Was hatte das Volk, das in den Jahren von 1808 bis 1814 eher weniger als mehr an den Kriegen teilnahm, vom Sieg über Napoleon? Mit dem Ende der französischen Hegemonie wurde auf dem Wiener Kongress 1814/15 Europa neu geordnet, aber keinesfalls der Zustand vor der Französischen Revolution wiederhergestellt. Die Spanier erhielten ihren ersehnten König Ferdinand. Dieser erklärte als Erstes die Verfassung der *Cortes* für ungültig und kehrte zum absolutistischen System zurück - inklusive Inquisition. *Afrancesados* wie auch liberale Patrioten wurden verfolgt.

Russische Bauern hatten vergebens gehofft, durch ihren Einsatz für das Vaterland belohnt zu werden. Nachdem Napoleon in die Flucht geschlagen worden war, wurden die meisten Milizen nicht wie versprochen nach Hause entlassen, sondern mussten mit der Armee durch Europa ziehen. Dass ein Großteil von ihnen es vorzog, unerlaubt in West- und Mitteleuropa zu bleiben, ist verständlich. Jene Leibeigenen, die es wagten, die Besitzrechte ihrer Herren infrage zu stellen, wurden notfalls von den Kosaken zum Gehorsam gepeitscht.

Kurfürst Wilhelm kehrte Ende 1813 nach Hessen zurück und etablierte hier wieder „das absolutistisch-autokratische Regiment ‚des Zopfs'".[539] „Jeder, der sich als Patriot und um dem Kurfürsten zu gefallen öffentlich zeigte, hatte sich nach dem alten Kleiderschnitt aufgewichst und einen langen Zopf eingeschroben"[540], berichtete der preußische Offizier von Borcke. Der Kurfürst versuchte, die siebenjährige Episode des Königreichs Westphalen aus dem Kalender zu streichen, was aber auch bedeutete, dass er alle in der Zeit der Fremdherrschaft vorgenommenen Rang- oder Gehaltserhöhungen nicht anerkannte. Dem Freudentaumel der Hessen über die Restauration folgte die Enttäuschung, auch für die Bewohner der Hauptstadt. „Die fremde Regierung [Jérômes] war von niemandem geliebt worden, aber sie hatte doch manches Gute, unendlich vielen Menschen, Offizieren und Beamten, schnelle Beförderung gebracht, und sie war mit der Zeit fortgeschritten. [...] Kassel wurde still und einsam, die guten Einnahmen, welche die vorige leichtfertige Regierung durch ihren Aufwand, durch den regen Fremdenverkehr vielen Gewerbetreibenden gebracht, stockten, und die Unzufriedenheit wuchs mehr und mehr."[541]

Außenpolitisch versuchten die Regierungen, beginnend mit dem Wiener Kongress 1814/15, im sogenannten Wiener System das europäische Gleichgewicht zu bewahren und durch Allianzen wie Gesandtenkongresse einen erneuten Weltkrieg zu verhindern. Innenpolitisch setzten die Staatsführungen auf einen reaktionären Kurs, der oft als „System Metternich" bezeichnet wurde. Liberale und nationale Strömungen wurden unterdrückt, die Untertanen sollten Untertanen bleiben. Dass diese teilweise anderer Meinung und bereit waren, politische Rechte mit Gewalt einzufordern, sollte sich in den folgenden Jahren noch zeigen. Doch das ist ein anderes Kapitel der Geschichte.

Dank

Mein größter Dank gilt meinen Freunden und meiner Familie, allen voran meiner Mutter Thekla Payer und meinem Mann Armin, die für die notwendige Vereinbarkeit von Familie und Beruf sorgten. Für anregende Diskussionen, Unterstützung und Zuspruch bedanke ich mich ganz herzlich bei Professor Michael Derndarsky.

Ebenso danke ich der Literaturagentin Aenne Glienke und Regine Gamm vom Primus Verlag für die freundliche und kompetente Realisierung dieses Projektes.

Anmerkungen

1 **Förster**, Weltkrieg, 19.
2 **Hormayr**, Kaiser Franz und Metternich, 135.
3 Zit. n. **Ullrich**, Napoleon, 38.
4 Zit. n. **Willms**, Napoleon, 236.
5 Zit. n. **Tulard**, Napoleon, 191.
6 Zit. n. **Ullrich**, Napoleon, 42.
7 Zit. n. **Willms**, Napoleon, 184.
8 Zit. n. **Groth**, Wirken des Werkes, 422.
9 Zit. n. **Rauchensteiner**, Österreichbewusstsein, 50.
10 Zit. n. **François**, Hegemonialsystem, 79.
11 **Siemann**, Staatenbund, 302.
12 Zit. n. **Ziegler**, Kaiser Franz II. (I.), 21.
13 Zit. n. **Weis**, Napoleon und der Rheinbund, 71.
14 **Hofmann**, Verfassungsorganismus, 392.
15 **Ebd**. 395.
16 **Duchhardt**, Balance of Power, 7.
17 **Töppel**, Sachsen, 9.
18 Zit. n. **Tulard**, Napoleon, 208.
19 Zit. n. **Klinger**, Weltbürgertum, 205.
20 Zit. n. **François**, Hegemonialsystem, 76.
21 Zit. n. **Tulard**, Napoleon, 208.
22 Zit. n. **Stauber**, Das Jahr 1809, 19f.
23 Zit. n. **Amelunxen**, Clan, 12.
24 **Ebd**. 11.
25 Zit. n. **François**, Hegemonialsystem, 77.
26 Zit. n. **Schneider**, Pressefreiheit, 58.
27 **Duchhardt**, Balance of Power, 56.
28 **Koenig**, Eickemeyer, 110.
29 **Kohler**, Kaiserwahl, 37.
30 Zit. n. **Huck**, Vom Berufsmilitär, 137.
31 **Loßberg**, Briefe, 158.
32 **Bourgogne**, 1812, 204.
33 **Stanhope**, Conversations, 9.
34 **Gneisenau**, Schriften, 76.
35 **Clausewitz**, Vom Kriege, 173.
36 **Ebd**. 209f.
37 Zit. n. **Hagemann**, Mannlicher Muth, 309.
38 **Gneisenau**, Schriften, 115.
39 Zit. n. **Stübig**, Wehrverfassung Preußens, 42.
40 Z. B. **Loßberg**, Briefe, 196; **Blaas**, Daney, 73.
41 **Pröve**, Republikanismus, 61.
42 **Kocka**, Weder Stand noch Klasse.
43 **Wehler**, Gesellschaftsgeschichte 1, 193.
44 Zit. n. **Gall**, Selbstständigkeit und Partizipation, 292.
45 **Wehler**, Gesellschaftsgeschichte 1, 508.
46 **Metternich**, Ordnung und Gleichgewicht, 11f.
47 Zit. n. **Pröve**, Republikanismus, 227.
48 Zit. n. **Rink**, „Partheygänger“, 401.
49 **Rink**, „Partheygänger“, 410.
50 **Gneisenau**, Schriften, 194.
51 Sammlung der Actenstücke 1, 218.
52 **Esdaile**, Napoleon's Wars, 332f.
53 **Engel**, Memoiren, 63.

54 Sammlung der Actenstücke 2, 87f.
55 **Ebd**. 89.
56 **Ebd**. 90f.
57 **Ebd**. 107f.
58 Zit. n. **Willms**, Napoleon, 481.
59 **Llanos Gutierrez**, Memoiren, 132.
60 Sammlung der Actenstücke 3, 113ff.
61 **Schaumann**, Züge 2, 40f.
62 Sammlung der Actenstücke 1, 7f., 53ff.
63 **Ebd**. 65.
64 **Ebd**. 12ff., 53ff.
65 **Schaumann**, Züge 2, 40.
66 Sammlung der Actenstücke 2, 109.
67 **Criste**, Carl 2, 609–611.
68 Sammlung der Actenstücke 2, 147ff.
69 **Ebd**. 223.
70 Sammlung der Actenstücke 3, 198.
71 **Stanhope**, Conversations, 10.
72 Sammlung der Actenstücke 2, 213f.
73 Zit. n. **Rink**, „Partheygänger", 273.
74 **Schaumann**, Züge 2, 235.
75 **Broers**, Napoleon's Other War, 120.
76 **Pelizaeus**, Radikalisierung, 212.
77 **Llanos Gutierrez**, Memoiren, 144.
78 **Grolman**, Tagebuch, 247f.
79 **Ebd**. 252ff.
80 **Engel**, Memoiren, 63.
81 Zit. n. **Tulard**, Napoleon, 339.
82 **Kissinger**, Gleichgewicht, 38.
83 **Gneisenau**, Schriften, 117.
84 Zit. n. **Rössler**, Österreichs Kampf 1, 373.
85 Zit. n. **Ebd**. 316.
86 Zit. n. **Botzenhart**, Botschafterzeit, 218.
87 Zit. n. **Rössler**, Österreichs Kampf 1, 320.
88 Zit. n. **Criste**, Carl 2, 34.
89 **Veltzé**, Erzherzog Johanns „Feldzugserzählung", 7.
90 **Hormayr**, Politisch-historische Schriften, 204.
91 Auf! Auf! Das Vaterland ist in Gefahr. Anonym.
92 **Rumpler**, Chance, 89.
93 Tags-Befehl bey der Fahnen-Weihe, Erzherzog Johann.
94 **Carl**, Erinnerungsbruch, 182.
95 Zit. n. **Ullrich**, Napoleon, 96.
96 **Schneidawind**, Urkundenbuch, 28.
97 **Gneisenau**, Schriften, 125.
98 Zit. n. **Stamm-Kuhlmann**, König, 302.
99 Zit. n. **Ebd**. 290.
100 **Gneisenau**, Schriften, 142.
101 **Spies**, Erhebung, 52.
102 **Schneidawind**, Urkundenbuch, 1.
103 An die deutsche Nazion. Erzherzog Carl.
104 **Ebd**.
105 An die Deutschen. Aufruf eines Deutschen zum Zerbrechen drückender Fesseln.
106 Aufruf an die Völker Italiens. Johann. 13.4.1809.
107 Armee-Befehl, Carl, 6.4.1809.
108 Zit. n. **Rössler**, Österreichs Kampf 1, 305.
109 Zit. n. **Ebd**. 514.
110 Zit. n. **Ebd**. 514.
111 Zit. n. **Rössler**, Stadion 2, 45.
112 **Kübeck**, Tagebücher, 265.
113 Zit. n. **Veltzke**, Zwischen König und Vaterland, 107.
114 Zit. n. **Stübig**, Armee und Nation, 218.
115 Zit. n. **Rink**, Patriot und Partisan, 88.
116 Zit. n. **Rössler**, Österreichs Kampf 2, 23.
117 Zit. n. **Zehetbauer**, Landwehr, 267.
118 Zit. n. **Rössler**, Stadion 2, 47.
119 Tags-Befehl. Napoleon. 24.4.1809.

120 **Thürheim**, Mein Leben 1, 275.
121 **Pichler**, Denkwürdigkeiten 2,149.
122 **Kircheisen**, Feldzugserinnerungen, 28f.
123 **Schneidawind**, Urkundenbuch, 490.
124 **Metternich-Winneburg**, nachgelassene Papiere, 311.
125 **Thürheim**, Mein Leben 1, 309.
126 Zit. n. **Maierhofer**, Maria Carolina, 58.
127 Zit. n. **Zamoyski**, 1812, 28f.
128 Zit. n. **Schennach**, Revolte in der Region, 109.
129 Zit. n. **Ebd**. 110.
130 Zit. n. **Theiss**, Leben und Wirken, 372.
131 Zit. n. **Schennach**, Revolte in der Region, 266.
132 Auf, Tyroler, auf! [Hormayr/Erzherzog Johann], 15 Seiten.
133 **Schennach**, Revolte in der Region, 90.
134 **Ebd.** 118.
135 **Ebd.** 125.
136 Biedere, eurer Religion und eurem Vaterland getreue Tyroler. Hormayr. Brixen 14.4.1809.
137 **Blaas**, Daney, 68.
138 **Mändler**, Erinnerungen, 29.
139 **Ebd**. 30f.
140 **Blaas,** Daney, 68f.
141 **Schennach**, Revolte in der Region, 521.
142 **Mändler**, Erinnerungen, 41.
143 Zit. n. **Friedell**, Kulturgeschichte 2, 925.
144 **Löwenstern**, Denkwürdigkeiten 1, 141.
145 Zit. n. **Stamm-Kuhlmann**, König, 357.
146 **Clausewitz**, Der Feldzug 1812, 1813, 1814, 15.
147 **Lieven**, Russia, 130.
148 **Ebd**. 120.
149 **Löwenstern**, Denkwürdigkeiten 1, 163.
150 **Kleßmann**, Rußlandfeldzug, 106f.
151 **Löwenstern**, Denkwürdigkeiten 1, 181.
152 **Clausewitz**, Der Feldzug von 1812, 1813, 1814, 110.
153 **Ebd**. 117.
154 **Löwenstern**, Denkwürdigkeiten 1, 241.
155 **Durowa**, Offizierin, 213, 220.
156 **Clausewitz**, Der Feldzug von 1812, 1813, 1814, 131.
157 **Lieven**, Russia, 185.
158 **Löwenstern**, Denkwürdigkeiten 1, 212.
159 **Clausewitz**, Der Feldzug von 1812, 1813, 1814, 133.
160 Zit. n. **Muhlstein**, Moskau, 160.
161 **Löwenstern**, Denkwürdigkeiten 1, 243.
162 **Clausewitz**, Der Feldzug von 1812, 1813, 1814, 183.
163 Zit. n. **Zamoyski**, 1812, 417.
164 **Kleßmann**, Rußlandfeldzug, 316.
165 Zit. n. **Zamoyski**, 1812, 235.
166 **Lieven**, Russia, 123.
167 Zit. n. **Muhlstein**, Moskau, 126.
168 **Löwenstern**, Denkwürdigkeiten 1, 251f.
169 **Kleßmann**, Rußlandfeldzug, 336.
170 **Lieven**, Russia, 283.
171 **Clausewitz**, Der Feldzug von 1812, 1813, 1814, 204.
172 **Ebd**. 201f.
173 **Löwenstern**, Denkwürdigkeiten 1, 284.
174 **Clausewitz**, Der Feldzug von 1812, 1813, 1814, 234.
175 **Arndt**, Meine Wanderungen, 6.
176 **Ebd**. 9.
177 **Arndt**, Zwei Worte, 26.
178 **Arndt**, Meine Wanderungen, 14.
179 Zit. n. **Venzky**, Legion, 42f.
180 **Spies**, Erhebung, 188.
181 **Arndt**, Meine Wanderungen, 18.
182 Zit. n. **Venzky**, Legion, 78f.
183 **Spies**, Erhebung, 250.
184 **Clausewitz**, Der Feldzug von 1812, 1813, 1814, 217.
185 **Funck**, Erinnerungen, 201.

186 **Arndt**, Meine Wanderungen, 123f.
187 **Spies**, Erhebung, 209.
188 **Ebd**. 294.
189 **Clausewitz**, Der Feldzug von 1812, 1813, 1814, 218.
190 **Ebd**. 235.
191 **Spies**, Erhebung, 255.
192 **Ebd**. 255.
193 Zit. n. **Stübig**, Wehrverfassung Preußens, 46.
194 Zit. n. **Pröve**, Militär, Staat und Gesellschaft, 9.
195 **Clausewitz**, Vom Kriege, 173f.
196 Allgemeine Zeitung Nro. 147, 27. Mai 1813, 588.
197 Zit. n. **Stamm-Kuhlmann**, König, 332.
198 Zit. n. **Pertz**, Gneisenau 2, 137.
199 Zit. n. **Stamm-Kuhlmann**, König, 333.
200 Zit. n. **Stübig**, Armee und Nation, 236.
201 **Poppe**, Chronologische Uebersicht 2, 53.
202 **Ebd**. 64.
203 **Clausewitz**, Der Feldzug von 1812, 1813, 1814, 202.
204 **Bockenheimer**, Mainz, 11.
205 Zit. n. **Heitzer**, Insurrectionen, 240.
206 **Poppe**, Chronologische Uebersicht 2, 19f.
207 **Clausewitz**, Der Feldzug von 1812, 1813, 1814, 283.
208 **Bockenheimer**, Mainz, 15.
209 **Arndt**, Meine Wanderungen, 184.
210 **Spies**, Erhebung, 272.
211 **Kleßmann**, Rußlandfeldzug, 327f.
212 **Spies**, Erhebung, 295.
213 **Gant**, Hormayr, 101.
214 **Kissinger**, Gleichgewicht, 146.
215 **Metternich-Winneburg**, nachgelassene Papiere, 464.
216 Zit. n. **Kissinger**, Gleichgewicht, 157.
217 **Poppe**, Chronologische Uebersicht 2, 141.
218 **Arndt**, Zwei Worte, 4.
219 **Clausewitz**, Der Feldzug von 1812, 1813, 1814, 309.
220 Zit. n. **Loewenstein**: „Am deutschen Wesen ...“, 294.
221 **Wehler**, Gesellschaftsgeschichte 1, 44.
222 **Siemann**, Vom Staatenbund, 29.
223 Zit. n. **Stamm-Kuhlmann**, König, 369.
224 **Poppe**, Chronologische Uebersicht 2, 173.
225 **Ebd**. 173.
226 **Ebd**. 174.
227 **Uffindell**, Napoleon 1814, 3.
228 **Clausewitz**, Der Feldzug von 1812, 1813, 1814, 308.
229 **Poppe**, Chronologische Uebersicht 2, 265.
230 Zit. n. **Siemann**, Vom Staatenbund, 310.
231 **Poppe**, Chronologische Uebersicht 2, 139.
232 **Ebd**. 177.
233 **Demel/Puschner**, Von der Französischen Revolution, 68.
234 **Clausewitz**, Der Feldzug von 1812, 1813, 1814, 367, 370.
235 **Ebd**. 359.
236 **Löwenstern**, Denkwürdigkeiten 2, 217.
237 Zit. n. **Sellin**, Gleichgewicht, 54.
238 **Uffindell**, Napoleon 1814, 11.
239 **Henke**, Darstellung des Feldzuges, 395.
240 **Metternich-Winneburg**, nachgelassene Papiere, 472.
241 **Ebd**. 192.
242 Zit. n. **Riesenberger**, Stein, 62.
243 Zit. n. **Groth**, Das Wirken des Werkes/1, 423.
244 Sammlung der Actenstücke 3, 103.
245 Zit. n. **Venzky**, Legion, 41.
246 **Arnold/Wagner**, Achtzehnhundertneun, 39.
247 **Zamoyski**, 1812, 235f.
248 **Arndt**, Meine Wanderungen, 24.

249 Ebd. 19.
250 Ebd. 25.
251 Spies, Erhebung, 89.
252 Ebd. 86, 110.
253 Zit. n. **Kronenbitter**, Wort und Macht, 28.
254 Zit. n. **Behler**, Schlegel, XLVII.
255 Brentano, Briefe 1, 397.
256 Kleist, Erzählungen, 492.
257 Ebd. 480, 483f.
258 Ebd. 491.
259 Vaterländische Blätter 14./18. April 1809, 223.
260 Vgl. **Schneider**, Pressefreiheit, 174.
261 Thürheim, Mein Leben 1, 295.
262 Schneider, Pressefreiheit, 178.
263 Blaas, Daney, 78.
264 Schneider, Pressefreiheit, 64.
265 Ebd. 110.
266 Spies, Erhebung, 273.
267 Blaas, Daney,104.
268 Henke, Darstellung des Feldzuges, 395.
269 Zit. n. **Tulard**, Napoleon, 405.
270 Clausewitz, Der Feldzug von 1812, 1813, 1814, 135.
271 Zit. n. **Stamm-Kuhlmann**, König, 675.
272 Spies, Erhebung, 297f.
273 Würgler, Medien, 1.
274 Reichardt, Vertraute Briefe, 104ff.
275 Weber, Lyrik der Befreiungskriege, 32.
276 Zit. n. **Hammer**, Propaganda, 35.
277 Zit. n. **Ebd.** 35.
278 Wehler, Gesellschaftsgeschichte 1, 273.
279 Gneisenau, Schriften, 186.
280 Schlegel, Briefwechsel, 352f.
281 Hormayr, Geschichte Andreas Hofer's, 290.
282 Voelker Oesterreichs! Ludy Austryi!, Franz, 8.4.1809.
283 Kleßmann, Rußlandfeldzug, 59f.
284 Ebd. 70.
285 An die deutsche Nazion. Erzherzog Carl.
286 Zit. n. **Criste**, Carl 3, 64.
287 Zit. n. **Willms**, Napoleon, 72.
288 Zit. n. **Zamoyski**, 1812, 110f.
289 Uffindell, Napoleon 1814, 189.
290 Schlegel, Briefwechsel, 334.
291 Kleist, Erzählungen, 462ff.
292 Clausewitz, Der Feldzug von 1812, 1813, 1814, 135f.
293 Pertz, Gneisenau 2, 708f.
294 Kleßmann, Rußlandfeldzug, 385.
295 Ebd. 315.
296 Griesheim, Briefe, 156.
297 Kleßmann, Rußlandfeldzug, 118.
298 Francke, Mecklenburgs Noth, 42.
299 Rühle von Lilienstern, Reise mit der Armee, 70f.
300 Poppe, Chronologische Uebersicht 2, 40.
301 Sammlung der Actenstücke 4, 105ff.
302 Kleßmann, Rußlandfeldzug, 70.
303 Loßberg, Briefe, 115.
304 Roos, Ein Jahr, 100.
305 Löwenstern, Denkwürdigkeiten 1, 243.
306 Arndt, Zwei Worte, 21.
307 Spies, Erhebung, 270.
308 Zit. n. **Siemann**, Vom Staatenbund, 306.
309 Francke, Mecklenburgs Noth, 151.
310 Thürheim, Mein Leben 1, 275.
311 Mändler, Erinnerungen, 55.
312 Scheffler/Scheffler/Unverfehrt, Weltreiche, 180f.
313 Arndt, Zwei Worte, 21f.
314 Sammlung der Actenstücke 3, 91f.
315 Ausgewählte Schriften Erzherzogs Carl 4, 417.
316 Poppe, Chronologische Uebersicht 2, 277.
317 Ebd. 20.
318 Rink, „Partheygänger“, 273.
319 Schaumann, Züge 2, 353.
320 Arnold/Wagner, Achtzehnhundertneun, 46.
321 Zit. n. **Pape**, „Männerglück“, 121.

322 Gneisenau, Schriften, 122, 190.
323 Ebd. 178.
324 Ebd. 179.
325 Francke, Mecklenburgs Noth, 149.
326 Ebd. 142.
327 Pertz, Gneisenau 2, 710.
328 Voelker Oesterreichs! Ludy Austryi!, Franz, 8.4.1809.
329 Wehler, Gesellschaftsgeschichte 1, 512.
330 Echternkamp, Aufstieg, 216.
331 Spies, Erhebung, 258.
332 Echternkamp, „Wo jeder Franzmann heißet Feind ...“?, 417.
333 Richter, Eipeldauerbriefe 1808. 7. Heft, 2. Brief, 17.
334 Kleßmann, Befreiungskriege, 45.
335 Arndt, Zwei Worte, 30.
336 Zit. n. **Spickernagel**, So soll dein Bild, 159.
337 Riesenberger, Stein, 64.
338 Kleist, Erzählungen, 479ff.
339 Müller-Salget, Schriften zur Politik, 174.
340 Zit. n. **Weiss**, Funde und Studien, 301.
341 Sembdner, Lebensspuren, 310.
342 Zit. n. **Hagemann**, Mannlicher Muth, 123.
343 Arndt, Meine Wanderungen, 184.
344 Pertz, Gneisenau 2, 713.
345 Ebd. 713.
346 Zit. n. **Beßlich**, Napoleon-Mythos, 59.
347 Zit. n. **Ebd**. 74.
348 Zit. n. **Willms**, Napoleon, 103.
349 Armee-Befehl. Erzherzog Carl. Wien 6.4.1809.
350 Poppe, Chronologische Uebersicht 2, 49.
351 Zit. n. **Sikora**, Desertion, 114.
352 Sammlung der Actenstücke 2, 176f.
353 Tapfere Krieger Bayerns! 10.4.1809.
354 Armee-Befehl. Erzherzog Carl. Wien 6.4.1809.
355 Zit. n. **Sikora**, Desertion, 128.
356 Arndt, Zwei Worte, 18.
357 Zit. n. **Rössler**, Österreichs Kampf 1, 518.
358 Spies, Erhebung, 202f.
359 Poppe, Chronologische Uebersicht 2, 158.
360 Arndt, Zwei Worte, 24.
361 Arndt, Meine Wanderungen, 33.
362 Erzherzog Carl, An die deutsche Nazion. ÖNB.
363 Poppe, Chronologische Uebersicht 2, 50f.
364 Ebd. 66ff.
365 Ebd. 51.
366 Ebd. 39.
367 Spies, Erhebung, 260.
368 Poppe, Chronologische Uebersicht 2, 159.
369 Ebd. 160.
370 Ebd. 288.
371 Ebd. 305.
372 Ebd. 320.
373 Francke, Mecklenburgs Noth, 130.
374 Stauber, Widerstand gegen Napoleon, 9.
375 Krumeich, Entwicklung, 137.
376 Griesheim, Briefe, 183ff.
377 Ebd. 186.
378 Pröve, Militär, Staat und Gesellschaft, 187.
379 Ebd. 3.
380 Bockenheimer, Mainz, 39.
381 Ebd. 40.
382 Loßberg, Briefe, 32.
383 Schaumann, Züge 1, 201.
384 Gassicourt, Reise nach Österreich, 59f.
385 Loßberg, Briefe, 23.
386 Mändler, Erinnerungen, 114.
387 Ebd. 79.
388 Gassicourt, Reise nach Österreich, 63.
389 Pröve, Militär, Staat und Gesellschaft, 60.
390 Salewski, Vom Westfälischen Frieden, 103.

391 **Thürheim**, Mein Leben 1, 265.
392 **Francke**, Mecklenburgs Noth, 138.
393 **Planert**, Mythos, 488.
394 **Loewenstein**: „Am deutschen Wesen ...“, 295f.
395 **Roos**, Ein Jahr, 316.
396 **Stanhope**, Conversations, 18.
397 **Zehetbauer**, Landwehr, 116.
398 Zit. n. **Brandt**, Einstellungen, 222.
399 **Hagemann**, Mannlicher Muth, 331.
400 **Spies**, Erhebung, 44.
401 **Ebd**. 46.
402 **Ibbeken**, Preußen, 394.
403 **Kleßmann**, Befreiungskriege, 28f.
404 **Brandt**, Einstellungen, 216.
405 **Griesheim**, Briefe, 166.
406 **Pichler**, Denkwürdigkeiten 2, 138.
407 Zit. n. **Kreutzmann**, Adel, 322.
408 Zit. n. **Ebd**. 322.
409 Zit. n. **Ebd**. 323.
410 Ausgewählte Schriften Erzherzogs Carl 6, 357.
411 **Frevert**, Die kasernierte Nation, 39.
412 Zit. n. **Rink**, „Partheygänger“, 328.
413 **Gneisenau**, Schriften, 274f.
414 **Pape**, „Männerglück“, 108.
415 **Planert**, Mythos, 471.
416 **Bourgogne**, 1812, 178.
417 **Castelli**, Memoiren I, 75.
418 **Ebd**. 75.
419 **Ebd**. 75.
420 **Ebd**. 76.
421 Zit. n. **Zehetbauer**, Landwehr, 247.
422 Zit. n. **Hagemann**, Mannlicher Muth, 412.
423 **Gneisenau**, Schriften, 311.
424 **Llanos Gutierrez**, Memoiren, 138.
425 **Thürheim**, Mein Leben 1, 269.
426 **Gassicourt**, Reise nach Österreich, 57.
427 **Grolman**, Tagebuch, 14.
428 **Roos**, Ein Jahr, 3.
429 **Grolman**, Tagebuch, 149.
430 **Loßberg**, Briefe, 190.
431 **Bourgogne**, 1812, 44.
432 **Mändler**, Erinnerungen, 89.
433 **Kleßmann**, Befreiungskriege, 192.
434 **Ebd**. 195.
435 **Loßberg**, Briefe, 177.
436 **Bourgogne**, 1812, 122f.
437 **Bockenheimer**, Mainz, 22.
438 **Ebd**. 23.
439 **Roos**, Ein Jahr, 152f.
440 **Ebd.**, 184.
441 **Bourgogne**, 1812, 72.
442 **Thielen**, Erinnerungen, 50f.
443 **Engel**, Memoiren, 66.
444 **Funck**, Erinnerungen, 186.
445 **Loßberg**, Briefe, 211.
446 **Bourgogne**, 1812, 73.
447 **Loßberg**, Briefe, 206.
448 **Esdaile**, Peninsular War, 112.
449 **Schaumann**, Züge 1, 280.
450 **Rühle von Lilienstern**, Reise mit der Armee, 63f.
451 **Kircheisen**, Feldzugserinnerungen, 301.
452 Zit. n. **Muhlstein**, Moskau, 81.
453 **Roos**, Ein Jahr, 68.
454 **Labaume**, Erzählung, 103.
455 **Schneidawind**, Urkundenbuch, 419.
456 Zit. n. **Töppel**, Sachsen, 119.
457 **Poppe**, Chronologische Uebersicht 2, 165.
458 **Schaumann**, Züge 2, 27.
459 **Mändler**, Erinnerungen, 37.
460 **Schaumann**, Züge 1, 2f.
461 **Ebd**. 303.
462 **Schaumann**, Züge 2, 182.
463 **Löwenstern**, Denkwürdigkeiten 1, 160.
464 **Roos**, Ein Jahr, 19f.
465 **Ebd**. 27.
466 **Ebd**. 32f.
467 **Ebd**. 108f.
468 **Mändler**, Erinnerungen, 65.
469 **Ebd**. 74.
470 **Kleßmann**, Rußlandfeldzug, 298.
471 **Grolman**, Tagebuch, 106f., 109.
472 **Ebd**. 237.

473 **Labaume**, Erzählung, 213.
474 **Loßberg**, Briefe, 200.
475 **Ebd**. 212.
476 **Furrer**, Soldatenleben, 247.
477 **Roos**, Ein Jahr, 210.
478 **Bourgogne**, 1812, 79.
479 **Ebd**. 79f.
480 **Roos**, Ein Jahr, 198.
481 **Löwenstern**, Denkwürdigkeiten 1, 278.
482 **Rink**, „Partheygänger", 413.
483 **Arndt**, Meine Wanderungen, 112f.
484 **Kleßmann**, Rußlandfeldzug, 380f.
485 **Bourgogne**, 1812, 323.
486 **Echternkamp**, Aufstieg, 216.
487 **Münchow-Pohl**, Reform und Krieg, 380.
488 Zit. n. **Schmidt**, Großherzogtum Berg, 333.
489 Zit. n. **Stubbe da Luz**, Okkupanten und Okkupierte, 110.
490 Zit n. **Ebd**. 110.
491 Zit. n. **Töppel**, Sachsen, 42.
492 **Ebd**. 296.
493 **Planert**, Mythos, 225.
494 **Reder**, Natur und Sitte, 173.
495 Zit. n. **Roesch**, Liberation, 111f.
496 Zit. n. **ebd**. 113.
497 **Roos**, Ein Jahr, 21.
498 **Griesheim**, Briefe, 176.
499 **Francke**, Mecklenburgs Noth, 152.
500 **Roos**, Ein Jahr, 300.
501 **Gassicourt**, Reise nach Österreich, 162.
502 **Bourgogne**, 1812, 211.
503 **Engel**, Memoiren, 88f.
504 Zit. n. **Reder**, Natur und Sitte, 175.
505 Zit. n. **Töppel**, Sachsen, 57.
506 **Labaume**, Erzählung, 193.
507 **Schaumann**, Züge 2, 70.
508 **Labaume**, Erzählung, 291ff.
509 **Schaumann**, Züge 2, 182.
510 **Ebd**. 160.
511 **Ebd**. 161.
512 **Planert**, Mythos, 568.
513 **Schaumann**, Züge 1, 266f.
514 **Schaumann**, Züge 2, 332.
515 **Grolman**, Tagebuch, 270.
516 **Kleßmann**, Befreiungskriege, 110.
517 **Ebd.** 111f.
518 **Planert**, Mythos, 611.
519 **Roos**, Ein Jahr, 120f.
520 **Kleßmann**, Befreiungskriege, 108f.
521 **Schaumann**, Züge 2, 185.
522 **Grolman**, Tagebuch, 21f.
523 **Thürheim**, Mein Leben 1, 321.
524 **Bourgogne**, 1812, 58f.
525 **Loßberg**, Briefe, 178.
526 **Thürheim**, Mein Leben 1, 326.
527 **Roos**, Ein Jahr, 300.
528 **Durowa**, Offizierin, 258.
529 Zit. n. **Planert**, Mythos, 613.
530 **Kleinmann**, Ancien Régime, 259.
531 **Wehler**, Deutsche Gesellschaftsgeschichte 1, 525.
532 **Ebd**.
533 **Brandt**, Die Befreiungskriege, 18.
534 Zit. n. **Echternkamp**, Aufstieg, 257.
535 Zit. n. **Pröve**, Republikanismus, 148.
536 **Echternkamp**, Aufstieg, 373.
537 **Ibbeken**, Preußen, 404.
538 **Planert**, Mythos, 656.
539 **Pröve**, Republikanismus, 109.
540 **Kleßmann**, Befreiungskriege, 205.
541 **Ebd**. 206f.

Literaturverzeichnis

Quellen

Allgemeine Zeitung (1813)

An die deutsche Nazion. Erzherzog Carl. (Flugschrift 1809)

An die Deutschen. Aufruf eines Deutschen zum Zerbrechen drückender Fesseln. Anonym. (Flugschrift 1809)

Armee-Befehl. Erzherzog Carl. Wien 6.4.1809. (Flugschrift 1809)

Arndt, Ernst Moritz: Meine Wanderungen und Wandelungen mit dem Reichsfreiherrn Heinrich Karl Friedrich von Stein (Berlin 1858).

Ders.: Zwei Worte über die Entstehung und Bestimmung der Teutschen Legion (1813).

Arnold, Robert F./**Wagner**, Karl [Hrsg.]: Achtzehnhundertneun. Die politische Lyrik des Kriegsjahres (= Schriften des Literarischen Vereins in Wien XI, Wien 1909).

Auf! Auf! Das Vaterland ist in Gefahr. Anonym. (Flugschrift 1809)

Auf, Tyroler, auf! [Hormayr/Erzherzog Johann], 15 Seiten. (Flugschrift 1809)

Aufruf an die Völker Italiens. Erzherzog Johann. Udine 13.4.1809. (Flugschrift 1809)

Ausgewählte Schriften weiland seiner kaiserlichen Hoheit Erzherzogs Carl von Oesterreich, herausgegeben im Auftrage seiner Söhne der Herren Erzherzöge Albrecht und Wilhelm, 4. und 5. Band (Wien/Leipzig 1894).

Behler, Ernst [Hrsg.]: Studien zur Geschichte und Politik (= Kritische Friedrich-Schlegel-Ausgabe 7, München/Paderborn/Wien 1966).

Biedere, eurer Religion und eurem Vaterland getreue Tyroler. Hormayr. Brixen 14.4.1809. (Flugschrift 1809)

Blaas, Mercedes [Hrsg.]: Der Aufstand der Tiroler gegen die bayerische Regierung 1809. Nach den Aufzeichnungen des Zeitgenossen Josef Daney (= Schlern-Schriften 328, Innsbruck 2005).

Bockenheimer, Carl Georg: Erinnerungen an die Geschichte der Stadt Mainz in den Jahren 1813 und 1814 (Mainz 1863).

Bourgogne, François: 1812 Kriegserlebnisse (Stuttgart o. J.).

Brentano, Clemens: Briefe 1 (1793–1809), ed. Friedrich Seebaß (Nürnberg 1951).

Castelli, Ignaz Franz: Memoiren meines Lebens. Gefundenes und Empfundenes, Erlebtes und Erstrebtes I. (Wien/Prag 1861).

Clausewitz, Carl von: Der Feldzug von 1812 in Rußland, der Feldzug von 1813 bis zum Waffenstillstand und der Feldzug von 1814 in Frankreich (= Hinterlassene Werke des Generals Carl von Clausewitz über Krieg und Kriegführung 7, Berlin 1835).

Ders.: Vom Kriege, edd. Wolfgang Pickert/Wilhelm Ritter von Schramm (Reinbek bei Hamburg 2010).

Demel, Walter/**Puschner**, Uwe [Hrsg.]: Von der Französischen Revolution bis zum Wiener Kongreß, 1789–1815 (= Deutsche Geschichte in Quellen und Darstellung 6, Stuttgart 2003).
Durowa, Nadeshda: Die Offizierin. Das ungewöhnliche Leben einer Kavalleristin (Frankfurt am Main/Leipzig 1998).
Engel, Regula: Frau Oberst Engel. Memoiren einer Amazone aus Napoleonischer Zeit (Zürich 2009).
Francke, Heinrich: Mecklenburgs Noth und Kampf vor und in dem Befreiungskriege (Wismar 1835).
Funck, Karl Wilhelm Ferdinand von: Erinnerungen aus dem Feldzuge des sächsischen Corps, unter dem General Grafen Reynier, im Jahre 1812, aus den Papieren des verstorbenen Generallieutenants von Funck (Dresden/Leipzig 1829).
Gassicourt, Charles Louis Cadet de: Reise nach Österreich, Bayern und Mähren mit der französischen Armee im Feldzug 1809 (Wien 1985).
Gentz, Friedrich: Von dem politischen Zustande von Europa vor und nach der Französischen Revolution. Eine Prüfung des Buches: De l'état de la France à la fin de l'an VIII. (= Friedrich Gentz, Gesammelte Schriften II, ed. Günther Kronenbitter, Hildesheim/Zürich/New York 1997).
Gneisenau, August Wilhelm Anton Neidhardt von: Ausgewählte militärische Schriften, edd. Gerhard Förster/Christa Gudzent (Berlin (Ost) 1984).
Griesheim, Philippine von: Briefe einer Braut aus der Zeit der deutschen Freiheitskriege 1804–1813, ed. Edith Freiin von Cramm (Berlin 1906).
Grolman, Ludewig von: Tagebuch eines deutschen Offiziers über seinen Feldzug in Spanien im Jahr 1808, ed. P. J. Rehfues (Nürnberg 1814).
Henke, Adolph: Darstellung des Feldzuges der Verbündeten gegen Napoleon im Jahr 1814 bis zur Eroberung von Paris (o.O. 1814).
Hofmann, Hanns Hubert: Quellen zum Verfassungsorganismus des Heiligen Römischen Reiches Deutscher Nation 1495–1815 (= Ausgewählte Quellen zur deutschen Geschichte der Neuzeit, Freiherr vom Stein-Gedächtnisausgabe XIII, Darmstadt 1976).
Hormayr, Joseph Freiherr von: Der Vendee-Krieg (Germanien 1809).
Ders.: Geschichte Andreas Hofer's, Sandwirths aus Passeyr, Oberanführers der Tyroler im Kriege von 1809 (Leipzig/Altenburg 1817).
Ders.: Kaiser Franz und Metternich. Ein nachgelassenes Fragment (Leipzig 1848).
Ders.: Politisch-historische Schriften, Briefe und Akten, edd. Helmut Reinalter in Verbindung mit Dušan Uhlíř (= Schriftenreihe der Internationalen Forschungsstelle „Demokratische Bewegungen in Mitteleuropa 1770–1850" 34, Frankfurt am Main et al. 2003).
Huber, Rudolf [Hrsg.]: Deutsche Verfassungsdokumente 1803–1850 (= Dokumente zur deutschen Verfassungsgeschichte 1, Stuttgart u. a. ³1978).
Kircheisen, Friedrich M. [Hrsg.]: Feldzugserinnerungen aus dem Kriegsjahre 1809 (= Bibliothek wertvoller Memoiren. Lebensdokumente hervorragender Menschen aller Zeiten und Völker 10, ed. Ernst Schultze, Hamburg 1909).
Kleist, Heinrich von: Erzählungen, Anekdoten, Gedichte, Schriften, ed. Klaus Müller-Salget (= Heinrich von Kleist, Sämtliche Werke und Briefe 3, Frankfurt am Main 1990).
Kleßmann, Eckart [Hrsg.]: Die Befreiungskriege in Augenzeugenberichten (Düsseldorf 1973).

Ders. [Hrsg.]: Napoleons Rußlandfeldzug in Augenzeugenberichten (Düsseldorf ²1964).

Koenig, Heinrich [Hrsg.]: Denkwürdigkeiten des Generals Eickemeyer, ehem. kurmainz. Ingenieur-Oberstlieutenants, sodann im Dienste der französischen Republik (Frankfurt am Main 1845).

Kübeck, Max Freiherr von [Hrsg.]: Tagebücher des Carl Friedrich Freiherrn Kübeck von Kübau 1. Band 1. Teil (Wien 1909).

Labaume, Eugène: E. Labaume's Escadronchef's Ausführliche Erzählung von dem Feldzuge in Rußland im Jahr 1812 (Leipzig 1815).

Llanos Gutierrez, Valentin: Don Esteban, Memoiren eines Spaniers, 1. Theil (Leipzig 1827).

Loßberg, Friedrich Wilhelm von: Briefe in die Heimath geschrieben während des Feldzuges 1812 in Rußland. Ein Beitrag zur Geschichte dieses Feldzuges vom General-Lieutenant von Loßberg (Cassel 1844).

Löwenstern, Woldemar von: Denkwürdigkeiten eines Livländers, 1790–1815, ed. Friedr. v. Smitt (2 Bände, Leipzig und Heidelberg 1858).

Mändler, Friedrich: Erinnerungen aus meinen Feldzügen in Oesterreich, Tyrol, Russland, Sachsen und Frankreich in den Jahren 1809 bis 1815 und Episoden aus meinem Garnisonsleben, ed. Franz Joseph Adolph Schneidawind (Nürnberg 1854).

Metternich, Clemens Fürst von: Ordnung und Gleichgewicht. Ausgewählte Schriften, ed. Jean-Jacques Langendorf (= Bibliothek der Reaktion, Wien/Leipzig 1995).

Metternich-Winneburg, Richard [Hrsg.]: Aus Metternich's nachgelassenen Papieren. Erster Theil/2. Band: Von der Geburt Metternich's bis zum Wiener Kongreß 1773–1815 (Wien 1880).

Pichler, Caroline: Denkwürdigkeiten aus meinem Leben, Zweiter Band, 1798 bis 1813 (Wien 1844).

Poppe, Maximilian [Hrsg.]: Chronologische Uebersicht der wichtigsten Begebenheiten aus den Kriegsjahren 1806–1815, 2. Band (Leipzig 1848).

Richter, Joseph: Briefe des jungen Eipeldauers an seinen Herrn Vettern in Kakran (1808/1809).

Reichardt, Johann Friedrich: Vertraute Briefe. Geschrieben auf einer Reise nach Wien und den Österreichischen Staaten zu Ende des Jahres 1808 und zu Anfang 1809. Eingeleitet und erläutert von Gustav Gugitz (München 1915).

Roos, H[einrich] U. L. v.: Ein Jahr aus meinem Leben, oder Reise von den westlichen Ufern der Donau an die Nara, südlich von Moskwa, und zurück an die Beresina mit der grossen Armee Napoleons, im Jahre 1812 (St. Petersburg 1832).

Rühle von Lilienstern, Johann Jakob Otto August: Reise mit der Armee im Jahre 1809, ed. Jean-Jacques Langendorf (Wien 1986), 116.

Sammlung der Actenstücke über die spanische Thronveränderung (Vier Abteilungen) (Germanien 1808/09).

Schaumann, August Ludolf Friedrich: Kreutz und Quer Züge (2 Bände) (Leipzig 1922).

Schlegel, Dorothea v. geb. Mendelssohn und deren Söhne Johannes und Philipp Veit. Briefwechsel im Auftrage der Familie Veit herausgegeben von Dr. J. M. Raich, 1. Band (Mainz 1881).

Schneidawind, Franz Joseph Adolph: Urkunden, Briefe und Actenstücke (= Der Krieg Oesterreichs gegen Frankreich, dessen Alliirte und den Rheinbund im Jahre 1809 4 (Urkundenbuch), Augsburg 1850).
Spies, Hans-Bernd [Hrsg.]: Die Erhebung gegen Napoleon 1806–1814/15 (= Quellen zum politischen Denken der Deutschen im 19. und 20. Jahrhundert, Freiherr vom Stein-Gedächtnisausgabe II, Darmstadt 1981).
Stanhope, Philip Henry: Notes of Conversations with the Duke of Wellington, 1831–1851 (New York 1888).
Tags-Befehl. Napoleon. 24.4.1809. (Flugschrift 1809)
Tags-Befehl bey der Fahnen-Weihe der Landwehr in Innerösterreich/Dnevna vkasa per shegnanju bandere sa obvarnike snoterfhniga Esterrajha. Erzherzog Johann. Landesarchiv Kärnten: GV-SA Fasz. 19, VI/57 8.
Tapfere Krieger Bayerns! 10.4.1809. (Flugschrift 1809)
Thielen, Maximilian Ritter von: Erinnerungen aus dem Kriegerleben eines 82jährigen Veteranen der österreichischen Armee, mit besonderer Bezugnahme auf die Feldzüge der Jahre 1805, 1809, 1813, 1814, 1815 (Wien 1863).
Thürheim, Gräfin Lulu: Mein Leben. Erinnerungen aus Österreichs großer Welt, 1788–1819, ed. René van Rhyn (3 Bände, München 1913).
Vaterländische Blätter für den österreichischen Kaiserstaat 1808/09
Veltzé, Alois [Hrsg.]: Erzherzog Johanns „Feldzugserzählung“ 1809 (Wien 1909).
Voelker Oesterreichs! Ludy Austryi!, Franz, 8.4.1809. (Flugschrift 1809)
Wiener Zeitung [Oesterreichisch-kaiserliche privilegirte Wiener Zeitung] 1808/09

Literatur

Amelunxen, Clemens: Der Clan Napoleons. Eine Familie im Schatten des Imperators (Berlin 1995).
Amersfoort, Herman: Der Untergang der Berufsarmee. Die Wehrpflicht in den Niederlanden im Spannungsfeld von Verfassung und Landesverteidigung 1813–1820. In: Die Wehrpflicht. Entstehung, Erscheinungsformen und politisch-militärische Wirkung, ed. Roland G. Foerster (München 1994), 181–191.
Aretin, Karl Otmar von: Vom Deutschen Reich zum Deutschen Bund (= Deutsche Geschichte 7, Göttingen ²1993).
Bernecker, Walther L.: Sozialgeschichte Spaniens im 19. und 20. Jahrhundert. Vom Ancien Régime zur Parlamentarischen Monarchie (Frankfurt am Main 1990).
Beßlich, Barbara: Der deutsche Napoleon-Mythos. Literatur und Erinnerung 1800 bis 1945 (Darmstadt 2007).
Biskup, Thomas: Das Schwert Friedrichs des Großen. Universalhistorische „Größe“ und monarchische Genealogie in der napoleonischen Symbolpolitik nach *Iéna*. In: Das Jahr 1806 im europäischen Kontext, edd. Andreas Klinger/Hans-Werner Hahn/Georg Schmidt (Köln/Weimar/Wien 2008), 185–203.
Bleyer, Alexandra: „... man dachte diesen Krieg zu einem Volks- und Meinungskriege zu erheben!“ Die österreichische Propaganda zum „Nationalkrieg“ von 1809 (Dissertation, in Arbeit).
Botzenhart, Manfred: Metternichs Pariser Botschafterzeit (Münster 1967).
Brandt, Peter: Die Befreiungskriege von 1813 bis 1815 in der deutschen Geschichte. In: Geschichte und Emanzipation. Festschrift für Reinhard Rürup, edd. Michael Grüttner/Reinhard Rürup (Frankfurt am Main et al. 1999), 17–57.

Ders.: Einstellungen, Motive und Ziele von Kriegsfreiwilligen 1813/14: Das Freikorps Lützow. In: Kriegsbereitschaft und Friedensordnung in Deutschland 1800–1814, ed. Jost Dülffer (= Jahrbuch für Historische Friedensforschung 1994, Münster/Hamburg 1995), 211–233.
Broers, Michael: Europe under Napoleon 1799–1815 (London et al. 1996).
Ders.: Napoleon's Other War. Bandits, Rebels and their Pursuers in the Age of Revolutions (Witney 2010).
Carl, Horst: Erinnerungsbruch als Bedingung der Moderne? Tradition und bewusste Neuorientierung bei Hof und Zeremoniell nach 1800. In: Das Jahr 1806 im europäischen Kontext, edd. Andreas Klinger/Hans-Werner Hahn/Georg Schmidt (Köln/Weimar/Wien 2008), 169–184.
Cookson, J. E.: The British Armed Nation 1793–1815 (New York 2007).
Criste, Oskar: Erzherzog Carl von Österreich. Ein Lebensbild im Auftrage seiner Enkel, der Herren Erzherzoge Friedrich und Eugen (3 Bände, Wien/Leipzig 1912).
Dann, Otto: Mitteleuropa im Zeichen der napoleonischen Herausforderung. In: Kriegsbereitschaft und Friedensordnung in Deutschland 1800–1814, ed. Jost Dülffer (= Jahrbuch für Historische Friedensforschung 1994, Münster/Hamburg 1995), 7–16.
Dehio, Ludwig: Gleichgewicht oder Hegemonie. Betrachtungen über ein Grundproblem der neueren Staatengeschichte (Krefeld/Zürich Neudruck 1996).
Dorn, Barbara: Friedrich von Gentz und Europa. Studien zu Stabilität und Revolution 1802–1822 (Inauguraldissertation, Bonn 1993).
Duchhardt, Heinz: Balance of Power und Pentarchie. Internationale Beziehungen 1700–1785 (= Handbuch der Geschichte der internationalen Beziehungen, Paderborn et al. 1997).
Ders.: Freiherr vom Stein. Preußens Reformer und seine Zeit (München 2010).
Echternkamp, Jörg: „Wo jeder Franzmann heißet Feind ...“? Nationale Propaganda und sozialer Protest im napoleonischen Deutschland. In: Napoleon. Trikolore und Kaiseradler über Rhein und Weser, ed. Veit Veltzke (Köln/Weimar/Wien 2007), 411–464.
Ders.: Der Aufstieg des deutschen Nationalismus (1770–1840) (Frankfurt/New York 1998).
Ellis, Geoffrey: The Napoleonic Empire (Houndmills ²2003).
Erbe, Michael: Revolutionäre Erschütterung und erneuertes Gleichgewicht. Internationale Beziehungen 1785–1830 (= Handbuch der Geschichte der Internationalen Beziehungen 5, Paderborn et al. 2004).
Ernstberger, Anton: Franken – Böhmen – Europa. Gesammelte Aufsätze (= Schriften des Instituts für fränkische Landesforschung an der Universität Erlangen, Historische Reihe Band 1/II, Kallmünz über Regensburg 1959).
Esdaile, Charles J.: Fighting Napoleon. Guerrillas, Bandits and Adventurers in Spain, 1808–1814 (New Haven/London 2004).
Ders.: Napoleon's Wars. An International History, 1803–1815 (London 2008).
Ders.: The Peninsular War. A New History (London 2003).
Everth, Erich: Die Öffentlichkeit in der Außenpolitik von Karl V. bis Napoleon (= Politik und Öffentlichkeit, Beiträge zur Lehre von der Publizistik, Jena 1931).
Faulstich, Werner: Die bürgerliche Mediengesellschaft (1700–1830) (= Die Geschichte der Medien 4, Göttingen 2002).

Fehrenbach, Elisabeth: Der Einfluss des napoleonischen Frankreichs auf das Rechts- und Verwaltungssystem Deutschlands. In: Deutschland und Italien im Zeitalter Napoleons. Deutsch-italienisches Historikertreffen in Mainz 29. Mai–1. Juni 1975, ed. Armgard von Reden-Dohna (= Veröffentlichungen des Instituts für europäische Geschichte Mainz, Abteilung Universalgeschichte, Beiheft 5, Wiesbaden 1979), 23–39.

Foit, Johann: Die publizistische Tätigkeit Friedrich Schlegels in Wien (Diss. Wien 1956).

Förster, Friedrich: Preussens Helden im Krieg und Frieden. Eine Geschichte Preussens seit dem großen Kurfürsten bis zum Ende der Freiheitskriege, III. Abtheilung. Zweiter Band (Berlin 1854).

Förster, Stig: Der Weltkrieg, 1792–1815. Bewaffnete Konflikte und Revolutionen in der Weltgesellschaft. In: Kriegsbereitschaft und Friedensordnung in Deutschland 1800–1814, ed. Jost Dülffer (= Jahrbuch für Historische Friedensforschung 1994, Münster/Hamburg 1995), 17–38.

François, Etienne: Das napoleonische Hegemonialsystem auf dem Kontinent. In: Das Jahr 1806 im europäischen Kontext, edd. Andreas Klinger/Hans-Werner Hahn/Georg Schmidt (Köln/Weimar/Wien 2008), 73–83.

Frevert, Ute: Die kasernierte Nation. Militärdienst und Zivilgesellschaft in Deutschland (München 2001).

Friedell, Egon: Kulturgeschichte der Neuzeit 2 (München [10]1993).

Furrer, Daniel: Soldatenleben. Napoleons Russlandfeldzug 1812 (Paderborn 2012).

Gall, Lothar: Selbstständigkeit und Partizipation. Zwei Leitbegriffe der frühen bürgerlich-liberalen Bewegung in Deutschland. In: Bürgerliche Werte um 1800. Entwurf - Vermittlung - Rezeption, edd. Hans-Werner Hahn und Dieter Hein (Köln/Weimar/Wien 2005), 291–302.

Gant, Barbara: Joseph Freiherr von Hormayr zu Hortenburg. Eine (politische) Biographie (Diss., Innsbruck 2003).

Gestrich, Andreas: Absolutismus und Öffentlichkeit. Politische Kommunikation in Deutschland zu Beginn des 18. Jahrhunderts (= Kritische Studien zur Geschichtswissenschaft 103, Göttingen 1994).

Göhring, Martin: Napoleon. Vom alten zum neuen Europa (= Persönlichkeit und Geschichte 18/19, Göttingen et al. 1959).

Göse, Frank: Der Kabinettskrieg. In: Formen des Krieges. Von der Antike bis zur Gegenwart, edd. Dietrich Beyrau/Michael Hochgeschwender/Dieter Langewiesche (= Krieg in der Geschichte (KRiG) 37, Paderborn et al. 2007), 121–147.

Greiling, Werner: Napoleon der Große? Das Napoleonbild im Ereignisraum Weimar-Jena. In: Das Jahr 1806 im europäischen Kontext, edd. Andreas Klinger/Hans-Werner Hahn/Georg Schmidt (Köln/Weimar/Wien 2008), 329–348.

Griewank, Karl: Der Wiener Kongress und die Neuordnung Europas 1814/15 (Leipzig 1942).

Groth, Otto: Das Wirken des Werkes/1 (= Die unerkannte Kulturmacht. Grundlegung der Zeitungswissenschaft (Periodik) 5, Berlin 1963).

Habermas, Jürgen: Strukturwandel der Öffentlichkeit. Untersuchungen zu einer Kategorie der bürgerlichen Gesellschaft (Frankfurt am Main [Neuauflage] 1990).

Hagemann, Karen: „Mannlicher Muth und Teutsche Ehre“. Nation, Militär und Geschlecht zur Zeit der Antinapoleonischen Kriege Preußens (= Krieg in der Geschichte (KRiG) 8, Paderborn et al. 2002).

Hahn, Hans-Werner: Einführung: Machtpolitischer Umbruch und innenpolitischer Aufbruch. Jena 1806 und die Folgen. In: Das Jahr 1806 im europäischen Kontext, edd. Andreas Klinger/Hans-Werner Hahn/Georg Schmidt (Köln/Weimar/Wien 2008), 1–19.

Hammer, Helmut: Oesterreichs Propaganda zum Feldzug 1809. Ein Beitrag zur Geschichte der politischen Propaganda (= Zeitung und Leben XXIII, ed. Karl d'Ester, München 1935).

Hanley, Wayne: The Genesis of Napoleonic Propaganda, 1796 to 1799 (New York 2005).

Hein, Dieter: Arbeit, Fleiß und Ordnung. In: Bürgerliche Werte um 1800. Entwurf – Vermittlung – Rezeption, edd. Hans-Werner Hahn und Dieter Hein (Köln/Weimar/Wien 2005), 239–251.

Heitzer, Heinz: Insurrectionen zwischen Weser und Elbe. Volksbewegungen gegen die französische Fremdherrschaft im Königreich Westfalen (1806–1813) (Berlin 1959).

Hoke, Rudolf: Der Kaiser von Österreich und der Römische Kaiser. In: Heiliges Römisches Reich und moderne Staatlichkeit, ed. Wilhelm Brauneder (= Rechtshistorische Reihe 112, Frankfurt am Main u. a. 1993), 111–123.

Holtman, Robert B.: Napoleonic Propaganda (Baton Rouge 1950).

Huck, Stephan: Vom Berufsmilitär zur allgemeinen Wehrpflicht. Militärgeschichte zwischen Französischer Revolution und Freiheitskriegen 1789 bis 1815. In: Die Zeit bis 1914. Vom Kriegshaufen zum Massenheer (= Grundkurs deutsche Militärgeschichte 1, München ²2009), 122–217.

Ibbeken, Rudolf: Preußen 1807–1813. Staat und Volk als Idee und in Wirklichkeit (Köln/Berlin 1970).

Jeismann, Michael: Das Vaterland der Feinde. Studien zum nationalen Feindbegriff und Selbstverständnis in Deutschland und Frankreich 1792–1918 (= Sprache und Geschichte 19, edd. Reinhart Koselleck/Karlheinz Stierle, Stuttgart 1992).

Jessen, Olaf: Entfesselt Bellona! Die preußische Heeresreform im Schatten Napoleons (1806–1813). In: Napoleon. Trikolore und Kaiseradler über Rhein und Weser, ed. Veit Veltzke (Köln/Weimar/Wien 2007), 441–464.

Jowett, Garth S./**O'Donnell**, Victoria: Propaganda and Persuasion (Thousand Oaks/London/New Delhi ⁴2006).

Kissinger, Henry A.: Das Gleichgewicht der Großmächte. Metternich, Castlereagh und die Neuordnung Europas 1812–1822 (Zürich 1986).

Kleinmann, Hans-Otto: Zwischen Ancien Régime und Liberalismus (1808–1874). In: Kleine Geschichte Spaniens, ed. Peer Schmidt (Stuttgart 2002), 253–328.

Klinger, Andreas: Deutsches Weltbürgertum und französische Universalmonarchie. Napoleon und die Krise des deutschen Kosmopolitismus. In: Das Jahr 1806 im europäischen Kontext, edd. Andreas Klinger/Hans-Werner Hahn/Georg Schmidt (Köln/Weimar/Wien 2008), 205–248.

Kocka, Jürgen: Weder Stand noch Klasse. Unterschichten um 1800 (Bonn 1990).

Kohler, Alfred: Die Kaiserwahl von 1792: Erwartungen und Reaktionen im Reich. In: Heiliges Römisches Reich und moderne Staatlichkeit, ed. Wilhelm Brauneder (= Rechtshistorische Reihe 112, Frankfurt am Main u. a. 1993), 29–40.

Kreutzmann, Marko: Adel, Nation und ständische Identität im Umbruchsjahr 1806. In: Das Jahr 1806 im europäischen Kontext, edd. Andreas Klinger/Hans-Werner Hahn/Georg Schmidt (Köln/Weimar/Wien 2008), 307–327.

Kronenbitter, Günther: Wort und Macht. Friedrich Gentz als politischer Schriftsteller (= Beiträge zur Politischen Wissenschaft 71, Berlin 1994).
Krumeich, Gerd: Zur Entwicklung der „*nation armée*" in Frankreich bis zum Ersten Weltkrieg. In: Die Wehrpflicht. Entstehung, Erscheinungsformen und politisch-militärische Wirkung, ed. Roland G. Foerster (München 1994), 133–145.
Kruse, Wolfgang: Die Erfindung des modernen Militarismus. Krieg, Militär und bürgerliche Gesellschaft im politischen Diskurs der Französischen Revolution 1789–1799 (= Pariser Historische Studien 62, München 2003).
Kunczik, Michael: Geschichte der Öffentlichkeitsarbeit in Deutschland (= Public Relations 4, ed. Michael Kunczik, Köln/Weimar/Wien 1997).
Laban, Ferdinand: Heinrich Joseph Collin. Ein Beitrag zur Geschichte der neueren deutschen Literatur in Oesterreich (Wien 1879).
Lefebvre, Georges: Napoleon (Stuttgart ^{3}2004).
Leonhard, Jörn: Bellizismus und Nation. Kriegsdeutung und Nationsbestimmung in Europa und den Vereinigten Staaten 1750–1914 (München 2008).
Ders.: *Interesse der Völker* und *bürgerliche Glückseligkeit*? Außenpolitik und Öffentlichkeit in Europa 1792–1815. In: Das Jahr 1806 im europäischen Kontext, edd. Andreas Klinger/Hans-Werner Hahn/Georg Schmidt (Köln/Weimar/Wien 2008), 151–167.
Lieven, Dominic: Russia Against Napoleon. The Battle for Europe, 1807 to 1814 (London 2009).
Loewenstein, Bedrich: „Am deutschen Wesen ...". In: Deutsche Erinnerungsorte, edd. Etienne François/Hagen Schulze (München 2009), 290–304.
Maierhofer, Waltraud: Maria Carolina, Queen of Naples: The ‚Devil's Grandmother' Fights Napoleon. In: Women Against Napoleon. Historical and Fictional Responses to his Rise and Legacy, edd. Waltraud Maierhofer, Gertrud M. Rösch, Caroline Bland (Frankfurt/New York 2007), 57–78.
Mayer, Karl J.: Napoleons Soldaten. Alltag in der Grande Armée (Darmstadt 2008).
Müchler, Günter: 1813. Napoleon, Metternich und das weltgeschichtliche Duell von Dresden (Darmstadt 2012).
Müller-Salget, Klaus: Schriften zur Politik. In: Kleist-Handbuch. Leben – Werk – Wirkung, ed. Ingo Breuer (Stuttgart/Weimar 2009), 173–174.
Münchow-Pohl, Bernd von: Zwischen Reform und Krieg. Untersuchungen zur Bewußtseinslage in Preußen 1809–1812 (= Veröffentlichungen des Max-Planck-Instituts für Geschichte 87, Göttingen 1987).
Muhlstein, Anka: Der Brand von Moskau (Frankfurt am Main/Leipzig 2009).
North, Michael: Die Auswirkungen der Kontinentalsperre auf das nördliche Deutschland und den Ostseeraum. In: Das Jahr 1806 im europäischen Kontext, edd. Andreas Klinger/Hans-Werner Hahn/Georg Schmidt (Köln/Weimar/Wien 2008), 135–148.
Ogris, Herta: Die Kriegsereignisse in Kärnten 1809 (Diss. Wien 1941).
Oncken, Wilhelm: Oesterreich und Preußen im Befreiungskriege 1. Urkundliche Aufschlusse uber die politische Geschichte des Jahres 1813 (Berlin 1876).
Palaver, Wolfgang: Vom „gerechten Krieg" zum „gerechten Frieden". Ein Beitrag aus theologischer Sicht. In: Der „gerechte Krieg". Zur Geschichte einer aktuellen Denkfigur, ed. Georg Kreis (Basel 2006), 97–111.
Pape, Walter: „Männerglück". Lyrische Kriegsagitation und Friedenssehnsucht zur Zeit der Befreiungskriege. In: Kriegsbereitschaft und Friedensordnung in Deutsch-

land 1800–1814, ed. Jost Dülffer (= Jahrbuch für Historische Friedensforschung 1994, Münster/Hamburg 1995), 101–126.

Pelizaeus, Ludolf: Die Radikalisierung des Krieges der „Guerilla" auf der Iberischen Halbinsel und in Süditalien 1808–1813. In: Kriegsgreuel. Die Entgrenzung der Gewalt in kriegerischen Konflikten vom Mittelalter bis ins 20. Jahrhundert, edd. Daniel Hohrath/Sönke Neitzel (Paderborn et al. 2008), 205–221.

Pertz, G. H.: Das Leben des Feldmarschalls Grafen Neithardt von Gneisenau, 2. Band 1810–1813 (Berlin 1865).

Peters, Anne/**Peter**, Simone: Lehren vom „gerechten Krieg" aus völkerrechtlicher Sicht. In: Der „gerechte Krieg". Zur Geschichte einer aktuellen Denkfigur, ed. Georg Kreis (Basel 2006), 43–96.

Piereth, Wolfgang: Propaganda im 19. Jahrhundert. Die Anfänge aktiver staatlicher Pressepolitik in Deutschland (1800–1871). In: Propaganda. Meinungskampf, Verführung und politische Sinnstiftung 1789–1989, edd. Ute Daniel/Wolfram Siemann (Frankfurt am Main 1994), 21–43.

Pisk, Hans Viktor: Joseph Richter (1749–1813). Versuch einer Biographie und Bibliographie (Diss. Wien 1926).

Planert, Ute: Der Mythos vom Befreiungskrieg. Frankreichs Kriege und der deutsche Süden: Alltag – Wahrnehmung – Deutung 1792–1841 (= Krieg in der Geschichte (KRiG) 33, Paderborn et al. 2007).

Dies.: Die Kriege der Französischen Revolution und Napoleons. Beginn einer neuen Ära der europäischen Kriegsgeschichte oder Weiterwirken der Vergangenheit. In: Formen des Krieges. Von der Antike bis zur Gegenwart, edd. Dietrich Beyrau/Michael Hochgeschwender/Dieter Langewiesche (= Krieg in der Geschichte (KRiG) 37, Paderborn et al. 2007), 149–162.

Dies.: Militär, Krieg und zivile Gesellschaft. Rekrutierungsverweigerung im Süden des Alten Reiches. In: Krieg und Umbruch in Mitteleuropa um 1800. Erfahrungsgeschichte(n) auf dem Weg in eine neue Zeit, ed. Ute Planert (= Krieg in der Geschichte (KRiG) 44, Paderborn et al. 2009), 111–135.

Pröve, Ralf: Militär, Staat und Gesellschaft im 19. Jahrhundert (= Enzyklopädie deutscher Geschichte 77, ed. Lothar Gall (München 2006).

Ders.: Stadtgemeindlicher Republikanismus und die „Macht des Volkes". Civile Ordnungsformationen und kommunale Leitbilder politischer Partizipation in den deutschen Staaten vom Ende des 18. bis zur Mitte des 19. Jahrhunderts (= Veröffentlichungen des Max-Planck-Instituts für Geschichte 159, Göttingen 2000).

Rauchensteiner, Manfried: „... nicht ohne ein glänzendes Vorbild zu geben." Kärnten 1809. In: Napoleon und seine Zeit. Kärnten – Innerösterreich – Illyrien, ed. Claudia Fräss-Ehrfeld (= Archiv für vaterländische Geschichte und Topographie 96, Klagenfurt 2009), 111–148.

Ders.: Kaiser Franz und Erzherzog Carl. Dynastie und Heerwesen in Österreich 1796–1809 (Wien 1972).

Ders.: Österreichbewußtsein und österreichische Staatsidee im Zeitalter des aufgeklärten Absolutismus und im Vormärz. In: Volk, Land und Staat. Landesbewußtsein, Staatsidee und nationale Fragen in der Geschichte Österreichs, ed. Erich Zöllner (Wien 1984), 42–53.

Reder, Dirk-Alexander: „Natur und Sitte verbieten uns, die Waffen der Zerstörung zu führen ..." Patriotische Frauen zwischen Frieden und Krieg. In: Kriegsbereitschaft und Friedensordnung in Deutschland 1800–1814, ed. Jost Dülffer (= Jahr-

buch für Historische Friedensforschung 1994, Münster/Hamburg 1995), 170–182.
Riesenberger, Dieter: Freiherr vom Stein: Öffentliche Meinung, Kriegsmobilisierung und politische Neuordnung. In: Kriegsbereitschaft und Friedensordnung in Deutschland 1800–1814, ed. Jost Dülffer (= Jahrbuch für Historische Friedensforschung 1994, Münster/Hamburg 1995), 57–75.
Rink, Martin: Patriot und Partisan. Ferdinand von Schill als Freikorpskämpfer neuen Typs. In: Für die Freiheit – gegen Napoleon. Ferdinand von Schill, Preußen und die deutsche Nation, ed. Veit Veltzke (Köln/Weimar/Wien 2009), 65–106.
Ders.: Vom „Partheygänger" zum Partisanen. Die Konzeption des kleinen Krieges in Preußen 1740–1813 (Frankfurt am Main et al. 1999).
Roesch, Gertrud Maria: The Liberation from Napoleon as Self-Liberation: The Year 1813 in the Letters of Rahel Varnhagen. In: Women Against Napoleon. Historical and Fictional Responses to his Rise and Legacy, edd. Waltraud Maierhofer, Gertrud M. Rösch, Caroline Bland (Frankfurt/New York 2007), 109–135.
Rössler, Hellmuth: Graf Johann Philipp Stadion. Napoleons deutscher Gegenspieler (2 Bände, Wien/München 1966).
Ders.: Österreichs Kampf um Deutschlands Befreiung. Die deutsche Politik der nationalen Führer Österreichs 1805–1815 (2 Bände) (Hamburg [2]1940).
Rothenberg, Gunther E.: The Napoleonic Wars (London 2006).
Rudolf, Karl Friedrich: Der spanische Unabhängigkeitskrieg 1808–1814. In: Abschied vom Freiheitskampf? Tirol und ‚1809' zwischen politischer Realität und Verklärung, edd. Brigitte Mazohl/Bernhard Mertelseder (= Schlern-Schriften 346, Innsbruck 2009), 63–83.
Rumpler, Helmut: Eine Chance für Mitteleuropa. Bürgerliche Emanzipation und Staatsverfall in der Habsburgermonarchie (= Österreichische Geschichte 1804–1914, Wien 1997).
Salewski, Michael: Vom Westfälischen Frieden zum Wiener Kongreß (= Deutschland in Europa 3, Kiel 1990).
Samuel, Richard: Heinrich von Kleists Teilnahme an den politischen Bewegungen der Jahre 1805–1809 (Frankfurt/Oder 1995).
Scheffler, Sabine/**Scheffler**, Ernst/Unter Mitarbeit von Gerd **Unverfehrt**: So zerstieben getraeumte Weltreiche. Napoleon I. in der deutschen Karikatur (Stuttgart 1995).
Schembor, Friedrich Wilhelm: Die österreichische Neutralität von 1807–1809. Die preußischen Aufstandsversuche in Ansbach-Bayreuth und der Kampf um Preußisch-Schlesien. In: Mitteilungen des österreichischen Staatsarchivs 46 (Wien 1998), 311–471.
Schennach, Martin P.: *„Fuit igitur rusticorum bellum illegitimum et illicitum"*. Zur Legitimation von Aufständen um 1800. In: 1809 europäisch (= Geschichte und Region 16 (2007) 2, edd. Hans Heiss/Mauro Nequirito, Innsbruck/Wien/Bozen 2007), 33–62.
Ders.: Revolte in der Region. Zur Tiroler Erhebung von 1809 (Innsbruck 2009).
Schieder, Wolfgang/**Dipper**, Christof: Propaganda. In: Geschichtliche Grundbegriffe. Historisches Lexikon zur politisch-sozialen Sprache in Deutschland 5, edd. Otto Brunner, Werner Conze, Reinhart Koselleck (Stuttgart 1984), 69–112.
Schmidt, Charles: Das Großherzogtum Berg 1806–1813 (Neustadt/Aisch 1999).

Schmidt, Georg: Deutschland 1806 – staatliche Zäsur und nationale Kontinuität? In: Das Jahr 1806 im europäischen Kontext, edd. Andreas Klinger/Hans-Werner Hahn/Georg Schmidt (Köln/Weimar/Wien 2008), 101–122.
Schneider, Franz: Pressefreiheit und politische Öffentlichkeit. Studien zur politischen Geschichte Deutschlands bis 1848 (= Politica. Abhandlungen und Texte zur politischen Wissenschaft 24, edd. Wilhelm Hennis/Hans Maier, Neuwied am Rhein/Berlin 1966).
Schnitter, Helmut: Die überlieferte Defensionspflicht. Vorformen der allgemeinen Wehrpflicht in Deutschland. In: Die Wehrpflicht. Entstehung, Erscheinungsformen und politisch-militärische Wirkung, ed. Roland G. Foerster (München 1994), 29–37.
Sellin, Volker: Gleichgewicht oder Konzert? Der Zusammenbruch Preußens und die Suche nach Wiedergewinnung der äußeren Sicherheit. In: Das Jahr 1806 im europäischen Kontext, edd. Andreas Klinger/Hans-Werner Hahn/Georg Schmidt (Köln/Weimar/Wien 2008), 53–70.
Severin-Barboutie, Bettina: Französische Herrschaftspolitik und Modernisierung. Verwaltungs- und Verfassungsreformen im Großherzogtum Berg (1806–1813) (= Pariser Historische Studien 85, München 2008).
Dies.: Für das „Vaterland". Versuche zur Abschüttlung der französischen Herrschaft im Königreich Westfalen (1809). In: Für die Freiheit – gegen Napoleon. Ferdinand von Schill, Preußen und die deutsche Nation, ed. Veit Veltzke (Köln/Weimar/Wien 2009), 177–199.
Sheehan, James J.: Der Ausklang des alten Reiches 1763–1850 (= Propyläen Geschichte Deutschlands 6, ed. Dieter Groh, Berlin 1994).
Siemann, Wolfgang: Metternich. Staatsmann zwischen Restauration und Moderne (München 2010).
Ders.: Vom Staatenbund zum Nationalstaat. Deutschland 1806–1871 (München 1995).
Sikora, Michael: Desertion und nationale Mobilmachung. Militärische Verweigerung 1792–1813. In: Armeen und ihre Deserteure. Vernachlässigte Kapitel einer Militärgeschichte der Neuzeit, edd. Ulrich Bröckling/Michael Sikora (Göttingen 1998).
Spickernagel, Ellen: „So soll dein Bild auf unsern Fahnen schweben". Kultur und Geschlechterpolitik in der Napoleonischen Ära. In: Kriegsbereitschaft und Friedensordnung in Deutschland 1800–1814, ed. Jost Dülffer (= Jahrbuch für Historische Friedensforschung 1994, Münster/Hamburg 1995), 155–169.
Stamm-Kuhlmann, Thomas: König in Preußens großer Zeit. Friedrich Wilhelm III. der Melancholiker auf dem Thron (Berlin 1992).
Stauber, Reinhard: Das Jahr 1809 und seine Vorgeschichte im napoleonischen Europa. In: Abschied vom Freiheitskampf? Tirol und ‚1809' zwischen politischer Realität und Verklärung, edd. Brigitte Mazohl/Bernhard Mertelseder (= Schlern-Schriften 346, Innsbruck 2009), 13–26.
Ders.: Napoleons europäische Herrschaft – Strukturen und Widersprüche. In: Napoleon und seine Zeit. Kärnten – Innerösterreich – Illyrien, ed. Claudia Fräss-Ehrfeld (= Archiv für vaterländische Geschichte und Topographie 96, Klagenfurt 2009), 39–50.
Ders.: Widerstand gegen Napoleon. Tradition, Resistenz und die europäische Dimension des Aufstandes von 1809. In: 1809. Neue Forschungen und Perspekti-

ven. Tagungsbeiträge Tiroler Landesarchiv und Universität Innsbruck, 17. und 18. April 2009, edd. Ronald Bacher/Richard Schober (Innsbruck 2010), 9–22.

Steiger, Heinhard: Das Völkerrecht und der Wandel der Internationalen Beziehungen um 1800. In: Das Jahr 1806 im europäischen Kontext, edd. Andreas Klinger/Hans-Werner Hahn/Georg Schmidt (Köln/Weimar/Wien 2008), 23–52.

Stubbe da Luz, Helmut: Okkupanten und Okkupierte. Napoleons Statthalterregimes in den Hansestädten 3 (München 2006).

Stübig, Heinz: Armee und Nation. Die pädagogisch-politischen Motive der preußischen Heeresreform 1807–1814 (Frankfurt am Main 1971).

Ders.: Die Wehrverfassung Preußens in der Reformzeit. Wehrpflicht im Spannungsfeld von Restauration und Revolution 1815–1860. In: Die Wehrpflicht. Entstehung, Erscheinungsformen und politisch-militärische Wirkung, ed. Roland G. Foerster (München 1994), 39–53.

Telesko, Werner: Napoleon Bonaparte. Der „moderne Held" und die bildende Kunst 1799–1815 (Wien et al. 1998).

Theiss, Viktor: Leben und Wirken Erzherzogs Johanns 1. Band, 2. Lieferung. Im Kampf um Österreichs Freiheit (1806–1809) (= Forschungen zur geschichtlichen Landeskunde der Steiermark, ed. Historische Landeskommission für Steiermark, Graz 1963).

Tone, John Lawrence: Spanish Women in the Resistance to Napoleon, 1808–1814. In: Constructing Spanish Womanhood, ed. Victoria Lorée Enders (Albany, NY 1999), 259–282.

Ders.: The Peninsular War. In: Napoleon and Europe, ed. Philip G. Dwyer (Harlow u.a. 2001), 225–242.

Töppel, Roman: Die Sachsen und Napoleon. Ein Stimmungsbild 1806–1813 (Köln/Weimar/Wien 2008).

Trinkle, Dennis A.: The Napoleonic press. The public sphere and oppositionary journalism (= Studies in French civilization 25, Lewiston, N. Y. et al. 2002).

Tulard, Jean: Napoleon oder Der Mythos des Retters (Frankfurt am Main/Berlin/Wien 1982).

Uffindell, Andrew: Napoleon 1814. The Defence of France (Barnsley 2009).

Ullrich, Volker: Napoleon (Reinbek bei Hamburg 2004).

Veltzke, Veit: Ferdinand von Schill. Ein Gründungsmythos der deutschen Nation. In: Für die Freiheit – gegen Napoleon. Ferdinand von Schill, Preußen und die deutsche Nation, ed. Veit Veltzke (Köln/Weimar/Wien 2009), 7–14.

Ders.: Zwischen König und Vaterland. Schill und seine Truppen im Netzwerk der Konspiration. In: Für die Freiheit – gegen Napoleon. Ferdinand von Schill, Preußen und die deutsche Nation, ed. Veit Veltzke (Köln/Weimar/Wien 2009), 107–154.

Venzky, Gabriele: Die russisch-deutsche Legion in den Jahren 1811–1815 (Wiesbaden 1966).

Walter, Gero: Der Zusammenbruch des Heiligen Römischen Reichs deutscher Nation und die Problematik seiner Restauration in den Jahren 1814/15 (Heidelberg/Karlsruhe 1980).

Weber, Ernst: Lyrik der Befreiungskriege (1812–1815). Gesellschaftspolitische Meinungs- und Willensbildung durch Literatur (Stuttgart 1991).

Wehler, Hans-Ulrich: Vom Feudalismus des Alten Reiches bis zur Defensiven Modernisierung der Reformära 1700–1815 (= Deutsche Gesellschaftsgeschichte 1, München 2008).

Weis, Eberhard: Napoleon und der Rheinbund. In: Deutschland und Italien im Zeitalter Napoleons. Deutsch-italienisches Historikertreffen in Mainz 29. Mai – 1. Juni 1975, ed. Armgard von Reden-Dohna (= Veröffentlichungen des Instituts für europäische Geschichte Mainz, Abteilung Universalgeschichte, Beiheft 5, Wiesbaden 1979), 57–80.

Weiss, Hermann F.: Funde und Studien zu Heinrich von Kleist (Tübingen 1984).

Wierichs, Marion: Napoleon und das „Dritte Deutschland" 1805/1806. Die Entstehung der Großherzogtümer Baden, Berg und Hessen (Frankfurt am Main/Bern/Las Vegas 1978).

Willms, Johannes: Napoleon. Eine Biographie (München 2005).

Wohlfeil, Rainer: Spanien und die deutsche Erhebung 1808–1814 (Wiesbaden 1965).

Würgler, Andreas: Fama und Rumor. Gerücht, Aufruhr und Presse im Ancien Régime. In: Politik des Gerüchts (= Werkstatt Geschichte 15, ed. Eva Brücker et al., Hamburg 1996), 20–32.

Ders.: Medien in der frühen Neuzeit (= Enzyklopädie deutscher Geschichte 85, München 2009).

Wunder, Bernd: Europäische Geschichte im Zeitalter der Französischen Revolution 1789–1815 (Stuttgart/Berlin/Köln 2001).

Zamoyski, Adam: 1812. Napoleons Feldzug in Russland (München 2012).

Zehetbauer, Ernst: Landwehr gegen Napoleon. Österreichs erste Miliz und der Nationalkrieg von 1809 (Wien 1999).

Zenker, Ernst Victor: Geschichte der Wiener Journalistik von den Anfängen bis zum Jahre 1848 (Wien/Leipzig 1892).

Ziegler, Walter: Kaiser Franz II. (I.). Person und Wirkung. In: Heiliges Römisches Reich und moderne Staatlichkeit, ed. Wilhelm Brauneder (= Rechtshistorische Reihe 112, Frankfurt am Main u. a. 1993), 9–27.

Zimmermann, Harro: Friedrich Schlegel oder Die Sehnsucht nach Deutschland (Paderborn 2009).

Alexandra Bleyer, geb. 1974, studierte an der Universität Klagenfurt Geschichte. Das Zeitalter Napoleons und der Vormärz bilden einen Schwerpunkt ihrer wissenschaftlichen Forschungen. Ihre Dissertation befasst sich mit der österreichischen Kriegspropaganda des Jahres 1809.

Die Deutsche Nationalbibliothek verzeichnet diese Publikation in der Deutschen Nationalbibliografie; detaillierte bibliografische Daten sind im Internet über http://dnb.dnb.de abrufbar.

Die Herausgabe des Werkes wurde durch die Vereinsmitglieder der WBG ermöglicht.
Gedruckt auf säurefreiem und alterungsbeständigem Papier
Einbandgestaltung: Jutta Schneider, Frankfurt a. M.
Einbandabbildung: Heimkehr preußischer Truppen nach dem Sieg von Waterloo (18.6.1815). „Marsch preußischer Kavallerie“, Gemälde von Franz Krüger (1797–1857).
Karte auf S. 4/5: Peter Palm, Berlin
Redaktion: Sabine Buttinger, München
Gestaltung & Satz: Satzpunkt Ursula Ewert GmbH, Bayreuth
Printed in Germany

www.primusverlag.de
ISBN 978-3-86312-022-1

Lizenzausgabe für die WBG (Wissenschaftliche Buchgesellschaft), Darmstadt
Einbandgestaltung der WBG-Lizenzausgabe: Peter Lohse, Heppenheim
Einbandabbildung der WBG-Lizenzausgabe: Tod des Majors von Krosigk/nach Knötel © akg-images
www.wbg-wissenverbindet.de
ISBN 978-3-534-00012-9

Elektronisch sind folgende Ausgaben erhältlich:
eBook (PDF): ISBN 978-3-86312-905-7
eBook (epub): ISBN 978-3-86312-906-4
eBook (PDF): ISBN 978-534-26191-8 (für Mitglieder der WBG)
eBook (epub): ISBN 978-3-534-26192-5 (für Mitglieder der WBG)